U0946562

天道密码

百万寻宝系列

司马长啸/著

文匯出版社

“《天道密码》百万寻宝”活动规则见书后附录

引子

明永乐十四年，公元1416年，北京。

一艘巨大的官船，静静地停泊在清晨的薄雾中，许多壮丁在官船和码头间上上下下地搬运着东西。“当心了，当心了，当心！”站在一旁几位身穿华服的监工，一面严密监视着汉子们，一面亮开了嗓门喊道。

几匹马远远而来，马上是几位太监打扮的人。

“文公公，您老有何贵干？”其中一位监工迎上前去问道。

姓文的公公翻身下马，尖着嗓子喊道：“皇上有旨！”

监工和其他人慌忙恭恭敬敬地跪下，只听得文公公朗声道：

“皇帝诏曰：武当天下名山，是北极真武玄天上帝修真得道显化去处。历代都有宫观，元末被乱兵焚尽。至我朝真武阐扬灵化，阴佑国家，福庇生民，十分显应。我自奉天靖难之初，神明显助威灵，感应至多，言说不尽。那时节已发诚心，要在北京建立宫观，因为内难未平，未曾满得我心愿。及即位之初，思想武当正是真武显化去处，即欲兴工创造，缘军民方得休息，是以延缓到今。……特命隆平侯张信、驸马都尉沐昕等把总提调，管工官员人等，务在抚恤军民夫匠，用工之时要爱惜他的气力，体念他的勤劳。关与粮食，休着他受饥寒。有病着官医每用心调治。都不许生事扰害，违了的，都拿将来，重罪不饶。军民夫匠人等都要听约束，不许奸懒。若是肯齐心出气力呵，神明也护佑，工程也易得完成。这件事，不是因人说了才兴工，也不因人说便住了工。若自己从来无诚心呵，虽有人劝，着片瓦工夫也不去做；若从来有诚心要做呵，一年竖一根栋、起一条梁，逐些儿积累，也务要做了。恁官员官民人等，好生遵守着我的言语，勤谨用工，不许怠惰。早完成了，回家休息。……此船一路上务必小心谨慎，遇天道晴明，风水顺利即行，船上要十分整齐清洁，且不能生火做饭，切记切记。故谕。”

明朝皇帝自朱元璋始，圣旨上大多都是大白话，众人听了这啰里啰嗦的大白话圣旨，也不以为异，只是觉得，不让在船上做饭，很是费解。

众人磕了头，山呼一通万岁，文公公一行人，早已去远了。

官船缓缓开启了。

几个月后，官船上装载的一包包货物均搬上了武当山天柱峰顶，又花了许多时日，光灿灿的金殿便耸立在绝顶之上了。

至此，金殿工程的总负责人、永乐皇帝的驸马沐昕，才总算松了一口气。

这天，乌云滚滚，雷声大作，一道闪电猝然劈落，正正击中了金殿的屋顶，火光四溅，响声大作。几个巨大的火球围绕着金殿旋转，金灿灿的金殿光彩夺目，还在附近施工的工人们，都停下了手中的活儿，呆呆地瞅着金殿，又是惊诧，又是恐惧，还感觉到一种极其强大的威严感。只见火球绕着金殿转了十来圈，倏忽之间，一齐消失了。滚滚乌云，重新遮掩了武当绝顶。工人们吐出一口大气，无不感到疲累，一擦额头，已然大汗淋漓，浑身湿透。

沐昕在不远处也看到了，他不由自主地朝金殿跪了下去，喃喃道："雷火炼殿，天佑吾主！"万岁！万岁！万万岁！"及至后来，声音渐响。所有工人也都一起朝金殿跪下，一起山呼万岁。

寂静的大山，长久地回响着人们的呼喊。

不久之后，有人传说，雷火炼殿的时候，有人在耀眼的光芒中，似乎看到了一些特别的东西。它们似乎就暗藏在金殿附近，但光芒一消失，就什么也看不到了。

再过了没多久，传说越发神奇，说金殿暗藏了大笔珍宝，是永乐嘱咐驸马都尉沐昕藏起来的，以防某一天建文帝重新跟他抢夺帝位，他好退守武当，用这一大笔宝藏招兵买马。

事实上，这一谣言从永乐的那道圣旨颁下开始，就流传开了。工匠们知道，船上装的，正是武当极顶天柱峰上即将修建的金殿所需的建筑材料。这些材料都是铜铸的构件，在京城由许多能工巧匠打造好了，运到武当山后，只需搬运上山，组装起来即可。既然是铜铸的构件，并不怕火，为何一再强调不能够在船上生火？莫非船上除了铜铸的构件，还装有其他值钱的东西，比如，书画？既然有了书画，会不会还有其他更值钱的东西，比如，珠宝？这样的议论一出，很快悄无声息地流传开了。然而，始终未得到证实。

这个传说吸引了不少人到金殿去，然而金殿地方逼仄，没有任何地方藏得下大批东西。虽说无数人失望而归，这个传说还是一代一代地流传了下去，尤其在书画界。

多年以后，尘归尘，土归土。传说仅仅只是传说。

然而，总有三三两两，或者独自一人，暗暗攀上武当极点，长时间地在金殿附近徘徊……

第一章

一天傍晚。夕阳西下，落霞染血。

朦胧的夕光笼罩了整个上海。高楼的玻璃幕墙分外耀眼，同时，高楼又在一条条纵横交错的街道上投下大片的阴影。在四周的高楼大厦比对之下，天水街这条曲里拐弯、宽不足五米、长不过六七百米的小街实在不惹人注目。可懂行之人都知道，天水街是上海鼎鼎有名的古董书画一条街。名字取“天一生水”之意，因为书画最怕火。为此，街上的房子外墙都是铁皮造的。不过，屋子虽然是铁皮包裹，屋内还是要堆砖砌泥的，要不这房子夏天就是个火炉，冬天也就成了冰窟窿。

此时，街面已是人影稀少，街旁的店铺大多已经关门。

只剩十来家店铺尚未关门。其中一家的牌匾写的是“痴黠居”三个龙飞凤舞的大字。店内空间狭小，乱乱地堆满字画，墙上也是字画，裱好的，没裱好的，都有。一个身形微胖、满脸红光的老人端坐在店铺后。他两手抱在头发稀疏的脑后，手指轻微地弹动着，眼睛木呆呆地望着店前泛着夕光的石板路。

隔壁传来卷帘门往下拉的声音，接着，上了锁。

老人的耳朵动了动，眼睛仍是一瞬不瞬地盯着不远处的路面。路面上出现了一个细细的影子，水一样漫过来。一个二十来岁的姑娘，穿一件窄窄的蓝底白花民族风格的衣裳，乌发齐肩，鹅蛋脸，朝老人转过脸来。

“李老师，还不走么？”姑娘的声音格外清脆。

老人脸上仍旧毫无表情。

老人微微闭着眼睛，目光缓慢地滑过店里的陈设，几张替人裱好的字画，一些预制的画框，还有几大卷纸张。桌上是略显凌乱的笔墨纸砚，还有一大排印章。这些印章都是他自己镌刻的，是他的心爱之物。他不过是个生意人，只要给钱，就能替人裱画、卖画，偶尔也替人画上一两幅。但他轻易不会给人刻章，他只为自己喜欢的人刻章，若是他看不对眼，哪怕你给再多的钱也不答应。在他心里，这是他在商业社会里的操守。这些印章的材质各异，有玉石，也有汉白玉，此刻，它们沐浴在夕阳的余辉里，散发出温润的光彩。那些光华，会渐渐地移到他脸上，他便更加享受地眯起了眼睛。他迟迟不走的原因，正在这儿。这个时刻，他是不愿意受到任何人打扰的。

正当老人沉浸在自己制造的光辉里时，一个脚步声渐渐向这边过来，停在了门前，似乎迟疑了一下，走了进来。

老人也不搭理他。此刻，他谁也不愿搭理。

来人也不说话，静静地站着，静静地环视墙上的几张字画，好一阵子，两个人什么话也不说，仿佛没有客人，也没有店家。

一刻钟过去，来人终究耐不住这沉默。

“您是李方儒老先生吧？”来人很谦恭。

老人仍旧眯缝着眼睛，目光停留在案几上的一排印章上，并不搭话。

“您是李方儒老先生吧？”来人向前走了一步，微微弯下腰，提高了嗓门说。来人穿着一身西装，身躯又较为肥大，这个动作让他显得很笨拙。

李方儒总算抬起头，瞥了来人一眼，掉过目光去，继续关注桌上的印章。

“我不聋，我也不老。”李方儒没好气地说。

“那是，那是！”来人笑容可掬，一张丰肥的脸特别红润，“久闻李先生大名，是大上海鼎鼎有名的裱画大师，这才特地从外地赶来，让您给裱几张画。”

李方儒对这类谀辞早就听得厌烦了，也不当回事，又看了来人一眼，圆脸，短发，身材高大，约莫三十七八岁，衣着笔挺，笑容可掬，看着不像画画写字或者搞书画收藏的人，倒像是个暴发户，心里不禁有几分厌烦，又恼他坏了自己的兴致，冷冷地道：“大名不敢当，不过混口饭吃。小店今天歇业了，您还是找别人去吧。”

“看您说的，”来人依旧笑着，说，“我大老远的，都把画带来了，您总不能不看一眼就让我走吧？说实话，您的大名如雷贯耳，若是一般的画，我也不会大老远地跑来让您给装裱。今天这画，您哪怕就是不裱，看一看也不会后悔。”

李方儒听了，虽说心里还是有些不舒服，心想你这样的人能有什么好东西？好奇心还是给勾起来了。做他这行的人，最想看到的就是各种各样的珍奇字画，哪有到了眼前还不看的？但他又不好说挽留的话，正踌躇间，来人笑了笑，似乎窥破了他的心思，将画展开了。

画刚刚展开，李方儒便完全忽略了来人脸上略带嘲讽的讥笑。

以李方儒的修为，只需瞥上一眼就知道，画作的年代已极为久远。是画在绢上的，宽三十多厘米，长两米半还多。随着画作徐徐展开，李方儒被狠狠震了一下。他知道这幅画，这是五代的《卓歇图》！怎么得了！作者胡环是五代契丹族人，他的这幅画描绘了契丹族首领率领部下出猎后歇息饮宴的情景，人物的面相和服饰有明显的契丹特点，番马体格雄健，背景沙碛荒密，笔法古质雄劲，线条繁密，代表了当时北方画的最高水准。李方儒太熟悉这张画了！不仅仅因为这张画历史久远，不仅仅因为这张画的杰出，更因为这张画所表达的情境，那是李方儒极其喜欢的。在旁人看来，他一身书生气，但他心里，则有着一种粗莽的野气，就连他也很难理解这一点。而这幅画，正好符合了他内心的这种渴求。如今这张画竟然就在他眼前。

“初次见面，不能玩虚的，兄弟就透个底儿。”来人显然看透了李方儒的心思，说话不再恭谨了，显得很随意，还有一种自得，“我叫袁楚，东北人，从小离家到南方做生意，赚了一些小钱，就开始捣腾起古画。我喜欢这些东西，渐渐就收得多了。您给看看，这张《卓歇图》怎么样？”

袁楚脸上的神态已经是极不恭谨了，几乎有几分嘲讽的意味，但他态度的转变并未引起李方儒的注意，李方儒只是一门心思地沉浸在画作里。

“实话告诉你，”袁楚小声说，语调中有一股掩饰不住的轻浮，“这画是兄弟从一个朋友手里收的，那朋友正急用钱，我花了三万块钱就拿过来了，和白捡的差不多吧？”

“你说这幅画三万块钱？”李方儒一听，猛地抬起头来。

“你不相信？”袁楚得意地笑道，“哈哈，谁都不相信！可事实不是摆在面前么？”

袁楚的话提醒了李方儒，他闭了眼，一会儿才睁开。再看画时，立即发现了问题：这画是赝品。怎么可能不是赝品呢？他想到，自己无数次去过上海博物馆，而这幅画正收藏于此。难不成上海博物馆里的那幅是赝品？这当然是笑话。又或者，袁楚的朋友或者袁楚本人，去将上海博物馆里的那幅画盗了出来？这更是笑话了，若这样的事发生了，新闻媒体早就吵翻天了。仅仅从这个层面上推理，眼前的画也是假的。

有了如此笃定的判断，再往下看，这幅画就现了原形。这画不像绘画者对着心目中的样本画出来的，而是照着一个现实中的样本画出来的。结果看上去一样，实际非常不同。就像一个人跟人吵架，和另一个人照着稿子，把跟人吵架的词句念出来，结果是非常不同的。虽然所用的语言一模一样，但神态、语气、情绪都非常不同。绘画也有自己独特的神态、语气和情绪。李方儒跟字画长久耳濡目染，懂得字画这些细微的东西。眼前这幅《卓歇图》哪儿都将原画仿造得惟妙惟肖，只有所画人物的眼神不对。这些人物的眼神是呆滞的，没有一点点神采。多年前，李方儒跟人学画，师傅曾告诉他，通过画幅中人物的眼睛、鸟儿的眼睛、一脉水的流动，都能看到画家的内心。通过眼前这幅画所绘人物的眼睛，是丝毫看不出画家的内心的，只看得到白茫茫一片空落。

但这作假技术实在高超！别说骗过了袁楚这样的暴发户，就连自己这样的所谓大行家，也差点给骗过了。

李方儒手心和额头都出了细细密密一层冷汗。

本想立即点破，话到嘴边了，总算忍住了。他不能这么没有城府。一方面，他不愿意招惹是非，二来他还不清楚来人的底细，没准儿，来人就是要引自己说出赝品的话呢？也许有什么企图……他这么一想，手心和额头又是一层细密的冷汗冒出。

“这画真是……”李方儒喃喃道。

“怎么？”袁楚眉毛一扬，得意地瞅着他，等待着他往下说。

“绝了！”李方儒说。

“是绝了！三万块钱弄到这么一件东西，真是几辈子修来的福分。”袁楚愈发得意了，“我想给这幅画重新装裱一下，弄个画框，您开个价吧。”

“重新装裱？”李方儒将目光从画上移开，转向袁楚的脸。

“是的，我要重新装裱这幅画。现在这个破破烂烂的样子，看起来不大体面吧？”

李方儒心里又好气又好笑，袁楚说的话完全不像这行的人。但他又想，这行的人什么样的都有，不敢保证袁楚不是装傻。他下意识地觉得事情不是很正常，但又禁不住想要仔细看看这幅画。稍作迟疑，就点了点头答应了。

“你答应了？”袁楚高兴得满脸堆笑，“我就知道，你不会不答应的。这画有不少破损的地方，让别人来接笔我不放心，想必，你也不放心吧？你开个价吧。”

“你看着给吧。”李方儒的目光又回到了画上。

“这个数，怎样？”袁楚竖起一根指头。

李方儒心想，这人在花钱方面倒是精明得很，装裱这么一幅画，只愿意出一千块钱。

“我给您一万块。”袁楚说。

李方儒愣了一下，也不再说什么。

袁楚不像一些到这儿裱画的人那样当着他的面给画作拍照，也没有让他写个收据。这在很多人看来，都是最基本的。他只留下两千块定金，说好十五天后来取，就走了。

袁楚一走，李方儒立即开了灯，拿了放大镜，非常仔细地端详手中的画作。他再次坚定自己的判断，这确实是张赝品，但作伪做得太高妙了。自己能做到这一点吗？他暗自思忖，如果是四五年前，或许可以，只是现在，恐怕有点儿吃力。随着年纪增长，他的手有些抖了，厉害时，甚至连笔管都握不住。但李方儒从小有一股不服输的狠劲儿，多年前跟师傅学画时，师傅也一再跟他说，这是他性格中最大的好处。

李方儒决定，第二天不做事了，就在家里装裱这幅画。这画虽说是赝品，但他必须得像真品那样对待它。因为这画的作伪者绝对是个绝顶高手。

这个人是谁呢？李方儒心里不由得产生这样一团疑云。他对国内国外的书画大家不能说不了解，谁能有这样高超的技艺？莫非是他？不可能……多少年来，他处心积虑要打听到他的消息，却一点点讯息没有。他像落入大海里的一滴雨水，消失得无影无踪了。直到五年前，他在一份报纸上偶然看到，一位隐匿深山的书画大家死在了书房里，许多天后才被山民发现，那屋里满墙都是临摹的古画，古画上停满了绿头苍蝇……当时，通过报道上的照片，他仔细辨别了墙上的古画，因而断定，死去的那人就是他……他终于死了。

那还有可能是谁？

李方儒小心地卷起《卓歇图》，携在手里，慢悠悠地走回家去。李方儒穿一身中式服装，慢慢地走在路上，俨然是一位饱学的儒士。

夕阳已下沉到对面店铺的屋檐后，淡淡的余晖将李方儒细长的身影贴在店铺门面上，影子无声无息地滑过去。

李方儒的家就在天水街后面。走过两家店铺，再走过一条安静的小巷，右手一拐弯就是。是一个独立的院落，边上立着一栋老式的二层小楼，小楼二层有阳台，若放在乡间，这样的院落该叫做别墅吧。

李方儒进了屋子，什么声音也没有，静悄悄的。整栋房子安静得像个巨大的古墓。

家里一个人也没有。

李方儒的妻子逝世十多年了，留下一子。李昂今年二十二岁，原本就读于上海一所非常知名的大学，历史专业，学得好好的，不料到大二那年，退学了。这时，李方儒的喜悦都还没散尽呢。李方儒不同意儿子退学。儿子说，要上你去上，老师教的，我都知道，我还有什么必要再上学？就算上学，我以后也是不出去工作的。李方儒无话可说，这个儿子自小话不多，但非常有主见，一点儿不容易对付。李方儒只能随他的。李昂五六岁起，就跟着李方儒画画，后来也跟着他做装裱的事儿，竟然很快就做得像模像样了。李方儒明白，儿子在很多方面可能都超过了自己，只是儿子不愿显露出来，让自己难堪罢了。想到这一层，李方儒心里又是难受，又是欣慰。难受的是，儿子小小年纪，功夫已经比自己深；欣慰的是，儿子虽然在学业上让自己失望，但儿子毕竟是孝顺自己的。

这段时间，儿子老往外跑。知子莫若父，李方儒了解儿子的脾性，李昂不像现在那些成天往外跑不归家的小年轻。李昂性格有些闷，慢条斯理的，也没什么嗜好，只喜欢一个人待在家里看书，十几年来家里的几个大书柜一直就是李昂的精神乐园。十多年前开始，这个家买书最多的人就不再是他李方儒，而是儿子李昂了。李昂成天从书店往家里搬书，似乎那些书不花钱，似乎那些书不占地方。大部分书李昂也不怎么看，只翻翻目录，再随便翻两页内页，就算看完了，仍用书店的方便袋包扎好，一堆一堆地堆进书橱。

这阵子李昂不知道着了什么魔，不怎么看书了，净往街上的碧玉茶坊跑。

李方儒自个儿胡乱生了一通气，无可奈何，禁不住又就着灯光，将这张伪《卓歇图》展开来，细细地看了又看，不多时，就沉浸在其中了。

这天下午，李昂看了一阵子书，有些疲乏了，不觉往后一靠，仰面倒在身后的一大堆书上，直到听到手机短信声音才醒过来。李昂抓过手机一看，发信人是于静兰，短信只有短短几个字：今天过来么？

李昂回复道：来。

于静兰回复道：那我先出去一趟，马上回茶坊。

李昂没再回复，洗了一把脸，快步走出门去。

走在午后寂静的小巷子里，李昂眼前仍旧浮现出刚才的梦境。太清晰了，简直不是梦！这种清晰，让李昂莫名地觉着恐惧。梦境云遮雾罩的，似乎隐藏着极大的机密。会是什么？还是说，这仅仅是一个毫无意义的梦？不像，李昂下意识地断定，这绝对不是一个毫无意义的梦。既如此，也就更加恐怖了，因为李昂丝毫不能明白，这梦到底是怎么一回事。

约莫一刻钟时间，李昂来到了天水街街口的碧玉茶坊，店主于静兰迎了出来。今天，于静兰穿一件窄窄的蓝底白花民族风格的衣裳，配着她齐肩的乌发和红润的鹅蛋脸，煞是好看。李昂有那么一瞬间，看着她呆了一呆，又匆匆扭过头去，脸颊倏地红了。

"刚一不小心睡着了……"李昂道。

"做梦了吧？"于静兰微微一笑，习惯性地低了低头。

"是做梦了……"李昂没听出于静兰言语轻微的戏谑，实话实说道，"那梦真是太怪异了，简直不像梦，倒想是真的……却又不像真的。"

"什么像梦不像梦的，什么真真假假的，我都被你绕糊涂了。看你两眼无光，这会儿还在梦里吧？快喝茶吧，上好的西湖龙井，店里人多手杂的，我放在家里，刚拿过来"

李昂眼前的小几上已放了一杯茶水，白瓷杯子盛着一泓碧水，袅袅青烟，细细幽香，不用品饮，已然唇齿含香。

李昂小心翼翼地端起杯子，啜了一小口，让茶水在嘴里游走，许久，缓缓咽下去，微闭了眼，顿了一顿，说："好茶！"

于静兰蹲在李昂身边，微微伸着脑袋，一直紧张地盯着他，这时方才哈了一声，脸上荡开了笑，一张粉脸愈加清丽。

"就知道你喜欢这个味儿，所以一早就给你留着。"

李昂却不知接什么话，只呵呵两声，又啜了两口茶水。他差一点跟她说，他在刚刚做的那个梦里梦见她了。他梦见他和她在山上走，渐渐地走到了两条道上，她走在上面一条道上，他走在下面一条道上。他喊她，她却听不见的样子，忽然，她变成了一大块石头，滚落下来，砸在了他的身上……但他什么也没说。

隔着小几，于静兰在李昂对面的圈椅坐下，右腿架在左腿上面，两只手合拢了，搁在膝盖上，身子微微前倾，做出一副小学生洗耳恭听老师讲话的样子。

"还在想那个梦？"于静兰莞尔一笑。

"没有……"李昂看着于静兰，忽然觉得，她有些陌生。这一瞬间感觉到的陌生，让他有些难过。

"给我画一张画吧！"于静兰说。

"我不是给你画过很多画了吗？你看，墙上都挂满了……"李昂看了看墙上，笑道。

"那些……算不得是你的，我要你给我画一幅你自己的。"

"我自己的？"李昂道。

"就是……不是临摹的，你自己想出来的。"于静兰解释道。

"呵……"李昂笑了一下，"今天怎么忽然要求这么严格了？"

“今天……”于静兰叹了一口气，“今天是三号啊。”

“那怎么？”李昂道。

“三是我的幸运数字……还有，今天也是我的生日。”于静兰终于还是说了出来。

“哎呀，”李昂惊道，“你怎么不早说！”

“一个星期前我就跟你说过了……”于静兰委屈地撇了撇嘴。

“真不好意思……”李昂稍稍红了脸，说道，“那我这就给你画一张我自己的画。”

他们走到茶馆靠窗的一张桌子边，那张桌子是于静兰特意为李昂准备的，目的就是供李昂画画，别的客人都不允许坐那儿。这让李昂大为感动。

于静兰立在旁边，像一只光亮的青花瓷，静静地望着他。李昂心中一动，立时就有了画作的内容。

在画幅的右侧，用了皴法，画出一大堆古怪得近乎凶恶的山石，整张画的中间完全是空白，一直到画幅的左下角，才有几条铁线般坚硬的线条突兀地刺出，在杂乱的线条中央，开着一朵小小的兰花。

这张画的构图极为险峻，整张画给人以不平衡、不稳定、不安全之感。在这种感觉中，那一朵摇曳着细细花茎的兰花的命运不禁让人担忧。

李昂画完了，提着笔还想写上几句什么话，却始终想不出来，最后，只在那堆乱石旁边，题写了画名：《危兰图》，又题上了自己的名字和日期。这样的画名和落款位置，也是怪异的。

“怎么取了这么怪怪的一个名字？”于静兰沉吟道。

他们在画画和说话时，没注意到，一个老人走了进来。老人穿一身鼠灰色的中山装，拄着一根黑色的龙头拐杖，鹤发童颜，腿勤脚健，走进店来，几乎没发出一丝声息。

墙上都是李昂临摹的画，老人看到仿黄公望的《九峰雪霁图》，仿张大千的《仿张僧繇设色山水图轴》，微微一笑，最后，仿任熊的《自画像》前面，老人停了下来。这是清末画家任熊染上肺病死去头一年画的，这年，任熊才三十四岁。画中，任熊题写了一首词。老人驻足看了一会儿，轻声念道：

“莽乾坤，眼前何物？翻笑侧身长系，觉甚事，纷纷攀倚？此则谈何容易！试说豪华，金、张、许、史，到如今能几？还可惜镜换秦娥，尘掩白头，一样奔驰无计。更误人，可怜青史，一字何曾轻记！公子凭虚，先生希有，总难为知己。”

直到这时，李昂和于静兰才发现老人。

他们扭过头，静静地听着老人念下去。

“且放歌起舞，当途慢憎颓气，算少年，原非是想，聊写古来陈例。谁是愚蒙？谁为贤哲？我也全无意。但恍然一瞬，茫茫渺无涯矣！”

老人念得抑扬顿挫，很有感情。李昂听着，有一种感觉，任熊的这首词，像是专门为老人写的。李昂只看得到老人的背影，却仿佛看到了他的一生。

“老先生，您要喝茶呢，还是买茶叶？”于静兰问道。

老人不说话，念完了，仍旧看着墙上的画发呆，只轻轻地点了点头。

“您喜欢什么茶？我们这儿普洱、龙井、铁观音、大红袍，什么都有。”于静兰走到老人身边，热情地招呼着。

老人微微侧过脸，看了看她，微微一笑，却并不答话。

“老先生？”李昂也走了过去，“你喜欢墙上这几幅画？”

老人又看看李昂，眼中闪过一丝犹疑的神色，迅即，露出了满意的笑容，点了点头，说道：“你很好，很好。”

李昂挠了挠头，感到莫名其妙。

老人转身走出店去了。

李昂和于静兰面面相觑，实在猜不出老人这一番言语和行为是什么意思。

“真是个怪老头儿。”于静兰说道。

李昂转回头来，却发现，贴在墙上的每一张画的画名的第一个字，都圈了个圈儿，当是老人用指甲划出来的。李昂心中一惊，赶紧追了出去，然而，往天水街两边看，都没看到老人的踪影。

第二章

李昂回到家中，看到父亲正端着放大镜，专注地盯着一幅画看。见李昂进来，忙放下了放大镜，问道："哪里去了？不会又去碧玉茶坊了吧？我可告诉你，于静兰这样的女孩子，不是你招惹得起的，后面还不知道有多大的陷阱等着你呢。"

"哎呀，你别说了，哪里就有什么陷阱……"李昂有些不耐烦地说，一面换了拖鞋。

"过来看看这画，"李方儒见儿子不搭理，此时也不想深究，遂热情招呼儿子过来看画，"看看，你能看出什么问题来么？"

李昂一声不吭地走过来，坐在沙发上，朝画瞄了一眼，只一眼，目光就定住了。李昂脸上的神色转瞬间变了又变，惊喜，惊讶，惊叹，困惑，甚至，有几分害怕。李方儒看到儿子的注意力完全沉浸到画里的样子，心里怪怪地，有些担心。他瞅着儿子的脸，仿佛怕儿子会出什么意外，同时，也焦急地等待着儿子给出一个判断。

"这画哪儿来的？"李昂的目光总算离开画，瞅着李方儒。

"你别管哪儿来的，你先说说，对这画有什么看法。"李方儒一脸热切。

"画是假画，但是……"李昂犹疑着该怎么说。

李方儒心里是又惊又喜，暗想，儿子的修为果然在自己之上，自己差点儿栽了跟头，儿子却一下子给看出来了。一面为儿子感到高兴，一面也感叹，自己真是老了。难以自已的，对儿子竟然隐约有几分嫉妒。他在儿子这个年纪，可远远没这个修为……儿子强过老子，这到底是幸还是不幸？

“但是什么？”李方儒收了心，问道。

“临摹得非常逼真……这又不是纸本的画，不是靠揭裱填墨得来的，真是不容易，不容易。”李昂由衷地赞叹道。

“揭裱？亏你想得出……忘了我怎么教你了！”李方儒正色道。

“我不是说自己要那样做，只是说，这画没那么做竟然能硬硬临摹得如此逼真，实在难得。”李昂话一出口，就已想起了父亲最忌讳对古画揭裱填墨的做法，只好竭力挽回。

古画作伪，除了硬生生的临摹，最常用的就是揭裱。

明朝以来，书画最常用的质料是宣纸，宣纸经特殊工艺制成，与纸不同。如果宣纸在制作时一次成形，其厚薄多不均匀，因此必先作极薄的一层，根据其价格宣纸可以加层。一般普通的宣纸也有二三层，厚的有四五层之多。因此，一张宣纸也可以再分揭为数张。这样，书画原作一经商人之手，必设法揭出若干层。由于宣纸用墨极易渲染，几乎每层都可以浸透画家的笔墨，但揭层越多，笔墨越淡，每层的原作也比较淡，作伪者便再用宣纸裱数层，墨迹轻淡之处再照样添补，新墨如很明显，再用熏旧之法使其变旧变暗，真伪便难以分辨。不知此情的人再将古旧书画或名人书画送给裱工装裱时，最上一层笔墨俱佳者往往被他们揭去，被骗后也不知所以。

用这种办法“复制”古旧字画和名人字画要求揭裱水平很高。如果稍有懈怠，便会弄巧成拙，不但所揭之书画神采全无，就连原迹也

可能被毁于一旦，悔之晚矣。[注]

正因为揭裱古画要冒如此巨大的风险，自从李昂开始接触这一行当，李方儒就一再警告他，不允许动这样的心思，古画，只可以临摹，绝对不可以揭裱。谁毁坏古画，谁就是艺术史上的千古罪人。对这一点，李昂虽然觉得不必如此夸张，内心里还是服膺的，谁又能担保万无一失呢？也正因为父亲对这事儿如此看重，李昂对打心眼儿里非常敬重父亲。不过，他禁不住好奇心的驱使，在父亲的教导之外，偷偷地于揭裱方面花了不少工夫，当然，他揭裱的画并不是什么古画，大多是他自己画的。

听李昂为自己的失言感到不安，李方儒心中很是欣慰，儿子毕竟是听自己的。

“你觉得你爸能不能临摹到这个份儿上？”李方儒满含期待地问道。

“这个……得临摹出来了才能说。”李昂道。

“哼……没这个必要吧？这样的雕虫小技，你爸还是可以玩一玩的。”李方儒有些来气，说起话来就有些傲气。

李昂不说什么，只是笑一笑。

“我倒感兴趣，来装裱这画的是个什么样的人。”过了一会儿，李昂说。

“没什么特别的，暴发户罢了，完全不懂行。”

“这就奇怪了，一个暴发户，怎么会有这样的画。”

“有什么好奇怪的？被人骗了嘛，就这么简单。”

注：引自21世纪新艺术网《古画作伪趣事》。

李昂不再说什么，又盯着那画看了一阵，忽然抬起头，望着父亲，说：“爸，你今天在街上看见过一个老头么？”

“老头？街上每天那么多老头，你说的是哪个？”李方儒言语间颇有些讶异。

“穿一身鼠灰色的中山装，拄着拐杖，银发银须，还带着眼镜，看上去很老了，但红光满面，还总面带微笑。”李昂努力回忆着老人的模样。

“没看见，怎么了？”李方儒道。

李昂遂将在于静兰茶坊里发生的一幕复述了一遍。

“他为什么要在我临摹的那些画的第一个字上画一个圈儿呢？”李昂道。

“当然是因为你在那儿做的什么暗记了……”李方儒道。

“他总不能那么看一眼就看出来吧？”李昂有些郁闷地说，“那我这暗记，做得也太失败了……”

“山外有人，人外有人啊。”李方儒慨叹道。

“有这么厉害的人？”李昂道。

李方儒没再说话，他有些神思恍惚，想着，那老人……究竟会是谁？

半个月后，依旧是黄昏时分，袁楚准时到来。

袁楚夹着个黑色公文包，一副行色匆匆的样子，大步跨进李方儒的痴黠居，高声嚷道：“李老师，我来了。”

其时，李方儒还像十五天前那样，坐在圈椅里，眼睛瞅着案几上的一排印章，沉浸在它们因为夕光所散发出来的清冷的光晕里。但此一时彼一时，此时的李方儒实际上心里并不安稳。自从袁楚走后，他就一直盘算着日子，今天，是第十五天，按照约定，他该来了。他竟然一早就有些焦虑，似乎在盼望着袁楚早点到来。几乎一整天，对到店里来的客人，他只是心不在焉地应付着。他不时看看手表，不时看看墙上的阳光，心想，等对面店铺屋檐的影子映到墙上时，袁楚就该到了。这会儿，墙上已经被对面店铺的影子占满了。他内心里由起初的焦躁渐渐变为平静。所以，当袁楚真正走进店来，他只略微抬头瞟了他一眼，又低了头去盯着案几上的一排印章。

“李老师，怎么样，画裱好了吧？”袁楚捏着西服的衣领，朝脸上扇着风。

“哦……你来了。”李方儒抬起头，淡淡地应道。“画裱好了，我这就给你拿去。”李方儒说着，往后推了推椅子，慢条斯理地站了起来。

“不忙不忙，”袁楚伸出一只肥厚的手往下虚虚地按了按，示意李方儒坐回去，他扭动着肥大的脑袋，往四周的墙上看，“上次来得太匆忙了，都没怎么好好欣赏李老师墙上的画，这次到上海，我把公司的事儿给底下人都吩咐好了，不着急赶飞机回去，可以好好欣赏一下李老师的这些宝贝了。”

“嘿……”李方儒并未坐回去，仍旧慢条斯理地往店铺后面走去，一面应着，“我这儿可没什么宝贝。袁老板可是走错地方了。”

“哪里哪里……”袁楚呵呵笑着，不等李方儒让座，自己在墙下的一张沙发上坐了，肥大的屁股在沙发上陷了非常巨大的一个坑。

不一会儿，李方儒从内堂出来，手里多了一卷画。

“您打开看看，满不满意。”李方儒把话递给袁楚。

袁楚赶忙站起，稍稍弯着腰，两只手接了，神态极是恭谨，嘴里忙不迭地说：“李老师的手艺，那还有得说？能给我裱画，那是给我面子，兄弟还敢说什么满意不满意？”袁楚接了画，也不坐下，仍是稍稍弯着腰，仿佛手心里捧着一件极其易碎的宝贝。

李方儒表面上不动神色，心里却很高兴。

“坐下，坐下说话。”李方儒说，“你给钱，我做事，哪有什么给不给面子的事情。”

“这话李老师就错了，”袁楚瞅着李方儒，一脸的不以为然，“李老师的大名，我是知道的。要不然，兄弟也不会大老远地从东北赶过来。”

李方儒仍旧是不动神色的，只脸上淡淡地浮上一个笑容。

“一回生二回熟，第二次见面，跟李老师就不是外人了。”袁楚脸上露出一副极其诚恳的表情，“实话跟李老师说，兄弟这几年是挣了不少钱，也收了不少古画，自然，也就见了不少裱画的老师，但这些家伙——我不是说李老师，您可别生气——对我这样的人，都不怎么客气。兄弟我是个粗人，我也不把自己假装成读书人，没那么多文词儿也没那么多礼数，在他们眼中，我就一暴发户。不多时候，什么坑蒙拐骗的伎俩都使出来了。当我傻子呢？我对书画这行虽然懂得不多，但没吃过猪肉还没见过猪跑么？混了这么多年，怎么说也晓得一些道道的。”

李方儒听着他说，只嘿嘿笑了几声，心道，袁楚不愧是个商人。他说这些话，一面显得和自己亲近，说自己不会对他坑蒙拐骗；另一方面，其实也是在警告自己，不要像别的裱画的人那样把他当做傻子，他可不是傻子。说这些话，他是如此自然，还显出满脸的至诚样子。想明白了这一节，李方儒又嘿嘿笑了两声。

袁楚说得唾沫星子乱飞，有些很不识相地粘在了他的脸颊，他也不在意，只用手很随意地抹了一把。

“那是袁老板信任我，”李方儒笑了笑，指了指袁楚手中的画轴，“打开看看，究竟怎样，总得看看。你不当面看看，我也不安心。”

袁楚似乎一愣，继而很不以为然地诶了一声，“李老师说哪里话，跟我打交道，你可千万别有什么不安心的。我可从来不会讹人，是什么就是什么，难不成我今后还回来讹你，说你给我的画不对？”

李方儒被他说破了心思，稍微有些尴尬地笑了笑。

“看是要看的，不过是欣赏。让兄弟我开开眼，看看李老师了不得的手艺。”袁楚说着捧着画朝上举了两举，似乎是向某个虚幻的神灵供奉礼物。然后，才小心地解开画轴，缓缓展开在沙发前的茶几上。

“哎呀！……”袁楚忽然大叫一声，身子往后一仰。

李方儒吓了一跳。

“真是绝妙啊！这画经了李老师的手，和几天前真是不可同日而语了。好！好！……好！”袁楚脸上露出狂喜之色，连连说了几个“好”。

此时，李方儒脸上也露出了得意之色，笑得微微张开了嘴。在袁楚近乎粗鲁的谈话中，渐渐对袁楚失去了戒心，听到袁楚完全内心的、极其夸张的赞叹，他哪里还能装作若无其事？心里竟有些踌躇，既然袁楚如此真心待自己，要不要告诉他，这幅画是假的？

袁楚身子往后仰，往前俯，往左倾，再往右倾，目光始终不离开《卓歇图》。整个过程中，他嘴里再没别的说辞，只是连连说着“好”。

李方儒越来越惭愧，也越来越踌躇，到底要不要告诉他，画是假的？

好一阵子，袁楚才回复常态，两只手抓了李方儒的右手，揉捏着，翻转着，似乎要将李方儒的手扭断，神色激动地说着：“谢谢李老师，谢谢李老师，果然是一代宗师啊！说实在的，兄弟刚刚找来那会儿，态度是有些轻慢的，实在是以前在这行当里见到的坑蒙拐骗、欺世盗名的多了。兄弟这给您赔不是了。”袁楚说着站了起来，要给李方儒鞠躬。

李方儒忙拉了袁楚的手坐下，说："袁老板不用这样。"

"还叫我袁老板？你这是打我脸呢？把我当自己人，就喊我兄弟。"袁楚重新坐下，一脸不高兴地说。

"好！好！……是兄弟。"李方儒有些别扭地说。李方儒是个较为传统的文人，平日里，店里来的，交往的，大多也是自己这个类型的人，爱好书法绘画，爱好古书古文，哪里跟袁楚这样粗直的商人打过交道？经过袁楚狂风暴雨式的一阵吹拍，骨头都轻了。这会儿，竟然没了文人的矜持，精心保持的平静心态也没了。

"这才像话。"袁楚拍了一把李方儒的肩头，呵呵笑了。

袁楚又去看展开在桌上的画，不停地啧啧啧地咂着嘴，好似饮了好茶，在回味似的。

"不瞒您说，老哥，"袁楚很自然地就改了称呼，"我让您给我裱这张画，是在投石问路，我若看了觉得满意，我手头收的画还很多，今后就都交给您来装裱了。如今看了，岂止是满意！"

袁楚这么一说，李方儒心头动了一下，他还会有什么画？

"这次，我也带了一张画来，看到裱好的这张画，兄弟可以拿出来了——老哥别多心，兄弟这是不得不防。"袁楚说着，打开黑色公文包，取出一个窄窄的牛皮纸信封，拍在桌上，"老哥，这是裱上一张画剩下的钱，八千，您数一数。"

李方儒连连摆手，"不用数，不用数。"

"诶！"袁楚眼睛一瞪，"不数怎么行？在商言商，老哥，您要不数，这就不专业。这方面，您听兄弟的，这是公平交易，让彼此放心，没什么不好意思的。数一数，数一数！"袁楚说着指了指桌上的信封。

李方儒感到难以推脱，打开了信封，抽出里面的一叠百元钞票，一张张数了起来。袁楚定定地盯着他，李方儒只觉得犹如芒刺在背。不一会儿，数完了，说：“没错。”随即松了一口气。

“这就对了！”袁楚像是夸奖小孩子似的夸奖道，又拍了一下李方儒的肩头，脸上堆满了笑，“老哥跟兄弟做事，讲究的是规范，别像别的那些文人一样，表面上这个不好意思那个不好意思，背地里什么不好意思？”

李方儒渐渐感到，自己在袁楚的面前，似乎矮了一截。

“老哥看看，就是这个。”袁楚又从公文包里取出一个宽一点儿的牛皮纸信封。

“什么东西？”李方儒道。

“看看，打开看看！”袁楚鼓励道。

李方儒看袁楚一眼，拿过信封，取出了一张折叠着的画，打开来，是一幅纸本设色的古画，一棵枝叶葳蕤的老槐树浓荫之下，一位高士赤足袒胸而卧，神态怡然，榻侧置雪景寒林屏风，条案上罗列香炉、蜡台及书卷什物。此图人物、床榻、条案、文房清玩刻画入微。画作行笔飘逸柔美、气韵清新优雅，人物和背景勾勒细致，烘染细腻。

李方儒当然识得这幅画，是宋人王齐翰的，反映出一代文人的生活状态，细细观赏，令人神往。如此雅致的作品，竟然被袁楚折叠起来塞在一个小小的信封里，实在是造孽。若在以前，他见到这等情形，必然会对来人施以白眼；如今，他却只是小心翼翼地抚了抚画上的折痕。

这次，李方儒有了心理准备，况且，这幅画他曾经在北京故宫博物院看过，印象颇深，想必手头这幅是假的。仔细一看，果不出所料。此一幅画，和上一幅画可以说是如出一辙，作伪做得极其逼真，各个方面都很难找出破绽，只是有些细小的笔触看上去十分拘谨，分明是照着他人的画作临摹所致。若不是李方儒早就有了心理准备，或许一时之间怕又要上当了。他脸上的表情微微有了变化，心道："怎么两幅画都是假的？而且，看似是同一个人的手笔，这个人是谁？这个人为什么偏偏找上了袁楚这个冤大头？袁楚又偏偏找上了我，会不会有什么问题？"李方儒生性谨慎，表面上不苟言笑，内心里总是将一件件事盘算得丝丝缕缕不出分毫纰漏。在袁楚这件事上，他是有些不放心的，说不上为什么，只是内心里隐约一点儿微弱的感觉，但他相信这感觉。

"还是不要说破的为好。"李方儒暗想。不说，不做，就能少出问题，这是他一贯信奉的准则。

"是宋人王齐翰的《槐荫消夏图》，王齐翰不算特别有名的画家，但这张画还是非常珍贵的。"李方儒淡淡地说，始终不去看袁楚的脸。

"李老师是行家，我就知道您认得这幅画。兄弟起初对这画不感兴趣，想来想去，也不贵，还是收了。在《卓歇图》上，兄弟捡了个大便宜，这幅图上，哪怕亏上一点儿，也亏不到哪儿去。老哥，你猜这画多少钱？也就十万块。"袁楚说着嘿嘿地笑。

"没亏，按理这画不止这个价钱。"李方儒淡淡地说。

"有老哥这句话，兄弟就放心了。"袁楚大咧咧地说，"这画就交给老哥您了，帮兄弟好好装裱一下。还是老规矩，十五天后我来取，我给老哥一万块钱辛苦费，不过这次先付一半定金。兄弟信得过老哥。"

袁楚又从公文包里掏出一个窄窄的牛皮纸信封，搁在桌上。

"这是五千块钱，老哥点点。您看，其实我什么事情都想好了，我就知道找老哥准没错，我们必定能长期合作。"袁楚笑呵呵的，丰肥的脸上泛着油光。

“好！画我收下了，钱……你先拿回去。既然你这么信得过我，就不付定金了。”李方儒心里不安，推脱道。

“那哪儿成！”袁楚瞪大了眼睛，“这钱老哥必须收下，这叫专业。咱们交情归交情，生意归生意，交情若是坏了生意上的规矩，这生意肯定是做不长久的。老哥数数，看是不是这个数。”

“好吧，”李方儒答应下来，“数就不用了吧？”

“那哪儿成呢！”袁楚又瞪大了眼睛。

这天傍晚，李方儒和袁楚一直聊到了天黑。直到天水街两侧的路灯亮起，灯光的影子在墙上摇曳，袁楚才拿了公文包，站起身来。

“哎呀，看我也没喊你吃个饭，光顾着说话了。”李方儒打心眼儿里感到抱歉。

“哪里哪里！”袁楚满面笑容地说，“实话跟老哥说，兄弟今晚早就约好了饭局，不能请老哥吃饭了。本想着要喊老哥一起去，但又觉得不适合，饭店在外滩那块儿，一起吃饭的都是些做生意的，一说话就是钱，恐怕老哥不习惯。下次，兄弟一定做东，跟老哥找个地方好好聚聚。”袁楚说着，两只手抓住李方儒的右手，又使劲儿握了握。

李方儒也握了握袁楚的手，说：“那我就不挽留了，咱们改天再聚。”

李方儒一直站在门边，望着袁楚朝街口走去。袁楚始终没有回头，李方儒心里竟然莫名地有些怅然。

李昂再次看到父亲带回的画，仍旧非常吃惊。

“画确实是假画，但这作画者的功底，实在说，并不见得不如赵昌。而这人，和上次《卓歇图》伪作的作者，应该就是同一个人。他为什么只作伪，不自己作画呢？他若画了自己的东西，必然能够成为一代大家。”李昂不无困惑地说。

“这有什么难理解的，”李方儒说，“很多临摹古画临摹得异常逼真、天衣无缝的人，真要自己画了，未必有多么大的成就。临摹和绘画，其实并不是一回事儿。临摹靠的是技术，照着来就行。真正的绘画，不单需要技术，还需要内心里有感情，有冲动。在很多时候，后者比前者要难得得多。当然，徒有激情，没有技术也不行。正因为如此，历史上绘画的大家才那么少，他们的画作也才如此珍贵。”

“爸说得是。”李昂一笑，感到心中豁然开朗。他对父亲的敬佩也增加了一层。他心里想，虽说自己现在的临摹功夫比之父亲，可能要高出一筹，但并不见得自己的功底就比得上父亲。父亲只是比自己老了，失去了身体上的优势；在见识上，自己实在还是比不上父亲的。忽然，他又想起了那天见到的那个老人。

“爸，我还是想不明白，那天那老人怎么一下子就看出我在画中第一个字上做了暗记。”李昂道。

“那你就慢慢想吧，这个世界上，想不明白的事儿多了去了。”李方儒道。

李昂兀自皱着眉头，思考着。

第三章

岁月如梭，十五天很快过去了。

这天，袁楚准时来到李方儒的“痴黠居”。一进门就扬声嚷道：“老哥，十五天了，兄弟想你呀。”袁楚一只手中还拿着前两次那个红色公文包，另一只手，却拎着两瓶剑南春，和一个暗灰色的纸包。

“哎呀，看你，怎么还带东西来了。”李方儒站起来迎接。

“诶！今天要跟老哥好好喝一个，两瓶酒，还有一只烤鸡，够我们聊到天黑了。”袁楚把酒和纸包的烤鸡放在桌上。

不一时，李方儒拿出了装裱好的《槐荫消夏图》，袁楚一看，照例大加称赞一番。袁楚将剩下的五千块钱给了李方儒，又从包里拿出一个牛皮纸信封，打开来，还是一副古画，展开来一看，竟然是宋人米芾的《春山瑞松图》。

米芾，又称米南宫，米颠，主要以书法知名，位列宋四家，对后世影响极大。一般人不大知道，米芾画画也不错，其山水画源自董源，天真烂漫，不求工细，创出以横点为主，表现烟云雨雾的“米家山水”自成一派。这张《春山瑞松图》尺寸不大，描绘的是云烟涌动的山林景象，笔法清秀，墨色淡雅，开创了一代文人山水画的新风。很有收藏价值。

但李方儒细细一看，差点儿要叫出来。这张画是假的，那是他早就有心理准备的了；临摹得逼真，也是他早有准备的。他丝毫没有准备的是，这次的假画竟然如此欺人！袁楚带来前两幅画都将原作临摹得惟妙惟肖，而眼前这幅虽然跟原画也极其相似，然而，原画山脚有一处茅草亭子，亭子里空无一人，伪造者竟胆大包天地在亭子中画了一人。这人坦胸而卧，一副高枕无忧的样子，形貌酷似宋人《槐荫消夏图》中的高士。这分明是欺袁楚不长眼睛么？公然地嘲笑啊！如果自己给这样一幅画装裱了，传出去，那就不是一般的丢人了。他立马想到，那作伪的人，会不会是冲着自己来的？难不成那作伪的人是他？不可能！怎么可能呢？虽然他这么肯定，可心里还是紧张的。

袁楚看了几眼装裱好的画，就收起来了，自顾自打开纸包，露出黄澄澄的丰肥的烤鸡，又将两瓶剑南春的盖子都拧开了。

“咱包产到户，各自倒各自的，我不跟大哥客气，大哥也别跟小弟客气。”说着，袁楚拿过酒杯，给自己斟满了。他丝毫没注意到李方儒的异常神态。

李方儒干干一笑，默默给自己也斟满了。

“好，干一杯！”袁楚道。

“好！”李方儒碰了碰袁楚的杯子，咕咚一声将将酒吞下肚去。

袁楚咧开嘴，笑了。

这天晚上，袁楚一直在痴黠居待到很晚。中途，还坚持打电话到火锅店要了外卖。不久，外卖送来了，要的是个鸳鸯锅。李方儒心想，不知道这么烟熏火燎的，放在屋里会不会对四周墙壁上挂着的字画有损伤？正犹疑间，袁楚道破了他的心思。

“老哥，这火锅当然不能放在屋里，那些画啊宣纸的，哪是受得了烟火？咱把桌子椅子搬到外面，吃露天火锅多好……”袁楚揎拳掳袖，做出要搬桌子椅子的样子，“桌上的东西清一下？”

李方儒清理了小几上的笔墨纸砚，和袁楚把小几搬到街上。天水街是一条小街，地处僻静，铺的青石板，此时，基本上所有的店铺都关门了，只有两排路灯默默地亮着。两人将小几摆放在店铺前的光亮处，两人隔着热气腾腾的火锅，面向而坐。

这时是初秋。天高云淡，云淡风轻。上海的夜空是看不见几颗星星的，天空都被地面上的灯光照亮了，呈现出婴儿脸蛋般的粉红色。粉红色的天幕下，两个人推杯换盏，一直吃到深夜。袁楚酒量很大；李方儒平时也喜欢喝两杯，但酒量并不大。喝了七八杯，已是满脸酡红，醉得支撑不住了。袁楚也喝得满脸通红，但仍能言笑自如，似乎还可以喝上七八杯。他举着一杯酒，不停地劝李方儒再喝。李方儒一只手支着桌子，一只手如同风里折断了的芦苇，毫无力气地摇摆着，嘴里不断嘟囔："不喝了，不……喝了，今天不喝了。"袁楚抓了李方儒桌上的酒杯，硬是递到他手中，鼓动道："喝……老哥再喝！"袁楚劝酒很有一套，最主要的是不依不饶，不久，李方儒又喝了一杯。

直到大半夜，李方儒醉得一头趴在了桌上，不一会儿，安静的小街上，就响起了呼噜。袁楚仍旧没醉，他看看趴着的李方儒，嘴角露出不易察觉的一丝笑意，又给自己斟了一杯酒，小口小口地啜了两口，放了杯子在桌上。回到店铺里，迅速地往四周墙壁上看了看，仍旧是平日挂着的那些画以及两三幅刚装裱好的画，也就是很一般的作品。他警觉地转回身来，看看外面的街道，街道上一个人也没有，李方儒仍旧趴在店面前的小几上，均匀地打着呼噜。他立马转入店面后的内室，打开手机，借助着手机的光亮四下里瞅了瞅。他来过这间店铺三次了，这还是第一次进内室。这儿比他想象的要大，稍微有些杂乱地堆满了宣纸和一些杂物。一张床在角落里，床上的被子折叠得非常整齐，床下有两双鞋子。袁楚掀开床单朝黑乎乎的床底下张了张，仍旧是一些宣纸，还有几块没有加工过的石头，并无什么特异之处。袁楚在屋子中间站了一会儿，一脸茫然的样子，猛地，想到了什么似的，赶紧往店铺外走。

刚一出店铺，袁楚就发现不远处正有一个人朝这边走来。

李方儒还趴在自己对面，只是呼噜声微微变小了。袁楚端起酒杯，装出一副也醉了的样子，伸手推了推趴在对面的李方儒，嘴里像冒泡的鱼，嘟囔道："喝啊，李老师，咱们再喝……"眼角扫着来人，只见那人匆匆走近，站住了，不走了。

来人是李昂。

李昂许久不见李方儒回家，李方儒又不带手机，终究放心不下，就找出来了。大老远的，就看到痴黠居还亮着灯，店前竟然还摆着桌椅，似乎还有火光乍隐乍现，心中犯疑，快步走近了，一看，竟然是火锅。一大股酒气弥漫在窄窄的街道上。一个人还在喝，另一个人趴在桌上打着呼噜，那不是父亲是谁!

"爸，你醒醒！"李昂推了推李方儒，急切地喊道。李方儒并不理会，仍旧小声地打着呼噜。李昂又推了推他，道："怎么喝这么多？"这才抬眼去看坐在对面的人。

是一个中年汉子，圆脸，短发，身材高大，约莫三十七八岁，穿一件长袖白衬衫，袖子高高挽起，手软软地挥舞着，眼看也是醉了。

"你是哪位？怎么让我爸喝这么多酒！"李昂不认识来人，且看他并不像一般喜好字画或做收藏的人，身上一股洗刷不掉的商人气息，心里就有些不舒坦，问出的话就有些不客气。

"老弟……"来人哽了一下，喊道，"我是袁楚啊，你爸没跟你说起过我？"袁楚瞪着一双醉眼，软塌塌的。

"袁楚……"李昂皱着眉头想了一下，不记得父亲跟自己提到过这样一个人。

“你爸给我裱了好几幅画……”袁楚小孩子似的，掰着指头算道：“《卓歇图》……《槐荫消夏图》……这两天，还要帮我裱《春山瑞松图》……你爸手艺真了不得，了不得！我高兴啊，我们喝酒。”袁楚说着，又举起了桌上的酒杯，冲着李昂晃了晃。

这下，李昂想起来了。不禁又朝袁楚看了几眼，心想，原来是他。父亲一定没跟他说那些画是假的，不然他肯定高兴不起来了。这几天李昂净操心于静兰的事儿去了，也没问父亲，有没有告诉裱画的人那两张画是假的。父亲为什么不告诉他呢？

李昂心道：父亲向来不允许经过自己手的东西有问题。如果客人来裱画，发现是赝品，父亲也不管客人高不高兴，总是立即指出，哪怕客人不高兴，和客人争执起来了也在所不惜。几十年来，从没有赝品逃得过父亲的眼睛，也正因为此，父亲表面上做的是裱画的生意，实际上，却成了古画鉴定专家。书画界口耳相传，父亲日渐有了如今的显赫名声。天水街上，所有人都敬重父亲，将父亲视作天水街上的一宝，就是市里的电视台电台，也多次联络采访父亲，或者邀请父亲到台里去做节目，只是父亲从来没接受过采访，也没上过电视台电台。父亲不喜欢在公众面前抛头露面。父亲不止一次对他说，他能够尽自己的一份力量，不让经手的赝品继续谬种流传，那就是对书画艺术最大的功德。父亲对自己也有同样的期许。父亲教自己画画，教自己临摹，正是为此。“只有自己的临摹功夫到家了，造假的功夫到家了，才能识破别人造假的东西。”这是父亲的教诲。可是现在，父亲怎么没告诉袁楚，那两张画都是赝品呢？

李昂上下打量着醉醺醺的袁楚，心想，自己要不要告诉他？又想，既然父亲不告诉他，一定有父亲的理由吧，且等父亲醒来再说。计议已定，当下对袁楚说："我要关了店铺，扶父亲回去了。你怎么办？"

"老弟不用替我操心，我订好宾馆了……打车过去。外面凉了……老弟啊，老哥的酒量其实比我大，他是装的，不想跟我喝了……"袁楚口齿不清地说，将李方儒喊成"老哥"，却将李昂喊成"老弟"，"我跟你一起，送送老哥。"袁楚站起来，去扶李方儒。

"这就不用了。"李昂挡住了袁楚，不知怎么，他对面前的这个人莫名地有些不喜欢，"我扶我爸回去就行，你自己先回宾馆吧。"

袁楚又跟李昂客气了一番，看李昂执意不让自己跟随，就跟李昂道了别，摇摇晃晃朝街口走去了。李昂望着他走远了，才将桌椅和火锅收拾好，关了店铺，搀着父亲慢慢往家走去。短短的一段路，李方儒竟在墙边吐了两次。

次日一早，李方儒醒转，睁开眼睛，看到自己躺在床上，心下一阵莫名。他还以为自己仍旧坐在店前吃火锅喝酒呢，怎么竟躺在了自己的床上。想要想起这中间是怎么弄的，却无论如何想不起来了，才知道，自己喝酒太多，短暂性失忆了。穿衣起来，在窗边坐了一会儿，脑袋稍微清醒了一些，走到客厅里，发现儿子李昂躺在客厅沙发上睡着了。他刚在儿子对面沙发上坐下，儿子便睁开了眼睛。

"爸醒了？"李昂揉了揉眼睛，"昨晚怎么喝那么多？"

"我没做什么说什么吧？"李方儒猛然想起了袁楚，"还有另外那人……"

"没有，是我把你扶回来的。你想问袁楚吧？他自己回宾馆了。"李昂说。

"我昨晚没说什么吧？"李方儒又问了一遍。他心里想的却是另一桩事儿。

“没说什么啊，你醉得厉害，一躺下就睡着了。”李昂有着愣怔地瞅着父亲。

“哎呀，他让我装裱的画我就放在店里……”李方儒忽然想起那幅《春山瑞松图》。

“放心，我拿回来了。”李昂说着，从茶几的第二层拿出画，淡淡地说，“是米芾的《春山瑞松图》吧？还是假的。”

李方儒只略微瞅了一眼那张画，低下头，两手扶着，用指头揉着太阳穴。

父子俩面对面坐着，一句话没有。屋外院子里，有一棵银杏，一只灰色的斑鸠不知从哪儿飞来，停在上面，咕咕咕地叫个不停。

“你想说什么？”李方儒仍旧闭了眼睛，用手指揉搓着太阳穴。

李昂欲言又止。

“你是不是想问我，为什么没告诉袁楚他那些画是赝品？”李方儒抬眼盯着李昂。

“为什么？”李昂也望着父亲。他心里实在是有无数的疑问，憋了一晚上了，此时被父亲一眼看破，再也憋不住了。

“我不是不告诉他，是要等时机。反正，这些画他不会即刻出手，再说，他收这些画，实在花了没多少钱……近乎是半买半抢。”李方儒慢悠悠地说，最后一句话，却近乎有些愤怒。“还有，我总觉得这事情有些古怪，按照他的说法，这些画并不是从同一个人手中得到的，但是你看看，这些画的作假方式，几乎如出一辙，应该是同一人所为。这个人是谁？我有一种感觉，这个人似乎是有所图谋的……我感觉到是冲着我来的。你看了这张《春山瑞松图》了吗？简直是侮辱！草亭里竟然多画了一个人袒胸露乳地躺在那儿！要看出这幅画是赝品，完全不需要任何专业知识，只需到网上查一下这张图，比对一下就行了。有这样作伪的么？摆明了，其意不在作伪骗过买画的人，是想着毁掉我的声誉！”

李方儒说这一番话，越来越愤怒，似乎已经坐实了确实有人向自己挑衅。李昂默默听着，心里思忖着，父亲的话不是没有道理，可是，那作伪的人有什么目的呢？这么想着，对父亲已不再有一丝责备。

李方儒说这一番话，实则有一半倒是临时想起的。现在他正在思索，那人究竟是谁？有什么图谋呢？仅仅只是想要毁掉自己的声誉吗？

“那这幅画打算怎么办？”李昂指了指桌上的画。他心里也在想，那人是谁，若他真是想要毁掉父亲多年建立起来的声誉，那单靠之前装裱好的那两幅画已经足够了，何必又来这么一幅不伦不类的《春山瑞松图》？

“那人在暗处，我们在明处，这让我们很被动。所谓名誉，别人看得很重，我倒并不那么在意。我只想着，再有几次，让我理出一点儿头绪，能够找到那个作伪的人，这也是为书画界清理一个害群之马。”李方儒虽然说得很平静，听来却极有气概。

此时，李昂再也没有了指责父亲的念头，望着父亲，眼中溢满崇敬之情。

和儿子的谈话，让李方儒思索良多。

其实，他最初没跟袁楚点明《卓歇图》是赝品，仅仅因为一时之气。袁楚第一次来时的态度让他不舒服，再者，袁楚竟然以那么低的价格收了这么一张图，近乎敲诈，当然袁楚并不知道那是赝品。他就想着，让袁楚这样的人上一次当，也是给他的教训。但在裱画过程中，他越来越觉得，那画的作伪方式似曾相识，莫非是他？他一次次在心里问自己，又觉得不像。他找了他那么多年，一直没消息，直到五年前他看到了那样一条新闻，方才断定，他已经死了。这让他绷紧多年的心弦顿时松弛下来，这几年的日子总算过得踏实安稳了。可现在这画……若不是他的手笔，他实在想不出现世还有第二个人有能力做到，可是，那作伪的方式又不像他所为……李方儒脑海中乱麻一团，当下就决定，不跟袁楚说破。不料袁楚第二次又拿来那么一张画，李方儒更加觉得不对劲儿，就更不愿意说破了。

假得离谱的《春山瑞松图》摊开在画桌上，李方儒盯着茅草亭子里那小人儿发了一会儿愣，觉得那小人儿在笑自己呢，突然心血来潮，也想临摹一幅。自从五年前断定那人死后，他只做一些局部的临摹，再没完整地临摹过一幅作品，总觉得提不起心劲儿。现在回想起来，他有些惶恐，可别把手艺丢了！接连十多天，他都没怎么到痴黠居去，反复揣摩《春山瑞松图》，然后便是扎下脑袋认真临摹。总算，在预定交付日期的前一天，他将自己临摹好的《春山瑞春图》装裱好了。自己临摹的这张画和袁楚交给自己的有所不同，他将茅草亭子里那小人去掉了，也就是说，和米芾的原画在画面上保持了一致。所有工作做好后，他反复看了看，觉得真可以说是天衣无缝了。袁楚会不会发现呢？他心里不由有些忐忑。如果他发现，那么，证明他并不是个浑人，那么，就跟他说清楚，前面几幅画是假的。如果他没发现，那么，他就真是个浑人，整件事也就谈不上什么阴谋，凑巧罢了。可是，如果他不是浑人，就证明他的到来是为了某个未知的阴谋……那如何是好？李方儒一时委决不下。

第十五天后的傍晚，袁楚准时到来。手中有一轴画，还拎了一个袋子。

两人寒暄了一阵，说了不少上次喝酒吃火锅的事儿，袁楚说得痛快，大赞李方儒酒量了得。李方儒连连摇手，说：“哪里比得上老弟，老哥后来可是醉得人事不知了。今后是无论如何不能那么喝了。”

袁楚笑笑，说：“今天我们喝好酒，这酒不容易醉！我特意带来的。”说着从手中的一个纸袋里拿出黑黑一个瓶子，也没写什么名字。“特供的，国家领导才能喝到，我一个在政府做事的朋友搞到的。你闻闻这味道。”袁楚拧开盖子。

李方儒凑近了闻了闻，果然是好酒，脸上不禁露出了笑。他终究是喜欢喝酒的。

“既然如此，那先看看画。”李方儒取出裱好的画，打开来。

“啊……”袁楚忽地站起，结结巴巴道，“这幅画……老哥……这幅画……”

“你看出来了？”李方儒道。袁楚并不是浑人，他是明白的，他对自己给我的画看得清清楚楚，他不可能不知道他给我的那些画是假的……转瞬间，李方儒心中已是转了无数个念头。他打算单刀直入。

“是啊，你给我的画是赝品。”李方儒淡淡地说。

“我记得这里面有个小人……老哥……”袁楚指着茅草亭子说。

“对，”李方儒仍旧淡淡地说，“是有个小人，那是假画。原作并没有那样一个小人，你现在看到的，是我临摹的。今天，我就是要告诉你，你给我的画是赝品，不单这幅，前面两幅都是……”李方儒一下子把话说尽了。

“老哥……”袁楚紧紧攥住李方儒的手，使劲儿攥着，“……我……不知道怎么说……我要实话实说，可我说了老哥您会骂我……”袁楚脸涨得通红。

“说吧。”李方儒忽然发现，自己确实陷进了某个阴谋中。

“其实……我知道那些画是假的，都是从一个朋友手中得来的，那朋友是跟一个画家买的，他说，那画家五年前在一场大火中烧死了，画家临死前，把这些画给了他。”袁楚说。

“这就是了！这就是了！”李方儒心中念道，“这些画，确实是他画的，这么多年过去了，他真是长进了……”

“为了这些画，我亏大了，那个朋友跟我说，都是真画，我花了不少钱买下的，并不像跟你说的那样花了一点点钱。可是刚买下不久，有位专家跟我说，我得到的这批画除了一张，都是假的。我再去找那朋友，再也找不到了……”

“原来如此……你说有一张是真的？”李方儒道。

“是有一张，《韩熙载夜宴图》。”袁楚道。

“你说……”李方儒乍一听，忽然瞪着袁楚，“那张《韩熙载夜宴图》在你手上？”李方儒激动得血脉贲张。多少年了，他一直在找那个人，就为了这张《韩熙载夜宴图》！

“是啊……那专家跟我说，这张图和如今大家看到的都不相同，是真正的顾闳中的真迹。世人看到的都是宋人的摹本，没人想到顾闳中的真迹还留存在这世上。那位专家通过科学手段，鉴定出这确实是五代的作品，而非宋代的……我就是为了装裱这张画，才在老哥身上花了这么大力气……别人我信不过。”袁楚说到后来，神色有些扭捏。

袁楚说话时，李方儒脸色变幻不定，心中不知翻转了多少念头。《韩熙载夜宴图》，还是顾闳中的原作！一定是那人留下的！此时，他来不及细想，只想着，一定要见到这张画！然后，想办法留在自己手中！

“什么时候你把那画带来我看看？”李方儒竭力让自己平静地说。

“老哥……”袁楚又扭住了李方儒的手，“这幅画现在是我的命根子了，就为了这个，我才试探了你这么久，刚刚，你告诉我那些画是假的，我就知道，我找你找对了。我听人说，你是见过这幅画的真迹的……”

李方儒又是一惊，他这是听谁说的？

“那人告诉我，说老哥您当年学艺时，在什么地方见过，还临摹了一幅……不是兄弟信不过您，实在是事关重大，您能否让兄弟看看您手头临摹的那幅画？若不是这么多天的交往，若不是您刚刚指出我的那些画是假的，您就是让我看了您临摹的画，我也不可能让您看我那张。老哥，不是兄弟信不过您……只是……”袁楚满脸焦灼之色。

李方儒的震惊是无以言表的，他诧异之极地瞅着袁楚，好一会儿，忽然正色道：“你是宋云城什么人？”

“宋云城？那是什么人？”袁楚愕然道，“我不认识啊。”

李方儒盯着袁楚看了又看，袁楚不像装傻，不像。他不可能认识宋云城，是自己疑心病犯了。……那么他是怎么知道自己见过那幅画的？不管怎么说，得看看袁楚手头的画，不然就是死了也不瞑目。要看袁楚的，就要拿出自己的来……怎么办？怎么办？李方儒思来想去，没什么好办法。那就让他看一下？反正光天化日的，不怕他抢了去……李方儒又看了袁楚一眼，他仍是一脸的焦灼。李方儒缓缓地点了点头。

“你等着，”李方儒说。

好一阵子，李方儒从内室拿了一长卷东西，外面是用报纸包裹着的。袁楚脸上露出了笑容，说：“老哥，咱们一边看画，一边喝酒。”说着，指了指桌上的“特供酒”。

李方儒慢慢拿掉报纸，缓缓展开了画。这幅画他不知看了多少次了，每次打开都这么小心翼翼，都会感到心怦怦直跳，都会微微闭起眼睛，仿佛画里会飞出一道耀眼的光亮来。

是一张和通常所见的稍有不同的《韩熙载夜宴图》。

“果然！”袁楚喊了一声。

“我这是临摹的，让我看看你的吧。”李方儒顺着袁楚的话说。

“好说！好说！老哥以诚相待，我袁楚能不以诚相待？咱们今后就是生死之交，我若再对老哥有什么试探，有什么不实之处，我袁楚还是人么？”袁楚说着打开了自己那卷画，正是和李方儒的一模一样的《韩熙载夜宴图》。

“老哥，您看我这画是真的么？”袁楚道。

李方儒早已目瞪口呆。他虽然认定了袁楚的画必定是假的，可仔细辨认了，还是发现跟自己手头这张简直没什么区别！他竭尽全力要去找出临摹的破绽，可是一时之间，竟然无论如何找不出来，内心异乎寻常地焦虑，外表却仍旧很平静。这是那人临摹的，还是，那人手里的另一张画？一想到后一种可能性，他激动得几乎再也把持不住了。

“老哥，喝口酒！”袁楚倒了一杯酒递给李方儒。

李方儒目光仍旧盯着袁楚那张画，接过来，随意泯了一口。

第四章

李方儒努力睁开眼睛，发现躺在自己的床上。儿子李昂坐在床边。

“爸，您怎么又喝这么多？”李昂见父亲醒来，责备道。

“我怎么喝这么多？我昨晚没说什么吧？”李方儒喃喃道。

“没说什么啊，净打呼噜。”李昂愣愣地瞅着父亲。

突然，李方儒坐了起来，抓住李昂的手，喊道：“我的画呢？我怎么睡在这儿！”

“您说《韩熙载夜宴图》吗？我都收起来了，您放心。您昨晚又跟袁楚在店前喝酒了，后来你们都醉了，还好于静兰看到了，打电话告诉我的。我好不容易喊醒了袁楚，他说，让您给他裱画，是《韩熙载夜宴图》，画就在店里。我进店里一看，两张图都在，都和我见过的《韩熙载夜宴图》不同，却又都像是五代的作品……”李昂纳闷地说。

“那画在哪儿？快！拿来我看看！”李方儒忙乱地穿着衣裤和鞋袜。

五天过去了，十天过去了，半个月过去了……李方儒天天守候在痴黠居。每天下午，他还是悠闲地坐在圈椅里，微闭着眼睛，盯着桌上的一排印章看。表面上和以往没有什么分别，可是他知道，他心里不再像以往那样镇定了。尤其是，袁楚再也没有出现，让他越来越感觉到，肯定是出事情了。

但能出什么事情呢？

袁楚为什么一定要先看到自己的《韩熙载夜宴图》，才让自己看他的呢？是了，定然是袁楚信不过自己，要对比一下才放心。可是，袁楚怎么会得到那样一幅《韩熙载夜宴图》？那应该真是从他朋友那儿得来的，他那朋友说是从五年前烧死的一个画家那儿得来的，那画家就应该是那人了。袁楚又怎么会知道我有一幅所谓临摹的《韩熙载夜宴图》？是从他那朋友口中听来的？那应该是那人告诉他那朋友的……可是，我那晚没怎么喝酒啊！李昂不可能骗我，还说那晚我非要拉着他一起喝，这些不可能是假的，可我怎么就什么也记不得了呢？半个月来，李方儒苦思冥想的就是这些问题，思来想去，他最怕的就是，袁楚并没有一个所谓的充当中间人的朋友，袁楚是直接跟那人接触的，还有，袁楚将自己的《韩熙载夜宴图》掉包了。对于后者，他醒过来后立即就想到了，但出乎他意料的是，两幅《韩熙载夜宴图》都还在。可也因为两张画都还在，他就愈发担心……这一切担心，都将在今天得到验证，如果袁楚按时到来，那么，应该就没什么问题；如果袁楚从此一去不返，那肯定是出问题了。一想到出问题了，李方儒顿感绝望。

这天，太阳快落山了，还不见袁楚的影子。李方儒清楚地记得，袁楚说好的，还是十五天后来取画，他历来都如此，这次也不例外。可是，迟迟不见袁楚的影子。李方儒心中焦灼万分，表面上还是一副好整以暇的样子。又过了一会儿，他也顾不得装样子了，就歪了身子，瞅着墙上的阳光，心里判断着时间。太阳一点点偏西，墙上映出了街道对面的屋顶的影子，那影子越来越高，水一样漫上去，渐渐的，到了顶，屋子里暗了下来，恰似被水湮没了一般。袁楚还是没有来。

李方儒等得焦躁，站起身来，走到店外，往路两头这边看看，又往那边看看，只有一些悠闲地逛着的人，哪里有袁楚的身影。他一直站在门口，直到落日西沉，人烟散去。

李方儒重新回到在店里，坐在圈椅上，呆呆地瞅着桌上的一排印章，心中一片冰凉，这时，忽听得门口有声音，他急忙抬起头，却是儿子。

“爸，回家吃饭吧。”李昂说。

“好……好。”李方儒应道。

“回家吧，我做好饭了。”李昂又说。

李方儒不说话，呆呆地盯着那排印章，印章微微反射着落日的最后一缕光彩。

“怎么了？”李昂又说，也看了看那排印章。

“没什么……”李方儒看到李昂纳闷地瞅着印章，连忙说道。他怪怪地瞥了李昂一眼，李昂没再理会那些印章。

李方儒脑袋里转动着关于《韩熙载夜宴图》的无数念头，只要手里有那幅《韩熙载夜宴图》，总有一天他会参破其中的机密的，总有一天，他会得到他想要的，那时候，不管儿子，还是其他所有的人，一定会都会来巴结讨好他……他越想越远，越想越兴奋，恍若几十年来的所思所想完全实现了，什么都得到了。突然之间，一阵冷冷的秋风吹过，他回过神来，心想，糟了！袁楚真不来了，《韩熙载夜宴图》会不会有什么问题？

“快回家吧……”李昂又说道。

“今晚不回了，我还有些事。”李方儒推辞道。

“那好吧……爸，你没事吧？”李昂感到父亲怪怪的，很不放心。

“没事……我能有什么事？”李方儒尴尬地笑笑，“你赶紧回去吧，饭菜要凉了。我现在不饿，饿了会到街上的饭店里去吃。”

“那好。”李昂定定地看了父亲两眼，转身走了。

李方儒重新在圈椅上坐好，眼睛盯着桌上的印章。但太阳落下去了，印章已经失去了光彩。李方儒想，纵然袁楚真的换走了自己拿出来的那张《韩熙载夜宴图》，也只是换走了自己临摹的一张伪作，并非真正重要的那一张，但袁楚的这个行动本身让他害怕，同样让他害怕的还有，他竟然分不出李昂给他收起来的那两张画，有没有一张是自己临摹的。

这天晚上，李方儒干脆没回家，住在了痴黠居。痴黠居空间狭小，住在店面后，直如住在一个幽暗昏晦的山洞里。空间本就狭小，而四周又堆满了纸张等，就显得更加拥挤了。他倒在床上，还盼望着袁楚的出现。盼望得热切了，甚至有些恍惚，仿佛听见街上有人走过，鞋底落在石板路上，笃笃地响，那人走到痴黠居跟前，正在敲门……他连忙翻身坐起，拖了鞋子走出去，却哪里有人敲门。他呆了半晌，怅然若失，默然回到内室，重新躺在床上，辗转反侧，无论如何睡不着。后来，他实在睡不着，决定不如起床画画。画什么呢？他思忖着，摊开一张宣纸，随意地落下了笔，此时此刻，他更加觉得是置身在一个山洞之中，有弱弱的光从洞口照射进来，他便借助着那一点点光，非常仔细地描画着，渐渐的，那画有了样子，是《韩熙载夜宴图》，他心中一惊。忽然，发现画上一黑，没有光再透进来，是洞口被什么人挡住了。他忽地就觉得心中一冷，背上冷汗直冒，差一点儿就没捏住笔，他强自镇定，想要继续将那幅画画好，可是，手中的笔再也不听他的使唤了，画出的线弯弯扭扭的，像是一条条软体的虫在蠕动。好一会儿，门口那人就那么一动不动地站着，他感觉到自己开始发抖了，手、脚、身子，都在发抖，上下牙磕碰得咯咯响。他总算鼓足勇气，回过头去，果然，一个黑黑的影子立在洞口，挡住了外面的光线。他看不清那人的面貌，只看到他微微飞扬的一把白胡须，还有，一身藏青色的道袍。他喉咙一梗，嘴巴里尝到了一丝甜腥味，竟是一口鲜血涌了上来。他努力忍着，突然，只见门口那老道人似乎在朝他微微一笑，倏忽之间，不见了。他吓得脸色苍白，一口鲜血再也没能憋住，哇地一声，尽数呕在了地上，自己衣襟上沾染了无数的斑斑点点。好一阵子，他回过头来，发现刚画好的《韩熙载夜宴图》里韩熙载眼神犹豫，慢慢流出血来……“啊！”李方儒大叫一声，猛然坐起，原来是个梦。他脸上身上全是汗，一条被子已浸得湿漉漉的。

李方儒真的睡不着了，把那两幅《韩熙载夜宴图》都拿出来，慢慢展开，在灯下仔细地看。对于《韩熙载夜宴图》，他是再熟悉不过了，可是，他竟然拿不准，到底哪一幅才是自己临摹的……就像许多年前一样，他完全分辨不出来哪一幅图是真的，哪一幅图是假的。他时而觉得这张是，时而觉得另一张是。怎么会这样？他真是难以明白。因为刚刚做了那个梦，他始终不敢去看画中韩熙载的眼睛。

李方儒在两张画前整整站了一晚，直到一抹曙光从窗户透进来。他猛然一惊， 袁楚真的没来。

李方儒心中冰凉到极点，已然彻底明白，自己上当了，袁楚这人肯定有问题。……更加让他心中冰凉的是，他竟然不知道自己究竟上了什么当，因为两张《韩熙载夜宴图》都还在。他颓然地待在痴黠居里，一整天，也没跟上门的客人说上几句话。

一天的时间慢慢地挨了过去。黄昏时分，他发现自己又开始盼望袁楚的到来了。会不会自己把时间记错了，昨天并不是约定好的第十五天，今天才是……他找出日历来，看了又看，哪里能有错呢？可是心里总不免存着那么一丝丝侥幸。直到天快黑了，他才似乎苏醒过来一般，再次确认，袁楚不会来了。

两天时间里，李方儒感觉自己一下子老了几十岁。

“李老师，还不走么？”

李方儒听到一个年轻女子的声音，抬头一看，是碧玉茶坊的于静兰。于静兰正站在门前，扭头朝店里看，脸上淡淡地微笑着。

“就走。”李方儒答道。

李方儒刚回答完，心里就想，怎么会跟这小女子说起话来了？他知道儿子李昂跟这小女子很是要好，但他却总觉得这女孩子有些邪门，跟儿子说了好多次，儿子就是不听，他对这女孩儿也就更加不满。她跟自己打招呼，自己向来是不答应的，今天怎么倒答应了。

“哦……”于静兰显然也没想到李方儒会答应自己，脸上浮过一个淡淡的笑，扭身走了。

李方儒又呆呆地坐了一阵子，心里乱乱地不知道在想什么，待到发现于静兰走了，这才想，还是回家去吧，在这儿这么待下去也没什么事儿。站起身来，仔细将两幅《韩熙载夜宴图》都在店里的内室中藏好了，检查了两遍，这才放心地锁好了店门，回家去了。

李方儒走到门口，刚好碰到邮递员老徐支好了自行车，正朝自己走来。老徐手里拿着一叠报纸，还有一个大红色的信封。

“李老师，有人请喝喜酒了？”老徐笑着说。

“嘿……”李方儒笑了一声，捏过信封看了看，信封地址一栏什么也没写。“老徐，喝杯茶再走。”李方儒招呼道，重新打开门。

“不了不了，刚才已经喝过了。等李昂哪天结婚了，我再来讨杯喜酒喝。”老徐笑了一下，转身出门了。

“谁说他要结婚？”李方儒脱口而出。

“哎呀，老哥！整条天水街都在传了，说您要给李昂和开茶坊的小于办婚事了，这会儿还瞒着我？”老徐转过身来，朝李方儒笑道。

“哪有的事儿……”李方儒尴尬地笑笑。

李方儒把弄着手中的信封，会是谁寄来的呢？难道会是袁楚寄来的？他心头一跳，回到店里，赶忙找来一把裁纸刀，沿着边缝小心地裁开，内里却不是请柬，只是一张折叠着的红色信笺，疏疏落落写着几行字。一看之下，李方儒吓了一跳，这些字竟然是自己写的，或者说，完全是自己的字迹，信上写道：

“吾弟方儒，武当一别，久疏问候，乃阙清音。……携手长谈，不亦乐乎？……《韩熙载夜宴图》大揭秘…………事关重大，万望莅临。”

信的落款是宋云城。落款后是一行地址。

李方儒三行两行地看完了书信，只觉脖子上汗涔涔的。最近两个月，他不止一次想到这个人。可是，他总是对自己说，那是自己的臆想，是自己杯弓蛇影了。宋云城，早就在这个世界上消失了。那张报纸，那张照片，都是真的，为了让自己放心，他一直将那张报纸留存着。可眼前的信也是真的。信上的笔迹是自己的，这一点更让他深信不疑，写信的人就是宋云城，只有他如此清楚自己的笔迹，也只有他能够模仿得出。其实，他早就该想到了，之前看到的那些画，就是宋云城仿造的，只因他一再认定宋云城死了，这才没让自己对那些画深究。现在，宋云城总算现身了。

李方儒心中一惊，这时才明确断定，袁楚不会来了，那些画既然是宋云城仿造的，那么，袁楚一定跟宋云城认识。而自己竟然一时冲动，让袁楚看了自己的那张《韩熙载夜宴图》……李方儒断定，自己那张画就在宋云城手中，而那天李昂帮自己收起来的两张《韩熙载夜宴图》必然都是宋云城伪造的。

信中说什么“《韩熙载夜宴图》大揭秘”，难道他真的参透了那个秘密？不可能，因为他换走的画也是伪作，再说，若果他真的参透了什么秘密，也就不会给自己写这封信了。

这一晚，李方儒又没回家。他关上店门，将两张《韩熙载夜宴图》拿出来看了又看，确信两张都是宋云城的手笔。宋云城正是让袁楚用两张他伪造的图，换走了自己伪造的图。宋云城一定想不到，换来换去，换的都是伪造的。可以肯定，宋云城一定发现了袁楚换去的那张图是自己伪造的，然而，自己却没发觉，留在手头的两张图，都是宋云城伪造的。

李方儒有些失落。

又将保存了五年多的那张报纸拿了出来。就是通过这张报纸上的报道和照片，他确信宋云城死了，但现在看来，这条消息疑点不少。其中最大的疑点就是，并没有找到宋云城的尸首，这一点报纸上也写了，但李方儒之前竟然没怎么在意，或者说，是他不愿意在意，是他太希望宋云城死了。再有，就是将刚收到的信看了不知多少遍。现在，他不得不接受这个现实，宋云城还活着。

天色渐渐亮了。有淡淡的曙光透过门的缝隙射进来，鸟儿在天水街两侧的法国梧桐的枝叶间鸣叫。李方儒两眼血红，浑身无力，一张脸木渣渣的。他在床上躺下，闭上眼睛，想要睡一会儿。朦朦胧胧的，看见一个人走进店来，那人瘦瘦小小的，一张窄窄的小脸，头发一丝不乱地朝后倒梳着，看到他，还未说话，脸上就微微露出笑意。

他挣扎着，想要从床上坐起，却无论如何不能。那人仍旧慢慢走近，脸上的笑越来越诡异，李方儒挣扎着，想要说出一两句话来，也无论如何不能。终于，那人走到床边，猛然，便有一股强大的力量压在了李方儒的身上，只觉得，浑身要被压成了齑粉。那人张大了嘴笑，但也一点儿声音没有。李方儒心中恐惧已极，一直紧闭着的喉咙总算喊出了两个字："师兄！"

李方儒猛然惊醒，缓慢地看看四周，什么也没有，不禁长长舒出了一口气。这个梦他已经很多年不做了，今天，竟然又做了，今后怕是再也逃脱不掉了。

他坐在床上，呆呆地出神，心里的颓丧无以言表。想起许多年来自己精心筹划的一切，换来的不过是一场又一场噩梦，没完没了，至死方休，心中顿感凄凉。与其这样下去，不如尽快了结这一切。

"师兄，我想要得到的东西，一定要得到。几十年了，我一直在找你，以为你死了，想不到你今天自己跑到我眼前来了。只有我才能破解这张画里的秘密，只有我才能得到那些东西。总有一天，总有一天你们都会拜倒在我面前……"

床对面有一块镜子，李方儒正瞅着镜中的人说了这些话。

他不断地往下说，像是镜子里的不是自己，而是别人。他脸上的表情变化着，时而欣喜，时而愤怒，时而忧伤，时而得意，如果这时候谁看到了，一定会被他吓坏的。

良久，李方儒打定了主意，要去武当，不管宋云城和袁楚有什么阴谋。

做了这个决定，李方儒心中稍稍舒了一口气，给自己沏了一壶茶，慢慢将整整一壶茶都喝光了，这才离开了小店，慢慢走回家去。

路上，偶尔有人跟他打招呼，他只微微点了点头，脸上微微一笑。

回到家，李方儒来到李昂屋中。

“你看看这封信。”李方儒将信递给李昂。

李昂有些诧异地又瞅了父亲一眼——父亲脸上凝结着一片乌云一般——这才低头看信，不一会儿看完了，眼中尽是迷惑之色。

“这封信是爸你写的？落款怎么是……宋云城？”李昂纳闷之极地瞅着李方儒。

“那是我师兄。”李方儒面无表情地说。

“师兄？”李昂心中满是疑惑。他从未听父亲有什么师兄。“可是这字……”李昂迟疑道。事发突然，他心中实在存了不少疑问。

“那是我的笔迹。”李方儒又点了点头，“很纳闷吧？这分明是我的笔迹，落款却又是这个‘宋云城’，而我又告诉你，确实有这么个人。”

李昂点了点头，他有种感觉，父亲接下去会告诉他一些很特别的事情。

“宋云城……”李方儒似乎在回想着往事，“是和我一起学画的师兄。”

“你小时候，我就跟你说过，我没有在什么正规的美术学校读过书，那我这身本事从哪儿来的？”李方儒说道。

“你说……是跟一位高人学来的。”李昂道。

李昂想起了小时候听父亲讲过的那些故事。他小时候，夜里总是喜欢待在父母的屋子里，听父亲讲故事。父亲的故事总是充满了传奇性。

父亲学画的故事让李昂痴迷。在他的想象中，教父亲画画的老人早已是神仙一般的人物。

李方儒也想起了多年前给李昂讲过的这个故事。此时，他沉思着，似乎沉浸在对老人的回忆中。但他一开口，却说出了一番令李昂大吃一惊的话：“对，是跟一位高人学来的，不过，我给你讲的那个故事，有些不是真的，至少我没告诉你，我还有一位师兄。”

第五章

"那……"李昂迅速地转着念头，"还有什么不是真的？"

"还有不少都不是真的。"李方儒坐在沙发上，身子往后一倒，头往后仰着，似乎在遥望过去的岁月，"你以前年纪小，有些事情不能跟你说，不能跟你说啊……"李方儒轻轻摇着头。

李昂看到父亲脸色愁苦，想父亲心中一定有着难以言说的事情，一时间屏息凝气，内心里希望父亲能说下去。

"现在是该告诉你了。"李方儒重新坐直了，盯着李昂。

"和武当有关？"李昂瞥了一眼手中的信。

"对。"李方儒点头道，"真实的故事和武当有着很大的关系。"

李昂没说话，只是一遍遍看着手中的信，那笔迹分明是父亲的。

"那是宋云城仿照我的笔迹写的，"李方儒指了指儿子手中的信，"就连你这么熟悉你爸的字，也看不出来吧。"

"这个……"李昂嗫嚅道，"一时之间，真是看不出来。"

"我想，你是到现在都没看出来。"李方儒笑道。

李昂不禁脸上一红，他确实不能断定这些字是别人写的，他只是觉得，这些字稍微有些僵硬，但也有可能是父亲写得僵硬了……还有，就是上面的语气不对。

"这就是宋云城的能力，"李方儒严肃地说，"他很危险，正是他，害死了师傅。”

李昂啊了一声，“你是说，他……宋云城害死了倪……”

李方儒又点了点头。

“你小时候，我给你讲的故事说，我到上海来，是为了寻找倪先生，事实不是这样的，我是文革期间大串联到了上海并留下来的，后来离开了一段时间，再回到上海，则是为了逃避宋云城。”

李昂嘴里发出嘶嘶的声音，他完全没想到父亲将他儿时听到的故事一下子就推翻了。

“今天，我告诉你这个真实的故事。”李方儒严肃地说。

李昂知道，父亲要说的一定是非常重要的事儿，便严肃起来，认真听着。

“这个故事，一直掩藏在我的记忆中，我从来没跟任何人讲过。”李方儒看了一眼窗外，似乎陷入了遥远的回忆之中，“现在之所以要讲给你听，是因为故事里的人，已经盯住了我们，随时有可能在我们眼前出现。”

李昂和父亲一起盘腿坐在了床上。他意识到，接下去的故事，势必会让他再次震惊。

“我以前跟你说过，教给了我画画和装裱手艺的那位师傅姓倪，却没告诉你，他的全名叫做倪先让。其实，不该喊他倪师傅，应该喊他倪先生。

“倪先生生于十九世纪末期上海的一个富商家庭。那时正值清朝末年，天下大乱，中国人受洋人欺负太厉害，就有不少人想着，师夷长技以制夷，这些，都不用我多说了，你比我要清楚得多。就说这位倪先生吧，他父亲并不是个文化人，但很重视文化，就将他送到日本去留学，学的是经济和政治。倪老先生希望倪先生学成归来后，能够继承并发扬光大他的企业。不料，倪先生在日本仅仅学了一年经济和政治，就退学了，改学戏剧去了，学了戏剧不到一年，又去学了音乐，而音乐也仅仅学了不到半年，就又改学绘画去了。原来，倪先生在日本留学期间，认识了不少日本艺术界人士，渐渐对经济和政治失去了兴趣，但他的兴趣又极为广泛，实在是不知道在哪一个艺术门类里安妥自己的内心，所以，才频繁地更换了那么多专业，最后，总算把兴趣停留在绘画上。他并不像一些人想的那样，是狗熊掰包谷，掰了这个扔了那个，他对于涉猎过的每一个艺术门类，都可以说有着独到的造诣。在日本中国留学生，乃至日本当地的文艺界，倪先生都算有了不小的名气。但倪老先生并不这么认为，他听到的消息是，倪先生在日本不务正业，荒废学业，跟歌伎往来，不但于今后的事业无益，而且大大败坏门风，断绝了对倪先生的经济支持。倪先生也不示弱，靠着绘画，在日本又待了两年。到了第三个年头，倪先生收到了倪老先生的一封信，告诉他，母亲病危，务必尽快回国。倪先生是个孝子，对母亲感情很深，一听这消息，在日本哪里还待得下去？慌忙办理了各种手续，当然……更重要的是，跟他在日本的恋人叶子告别，匆匆忙忙回到了中国。不料，刚一进门，父亲和母亲都迎了出来。母亲并没有一丝病象。倪先生有些疑惑，问起母亲，母亲只说，听说他要回来，一高兴，什么病都好了。倪先生将信将疑，但离家五六年，见到亲人，也是非常高兴。

“在家里待了两天，母亲就跟倪先生说，家里为他说好了一门亲事。这次让他回来，一是因为自己生病了，想要见他；二是给他完婚。倪先生一听，非常震惊，那两天，他正思谋着，怎么跟父母说自己在日本有了一个叫叶子的恋人。还没说，父母倒先说了。起初，倪先生想着，事情很简单，干脆就跟父母挑明了，说自己已经有女人了。可没过多久，倪先生就打消了这个念头。因为，母亲告诉他，他们为他找下的未来的妻子，叫慧心。慧心比倪先生大两岁，住得离倪先生家不过一里地。倪先生小时候在私塾里念书，慧心常常送她的弟弟到学堂，那时候，倪先生就对慧心有了一种朦胧的情感。有一年慧心母亲病了，需要芭蕉花做药引子，倪先生还将学堂后花园里的芭蕉花偷了出来，交给慧心。这是他们唯一一次相交，却给倪先生留下了非常深刻的印象。在日本期间，倪先生思念家乡，还画过好几副以慧心为模特的画像，在日本的留学生中，引起了不小的反响。如今，竟然听母亲说，为自己说下的女子，竟然是慧心，倪先生如何能够不激动呢？虽然那时候，他还深爱着远在日本的叶子。

"我刚刚跟随倪先生学画时，不过十六七岁，倪先生已然是七十多岁的老人。他没什么可以说话的人，就常常跟我说这些往事。他说到这一段的时候，仍旧有些少年人的羞涩，和那时候的我，也没太大分别。他说，那段时间，他特别踌躇。他内心里，非常清楚地知道，他已经跟叶子定情了，是不能跟慧心成婚的了。——虽说那时候男人娶妻纳妾还很普遍，但倪先生是受过西式教育的人，对这一习俗，他是坚决反对的。他只能在叶子和慧心之间选其一。从理智上来说，他知道自己应该选择叶子，毕竟，那是和他有共同语言、有过情感交流的人；而慧心呢，仅仅是因为小时候的好感，他对慧心，完全只是感性上的认识，再说，那么多年过去了，慧心也不会再是往日的慧心了。可倪先生就是下不了决心拒绝。本来，他是要一口回绝父母的。这时候，他竟然只是说，要见一见慧心。

"见面时间安排在清晨，那时候是秋天，安排在一座基督教堂里——倪老先生夫妇笃信基督教，那教堂离两家都很近，平日里来往的人并不多。那天早上，倪先生早早起了，竟然有些激动，像是第一次跟恋人赴约那样。倪先生穿一身西服，脚蹬皮鞋，故作镇静地踱出了家门，踱到教堂里去。那个时间教堂里正在做礼拜，但人并不多。倪先生看到，在最后排的一个角落，一个女子孤身一人坐在那儿。从穿着打扮上来看，那女子完全的中国本土化，又不显得落伍，穿一件米色的上衣，漆黑的头发娴静地束在脑后。倪先生心中一动，很莫名地就认定了，这就是慧心。他悄声走过去，跟慧心隔着一个位子坐下。倪先生一看，那人果然是慧心，虽说长了好几岁，可样子并没大变。倪先生这时再一次觉得，慧心在自己心中竟有着不可磨灭的印记。他们就那么静静地坐着。倪先生一再跟我描述过这个场景，秋日的太阳透过彩色玻璃照进来，雾气一样笼罩在慧心身上。倪先生坐在一旁，注视着光亮里的安静的慧心，心中异常感动，只觉得，自己整个身体，都被一种透亮的幸福充盈了。这么多年来，他忽然觉得，所谓的艺术，并不算什么。和慧心这样一个女子待在一起平平凡凡地度过一生，比创造出什么艺术都要强。这种感觉是如此怪异，又是如此强大。倪先生自己都觉得难以理解。但他没法摆脱这种感觉，他只能顺从地跟着这种感觉走。他觉得要做点儿什么，一定得做点儿什么，他就这么毫无预兆地伸出了手，捉住了慧心的手。慧心扭头看着他，白皙的脸飞上一层红晕，任由他握着。

“倪先生和慧心一起走出教堂，他就知道，他和慧心的命运从此连在一起了。

“倪先生后来一次次跟我讲到这个场景。他分析说，他一生的艺术道路，可以说都被这个场景概括了。他是在一个西方的外壳里，邂逅了最最中国的感动。他甚至说，正是这一点，打动了他，让他不可遏制地和慧心走到了一起。

李昂静静地听着父亲叙说，脑海里，一会儿浮现出想象中的倪先生和慧心，一会儿，却又浮现出他和于静兰在一起的一个个场景。于静兰是慧心那样的女子么？好像有些像，又有些不大像。不知道他和于静兰会怎样。

李方儒停了停，又接着讲下去。

“倪先生和慧心成婚后，生活很美满。倪先生在上海一所知名的美术学校开设了油画课。那时，国内已经有几所学校开设了油画课，倪先生开设的和他们的有什么不同呢？倪先生曾笑着对我说，他开设的油画课程最大的特点，就是敢于启用裸体模特。那时候，社会风俗虽然日益开放，但这一举动，仍旧在社会上招来了很大的非议。就连家里，对倪先生也大加批判。倪先生不为所动，仍旧坚持自己的主张，同时，他的举动得到了两方面的支持，一是他的学生们，二是慧心。慧心是传统的中国女子，文化水平并不高，对中国的绘画尚且不大理解，更何况对西方的油画？但她很坚决地支持倪先生。倪先生在家里待不下去了，就在美术学校附近租了一间房子，和慧心搬过去住。那是倪先生人生中特别适意的几年。多年以后，他跟我说起，仍旧一副心向往之的神色。

“那是上世纪二三十年代，倪先生画了不少画，结识了不少书画界的朋友。有不少朋友赠送过画给他，或者受他的影响，画出了一些作品。单是我记得他跟我说起过的就有，张大千的哥哥张善孖的《黄山奇观图》，张大千的《赤莲图》等。当时吴昌硕已经八十多岁，他对倪先生非常器重，两人经常在一起谈诗论画，交谊颇深。那会儿林风眠在杭州成立了一所艺术专门学校，时常邀请倪先生过去讲课，两人间的关系也很不错。当时，林风眠的绘画还处在早期阶段，他也有画赠送给倪先生，或者受了倪先生的启发创作的，包括《人道》、《金色的颤动》，等等，这些画如今大多数没了，只剩下一些模糊的照片，它们和后来林风眠的画作给人的印象迥然不同。就是后来林风眠的画风转变，也有倪先生的莫大功劳。现在的人说起那时候的绘画，只知道林风眠、徐悲鸿秉持‘中体西用’、‘以西润中’的艺术主张，殊不知，倪先生才是最早提倡这些思想的人之一。在他的眼中，中国的莫高窟壁画和西方的西斯廷教堂壁画是可以等而视之的。他将传统精髓和现代审美意识在自己的画作中作了很好的融合，可以说是贯通古今，而又兼之中外。且倪先生思想自由、精神独立，在当时的画坛乃至整个文艺界，算得上是凤毛麟角的优秀人物。

“倪先生与人诗酒唱和书画往来，在他和慧心租住的两层小屋中，不知道迎来送往了多少中国第一流的画家。当然，也有不少青年学生，在那栋两层小屋中得到过倪先生的支持和帮助。慧心呢，很好地充当了贤内助的角色。当画家们高谈阔论的时候，她总是忙着给他们准备吃的喝的，偶尔闲下来了，也会听他们说上两句，到得后来，她竟然能发一两句议论，话虽少，却常有一针见血之处。画家们对这位柔弱的女子，越发看重。竟有几位画家在画中偷偷画了她的形象。倪先生自己也画了不少，这段时间，他用油画的技法画出来的表现中国意绪的名作《夜色》、《江南》等，都是以慧心为原型的。

“倪先生家庭和美，艺术上日益精进，然而好景不长。这一年春末，一天下午，倪先生和慧心正跟几个朋友在家中小聚，听得敲门声，慧心以为是哪一位画家到了，起身开门去，站在门口的，却是一个二十七八岁的日本女人和一个五六岁的小男孩。

“女人拉着小男孩的一只手，看到慧心，明显怔了一下。慧心看到她，也怔住了。很快，慧心就发现，女人看自己的目光充满了询问和质疑。慧心不是个能够应付突然事件的人，她很本能地转过头来，向坐在席间的倪先生寻求帮助。此时的倪先生，呆了一呆，连忙从席间站起，三两步走到门边，挡在了慧心和日本女人之间。

“‘你怎么来了？’倪先生问门口的日本女人。

“‘我不能来吗？’那日本女人瞥一眼倪先生，眼神中满是怨毒，责问道，‘我带孩子找父亲来了，难道不允许吗？’

“‘孩子……’倪先生低头看看日本女人手中的孩子，那孩子眉清目秀，也正仰着脸望着他。倪先生心中一动，他几乎在一瞬间就确认了，这是他的孩子。他竟然会和叶子有了孩子！他震惊得一时说不出话来，涨红了脸，嗫嚅道：‘你说……这是谁的孩子？’

“‘这么明显，看不出来么？’那日本女人低头看了一眼小男孩，一只手放在他的头顶，眼中满是关爱的神色，‘你刚离开日本不久，我就发现怀孕了，你跟我说，你回中国个把月就会回来，我就一直等你，等啊等，直到孩子生下来了，你都没有回去。我四处托人打听你的消息，得知你就在上海教书。我写了几封信寄给你，却一直没有回音。不知道你是没有收到呢，还是不想给我回信。我只能在日本等下去，我想等把孩子养大了，能出远门了就来找你。这才苦苦支撑了这四五年。你知道我这四五年是怎么熬过来的吗？哪里想得到，千辛万苦到了中国，迎接我的却是这样的……’日本女人的目光在倪先生脸上扫过，又在慧心脸上扫过。倪先生满脸羞愧，慧心听了这一番话，又看看倪先生，虽然从未听倪先生说起过这样一个女人，心中还是立即明白了。她朝倪先生笑了一下，说：‘我出去一下，你先忙……’说着侧身从日本女人身边闪过出门。屋内正吃饭的画家们，一见这情形，也纷纷离席，说要走了，以后再来拜访。很快，就只剩下了倪先生和那对日本母子。倪先生稍微镇静下来一些，将那日本女人让进屋。日本女人拉着小男孩，走进屋来，向四面打量了一圈，眼中渐渐蓄满了泪水。她说：‘你过得很好啊，你不知道我在那边等你，过的是怎样的日子。你就从没想到过我吗？’倪先生在一把椅子上坐下，好一会儿，才说：‘叶子，我还以为……你忘记我了。’原来，那日本女人就是倪先生在日本的恋人叶子。”

李方儒说到这儿，又停了停，他似乎在回想着倪先让是如何叙述接下来的事情的。

“然后呢？”李昂问。

“接下来的事情，可以说影响了倪先生的一生，这也是倪先生为什么给我讲这些事，以及我为什么要给你讲这些事的原因。我认识倪先生后，无论是在公开场合，还是在私底下，他不止一次讲到这段往事。”

“在公开场合讲这样的事儿？”李昂觉得有些不可思议。

“是公开场合……虽说是他不得不讲，但我看得出，他自己确实也想讲这事儿。具体的，我这就要跟你解释。”李方儒看李昂一眼，问道，“你知道我怎么会和倪先生认识吗？”

“您说，倪先生是学校的图书馆员，您常去看书，就认识了。”李昂说。

李方儒微微点了点头，又摇了摇头，说：“并不是这样的。当初，我给你讲的故事，多半并不是事实。”

李昂望着父亲，专注地听着。

“我见到倪先生的时候，他已经七十多岁了。那时候我十五六岁，是单位革委会的副主任。倪先生是我们所在的革委会负责看守的右派中的一个。”

“啊……”李昂万没想到是这样。

李方儒瞟了他一眼，接着说道：“我和倪先生就这么认识了。我们负责的二十多个右派，大多都是饱学之士，倪先生是其中最为有名的。俗话说枪打出头鸟，倪先生自然而然地受到更多关注。倪先生常常被拉出去批判，批判他什么呢？想必你也能够想到，正是和那日本女人叶子有关。”

李昂点了点头。

“你也听过很多那时候的事情，大概知道批斗是怎么回事儿。倪先生三天两头被拉出去批斗，要他交代和那日本女人的事情，以及他是不是日本帝国主义的奸细。说实在的，我们这一伙红卫兵小将起初对折磨人这桩事情很狂热，对批斗也就很狂热，但大多数被批斗的人太软弱了，骂不还口打不还手，久而久之，也就没意思了。倪先生尤其是这样，我至今都很佩服他的容忍功夫，不管我们怎么骂他打他，他脸上总是浮着淡淡的微笑。起初大家以为他这是讥嘲的笑，对他打骂得愈加厉害，但他总是那么微笑着，大家就有些下不了手了。对他的打骂没了兴趣，但大家对他的生活还是很有兴趣。那时候，我们正是血气方刚的年纪，在那个年代，对男女情事，其实很好奇。就逼着倪先生交代，他和他的两个女人怎么回事。我们以为倪先生并不会讲，孰料，他仍旧是淡淡地微笑着，向我们娓娓道来。看他那神态，简直不是被逼的，而是自己禁不住要回忆和讲述。

第六章

“通过倪先生的讲述，我对他的人生经历有了更多的了解。倪先生对往昔生活的讲述，重点就在日本女人叶子出现以后。倪先生说，叶子和孩子的出现，让他完全乱了阵脚。他不知道该如何处理跟叶子、慧心的关系了。慧心是他明媒正娶、书画圈子里都知道的他的妻子；叶子呢，虽然国内书画界没人知道她的存在，但她那天的出现，在场的许多画家都看到了，这样的事情是一定会一传十十传百地迅速流传开来的。更关键的是，叶子确实是他曾经深爱过的恋人，而且给他生下了一个儿子。他和慧心在一起，一直没有生育孩子，这个孩子的出现，让他忽然体会到了人生的另一种快乐。他问叶子，孩子叫什么名字，叶子告诉他，孩子是跟他姓的，叫倪远。因为他的父亲离他们母子太远了，所以取了这样一个名字。这让倪先生越发感到了愧疚。

“倪先生对叶子出现后一段时间的叙述，每一次都不大一样，我想，是他自己都不怎么记得那段时间的事情了吧，或者说，是这些事对他刺激太大，他有些理不大清楚了。基本是这样，他为叶子在附近找了一个住所，让他们母子暂且安顿下来。而这时候，慧心已经回到了娘家，她只跟娘家人说，她跟倪先生闹矛盾了，回家来一段时间，并没说明是怎么一回事情。倪先生安顿好叶子母子后，放心不下慧心，去找慧心，慧心不愿跟他见面，跟他见面的是慧心的母亲。慧心的母亲是个老好人，只是一再跟他说，慧心有什么不对，要他多担待。倪先生越发难受。后来，总算见到慧心，倪先生刚喊了她一声，慧心就哭了。慧心一遍遍问倪先生，为什么要骗她，而且一骗就骗了这么多年，他竟然在外面把孩子都生下来了。这个实在是骗得太厉害了，她一时之间，确实无法接受。倪先生没什么好说的，只是一直垂着头，一再说自己错了。但慧心作为一个中国传统的女子，被忽然激怒了，竟然爆发出异常可怕的力量，她举手就给了倪先生几个巴掌。倪先生吃惊地看着她，慧心忽然就后悔了，大哭起来，不断跟倪先生道歉，后来，又说是倪先生毁了她，而且，是在那么多人面前毁了她。她今后连门都不敢出了，怕见到任何熟识的人。以前，她为了倪先生的事业，总想着多认识一些倪先生的朋友，好让来到家里的朋友，都能对倪先生的妻子留下好印象，现在她反倒后悔以前认识了那么多人了。

“倪先生好容易安抚好了慧心，让慧心稍微平静下来，就想再回到叶子母子身边去。虽说叶子会说汉语，儿子倪远也在叶子的教导下会说一些汉语，但他们毕竟第一次到中国，对上海的一切都不熟悉，倪先生无论如何放不下他们。但倪先生一说要走，慧心就不让，倪先生说得急了，慧心就大哭起来，说你这么急着要回到他们身边去吗？倪先生无语，只能留下。可他哪里能够就那么安心留下呢？只要一有机会，就想着要走。

“跟叶子待上几天，倪先生又总会想办法回到慧心身边。最初几次，慧心一见到倪先生，总是大哭不止，又或者大骂不止。慧心对倪先生的感情，倪先生是完全清楚的，他也清楚，他对慧心有着怎样的感情。尤其这段时间跟叶子相处，他才发现，他和叶子虽说有着绘画的共同爱好，但他们在具体的生活中，并没有他和慧心那样和美，那种细微的欢乐，跟叶子是永远没有的。他不禁怀念起跟慧心待在一起的那些日子。慧心一再央求倪先生，要他留下来，不要再回去找那个日本女人了，但倪先生总是嗯嗯啊啊，不置可否。过不上几天，他又会回到叶子母子身边。叶子知道他又回到慧心身边去了，虽然她不像慧心那样大哭大闹，但她的表情、话语一下子就泄露了内心的不快。她总是怏怏不乐，总是埋怨倪先生对她关心不够，对儿子关心也不够。倪先生那阵子已是心烦意乱，有时，也不免跟她争执几句，甚至，会朝她喊上几句。叶子立即就蔫了，马上向倪先生道歉，一再声明，只要倪先生跟她在一起，倪先生怎么样都无所谓，她今后再也不管他了。这样的结果，让倪先生平静下来，同时，内心充满了愧疚。

“就这样，倪先生一点儿办法没有，只能木偶似的在两个女人之间辗转。两个女人都责备他说了那么多谎话，两个女人都希望跟他生活在一起，两个女人都在催促他作出选择。他对两个女人都充满了愧疚，又都很喜欢。但随着时间的推移，他发现，自己内心里真正喜欢的是慧心，这让他都有些奇怪。他一开始，常说慧心不懂绘画，也没什么上进心。刚跟叶子重逢那会儿，叶子在这两方面跟慧心的迥乎不同的表现，都让他欢喜，可时间一久，他竟然发觉，懂得绘画的叶子，并不能真正和他心意相通。但这又怎样呢？他毕竟和她有了一个儿子，而且，周围不少人都知道了他和叶子的关系。

“他得尽快作出选择。倪先生很明确地知道这一点，但他就是迟迟作不出选择。他只是想尽办法，让两个女人都高兴。他确实也在一定程度上做到了。但好景总是不长，过不上几天，两个女人中一个，总会知道他在跟另一个人来往，他又得花费许多心思和时间来做安抚工作。这样许多次后，他真可以说是身心俱疲。

“有一天，他没有在慧心娘家里找到慧心，也没有在叶子母子租住的地方找到叶子，他忽然有一种感觉，这两个女人此时可能在一起。他心中烦恶到了极点，毫无目的地在路上走着。后来，天色将晚，他不知不觉地又回到了慧心娘家附近，恰巧碰到了从远处走来的慧心。慧心看到他，远远地站住了，脸上漾着微微的笑。他问慧心去了哪儿，慧心却说，你应该猜到了的。慧心告诉他，那个日本女人来找她了。慧心笑了一下说，都说日本女人温柔，她对我怎么那么凶呢？倪先生一听，很是恼怒，说她竟然凶你！慧心又笑了笑，说，也没什么，后来她的态度也就好了。她兴致勃勃地跟我讲了你和她的过去，讲了你和她在日本怎样怎样，讲了最近这两个月你们在一起怎样怎样……总之，你对她很好，她对你也很好。她告诉我，你跟她说了，无论如何，你会跟她在一起，是么？

倪先生无言以对。他确实对叶子说过这样的话，问题是，他对慧心也说过这样的话。在两个女人之间，他总是用一个谎言来弥补另一个谎言，谎言像滚雪球一样，越滚越大，现在，几乎要将他自己压垮了。

"'这几天我忽然想，你可不可以同时跟我们两个女人在一起呢？'慧心问倪先生，'毕竟，现在很多男人依旧妻妾同拥，你为什么不可以？'倪先生很不高兴，说：'怎么会有这样的想法，那怎么可以？'慧心没再说什么，只淡淡一笑。

"慧心还是离开了，倪先生跟叶子待在了一起。好景不长，战争爆发了。倪先生因为有一个日本妻子，难免有人对他产生各种猜测。他在艺术界的身份，变得暧昧起来。倪先生很真切地感觉到了这一点。而叶子又不断跟他说，日本人即便是真的侵略中国，对中国知识分子也会很尊敬的，日本人对中国的知识分子向来很亲近。倪先生在一定程度上听从了叶子的劝说，再者，他性格中有着一些懒惰的成分，也懒得离开上海逃亡大后方。后来，上海成为孤岛，倪先生的生活和创作，都没受到多少干扰。日本人确实找过他几次，希望他能为他们做事，但他都拒绝了。叶子却欣然接受了日方的要求，并一再劝说他，跟她一起做事，认为他成天窝在家里，是对自己艺术生命的浪费。他一直不愿听从，连平日里跟叶子说话都少了。他渐渐发现，留在上海是一个错误。到处都是日本人，到处都是压抑的生活景象，而且，他通过一些渠道得知，他留在上海的行径很为一些文化人不齿，断定他跟日本人有着说不清的关系，因为他身边的女人就是日本人……他想离开上海，但此时已经离不开了。

“对他最大的打击，是在抗战的第三年。日方邀请他参加一个会议，叶子告诉他，那不过是个文艺界的联谊，倪先生应该去。最终，倪先生经不住叶子的劝说和日方的威逼，只能去参加。他的出现，让现场的很多文艺界人士大为吃惊。更为吃惊的是，第二天，倪先生就在报纸看到了自己的照片，报纸上还煞有介事地发表了他的一个演说，而他头一天根本就没发表过任何演说……他异常恼怒，直接找到邀请自己参加会议的日方人员，对他一顿怒斥，又找到那家报社，强烈要求他们刊登道歉信。他感觉那家报社在敷衍他，他立即找了另外一家有进步倾向的报社，将自己写得痛斥日本人无耻嘴脸的一封公开信给了他们。他那封信隔天便在报纸上全文登了出来。此举在上海得到了很多爱国人士的支持，但也得罪了日本人。后来倪先生才知道，日方要求叶子劝说他再写一封公开信，表达对日方的歉意，承认自己之前犯了严重的错误。叶子在这件事上，对倪先生是支持的。她明白，是她对日方的信任导致了倪先生被日方利用，倪先生的所作所为不过是一个知识分子维护自己名声和尊严的正当手段。她不可能劝说倪先生做那样的事，再说，她就是劝说了，倪先生也不会做。于是，她将这件事隐瞒下来，没跟倪先生说。她知道，倪先生已经够烦恼的了，她不愿再给他增添新的烦恼。不料，他们夫妇的行动，彻底惹恼了日方。过了没几天，倪先生的儿子倪远失踪了。报警后两天，倪远的尸体发现了，就塞在他家附近的一条阴沟里，上面用破油毡盖了。”

“啊……”李昂又惊叹了一声，“后来呢？”

“后来……”李方儒喝了一口水，继续说道，“倪先生和叶子的伤心是可想而知的。那年，倪远才八岁，成天嚷着让倪先生看他的画画得怎么样。”

李方儒停了下来，李昂也没再问倪先生后来怎么样。他们都沉浸在当年倪先生的悲伤里。

“这以后，叶子也不再出席日方的任何活动了，她一再跟倪先生道歉，说是她害了儿子。”李方儒声音低沉地说，“倪先生没有责备叶子，只是感到了彻底的心灰意冷。两人几乎再没心思作画，整日闭门不出，饮食不进，两人也不说话。叶子不停地哭，一边哭一边说着日语。到中国这么几年，她很少再说日语了。倪先生听得懂，她不停地在跟儿子说话，跟她母亲说话。倪先生想，也许她是思念家乡了。毕竟，她的家里还有父母。倪先生就给叶子提了个建议，说她可以回家去看看。倪先生一说，叶子就同意了。可见，叶子确实是想家了。但她要求倪先生跟她回去，倪先生自然不答应。他说，他当初没有离开上海，留在日本人眼皮底下，已然是大错特错了，如今若再到日本去，那就错得这辈子都没法改了。叶子不说话，虽说倪先生没有直接责备她，但她清楚，是因为听了她的劝说，倪先生才留在上海的。走到如今这一步，几乎可以说是她一手造成的。她又是悲伤，又是羞愧，感到难以面对倪先生，也就不再强求倪先生跟自己回日本。

“叶子很快买到了回日本的船票。在码头告别那天，叶子很伤心，倪先生却有些木木的。海风一吹，他才醒悟过来。他和叶子是就此永别了。

“倪先生一个人在家里待了一阵子，心灰意懒，日本人仍旧不断来找他麻烦，他感觉再也没法画画了。有一天，他在书房随意翻看以前的画作，看到自己临摹的朱耷的一张画，盯着画中‘白眼向天’的两只水鸟好半天，忽然觉得自己也如朱耷笔下的鸟一般，只是，只剩下自己一个人了。他不可遏止地想起这几年的生活，慧心、叶子、倪远，一个个在自己的生命中出现，又消失了。他忽然就作出了一个决定，稍微收拾了一下东西，托了朋友帮忙，偷偷离开了上海，一路南下，几经周折，最后到了湖北的武当山，在那做了道士。”

“啊……”李昂又叹了一声，“倪先生做了道士？”

“是啊，”李方儒点了点头，“朱明王朝亡后，朱耷做了道士。倪先生是在效法朱耷吧。他那时候情绪低落，或许以为，在日本的侵略下，中国要像明朝那样亡国了。做了道士后，倪先生认识了一位道长。这位道长在艺术界名不见经传，但书画技艺其实已臻化境，是他再次唤醒了倪先生的艺术感觉，并将他的境界提升到了一个全新的高度。倪先生在修行的同时，又可以画画了，不过，他不再画自己心中的画，只是临摹古人的画。这位道长，还教会了倪先生在书画装裱方面的许多绝技。从此，一个具有先锋精神的画家消失了，一个临摹高手诞生了。倪先生深知自己的画作让世人难辨真伪，他特意在自己临摹的每一幅画上留了两个字。

“什么字？”李昂问道。

“倪仿。”李方儒说。

李昂点了点头，心想，倪先生一定是深恨当年对两位女子说了那么多谎言，从此不愿再对世人说谎了。

“事实上，我曾见到过倪先生晚年时期自己画的画。给我的感觉是，比他临摹的很多作品的原作还要好。我们画画的人常说，二十学法，三十成法，四十守法，五十变法，六十创法，七十八十，随手瞎搨。倪先生一辈子的绘画历程，走的差不多就是这么一条路。我遇见他的时候，他正处于七十八十的阶段，随手一画，都是妙品。可惜啊，他自己画了画，总是即刻毁去，只肯留下自己临摹的作品。”李方儒叹息道。

李昂心里也暗暗叹了一口气，想着，当倪先生亲手毁去自己画出来的那些无上妙品，内心该有着怎样起伏的波澜？是心灰意懒，还是通达透彻？以自己现在的年纪和阅历，总是不能尽去体会的。

“当然了，我们当年让倪先生交代的可不是他怎么画画。”李方儒叹了一口气，“所有人对倪先生关注的焦点，都在他和日本女人的关系上。有人指责他撒谎，为自己当年的行径找说辞，认为他留在上海为日本人办了不少事；有人指责他是日本人留下的奸细，竟还冒充宗教界人士，意图逃过人民群众的监督，总算群众的眼睛是雪亮的，把他从宗教队伍里清除出来，从湖北押回上海来接受批判和教育；有人指责他无耻，要他交代，跟那日本女人是怎么做那事儿的，又说，他当初不要脸，为她画了那么多光着身子的画，一定还记得怎么画，逼他将那日本女人画出来给大家看看……种种恶劣的行径，如今想来，实在觉得匪夷所思。这仅仅只是思想上的折磨，还有肉体上的，倪先生经常吃不饱饭，常被打得遍体鳞伤，有一次，他的两条腿都被木头压得骨折了，只能在地上趴了半年，靠着两只手挪动身子，手上都是泥，吃东西时就连同手上的泥一起吃下去……唉，他只能苦熬。时间久了，我终于有些看不下去了。在我看来，倪先生这样一个总是微笑着的人，怎么可能是什么奸细，又怎么可能会是无耻的人呢？而且，每次人们让他说跟两个女人的关系，他都说得那么情真意切。他总是一再忏悔，是他害了两个女人，他为自己对她们说的那些谎言感到羞愧，感到无地自容，感到罪不可恕。我觉得，这样一个人，怎么可能是坏人呢？我不由得对他起了同情心。不时会帮他一把，让他少一些批斗，或者，给他偷偷拿些吃的。他对我渐渐也有了好感，有了信任，就是在这样的情境下，他开始教我绘画的。”

“是这样……”李昂说，“爸之前不跟我这么说，是觉得这个故事太悲惨？”

“确实，”李方儒说，“你还小，不该给你讲这么悲惨的故事。”

“唉……”李昂叹息一声，他实在不忍想象，那样一个知识分子，被人打得断了双腿，用手在地上爬了半年，是怎样的情形，他眼中不禁含了一层泪水。

“那宋云城呢？”李昂想到父亲这趟出行，问道。

李方儒沉吟道：“宋云城就是我所在的那个革委会的主任。我是副主任，他是主任。”

“原来如此，倪先生也教他了？”李昂问。

“倪先生那是不得不教他，是他逼倪先生的。他本来就是美术学院的学生，他当然明白倪先生那些本事的价值。”李方儒哼了一声。

“唉……”李昂又叹息了一声，“那也是没办法的事儿。”

“文革结束后，倪先生平反了。有一天，我和宋云城都在，他跟我们说，他要离开上海到乡下去写生，很感激我们在文革期间对他的照顾，临走前赠送给我们一人一幅画。他说着拿出三幅画，都是顾闳中的《韩熙载夜宴图》，但有两幅是他临摹的，只有一幅是真迹。让我和宋云城选，我们各自凭着感觉，选定了自己认为是真迹的那幅。他将剩下的一幅拿走了。从此，我再也没见到他。但我听说，他刚离开上海，就被宋云城追上了，宋云城逼迫他交出了他带走的那一张《韩熙载夜宴图》，因为宋云城回家后发现，他所选的，是倪先生临摹的。宋云城抢了图也就罢了，过了不久，我就听说倪先生在乡下过世了，说是得了不知名的急病。我想，这一定是宋云城所为。我又是气愤，又是害怕。但我没有宋云城的权势，我只能暂且离开上海。我想，他一定也会来抢走我手中的那幅《韩熙载夜宴图》的。果不其然，我离开不久，就听人说，宋云城在上海到处找我。我在外漂泊了两三年，听说宋云城因为文革期间的所作所为受到了追查，离开了上海，我这才回来。几年后，跟你母亲结了婚，再过了几年，就有了你。我一直在暗暗查访宋云城的下落，却总也没个消息，直到前几年，我很意外地从一份报纸上看到，宋云城死了，心头的重负总算卸下了。料想不到，他竟然还活着，竟然就在倪先生当道士的武当！这次去武当，我就是要跟他要回那幅本属于倪先生的《韩熙载夜宴图》，以告慰倪先生的在天之灵。"

"那爸爸你的那幅《韩熙载夜宴图》呢？"李昂问道。

李方儒沉默不语。

第七章

次日，李昂将父亲送到了火车站。

“真的不能不去吗？”李昂又问道。这是李昂昨天就问了父亲很多遍的问题。

“不能。”李方儒说。

“明知有陷阱。”李昂说。

“是，”李方儒点了点头，“但他们已经知道我在这儿了，就算我不去，他们也会找上门来的。到时候，反倒完全被动了，不如主动出击。”

“但是……”李昂知道说服不了父亲了，但他就是不放心。

“这几天你好好看店，好好守着这个家……”李方儒看着李昂，眼中满是期许。

李昂不做声，拧着眉头，心里乱糟糟的，总觉得有问题。

“回去吧。”李方儒道。

火车缓缓开动了。

李昂看到父亲朝自己笑了一下，忽然感到心里空落落的。这么多年，他一直和父亲相依为命，很少分开。父亲离开了，像是少了一个人在前面领路，他不知道要走到什么地方去。

回到天水街，走至碧玉茶坊，透过落地玻璃，李昂看到于静兰正在店里跟一个客人聊天。李昂也不进店去，只是呆呆地站在路上，默默地望着她。

和于静兰说话的男人身着西装，始终背对着李昂。于静兰坐在他对面，一直微微垂着头，像是很认真地在听那人说话，并没有发现李昂。好一阵子，于静兰才抬起头来，越过那人的肩膀，看到了站在街上的李昂。像是吓了一跳似的，于静兰有些慌张地朝他笑了笑。李昂也对她笑了一下，仍未走进店里去。

很快，于静兰对面那人站起来，拎了于静兰递给他的两饼普洱茶走出店来。于静兰跟在他后面出来。

那人瞥了李昂一眼，朝街口走去了。

“怎么傻站着不进来？”于静兰一手扶着店门，微笑着看着李昂。

“大小姐……”那男人走出去十多米远了，又扭过头来喊道。

“知道了知道了，你回去吧！”于静兰脸上变色，很不耐烦地朝那人挥挥手。

那人略一迟疑，没再说什么，走了。

“他怎么喊你大小姐？”李昂望着那人走远，笑了一下。

“嗨……”于静兰叹了一声，“他们那儿的方言啊，是个女孩子都喊大小姐。他呀，非要跟我买一种特殊的普洱茶，我这儿一时没有，他就啰嗦了半天，非要我去调货来给他，就为了他这么一笔生意，我还得想办法去调货，真是的……”

李昂笑了一下，觉得于静兰怎么絮絮叨叨的。

“快进门呀……”于静兰也发现了自己很罗嗦，有些尴尬地笑笑，连忙说道，“今天怎么一天不见你？”

“我爸走了，我去送他。”李昂一面进门，一面说道。

“去哪？”于静兰重新沏了一壶茶。

“武当山。”李昂接过于静兰递来的一杯茶，杯沿搁在嘴边，却并没喝，“他有个朋友在武当山，有事请他去一趟。”

李昂很想跟于静兰说说是怎么回事，可话到嘴边，还是忍住了。

“哦，”于静兰应了一声，也端起一杯茶送到嘴边，笑道，“那你这几天可是彻底自由了。”说罢浅浅地喝了口茶。

“是啊，自由了。”李昂怅然若失地说。

“反正你闲着也是闲着，不如再给我画几幅画？”于静兰道。

“你还有地方挂吗？”李昂扭头看了看墙上自己临摹的几幅画，“只要你有地方挂，我就给你画。”

“只要你给我画，我就有地方挂。”于静兰微笑道。

这天晚上，李昂躺在床上辗转反侧，时而想着父亲白天跟自己说的那个故事。宋云城又是个怎样的人？他模仿父亲的笔迹竟能这么像！父亲明天就到武当山了，不知道会不会有危险……时而莫名其妙地去想，白天在于静兰店里看到的那个客人……后来，恍惚间，又想起几天前在于静兰店里见到的那位老人。他竟然一眼就能识破自己在画上做的暗记，他对自己笑得好奇怪啊，他是谁，他想做什么呢？总不会就为了告诉自己，他识破了自己在画上做的暗记吧？……转而，李昂又联想到了父亲的师傅倪先让。李昂看到，倪先让坐在山顶上的一块光秃秃的岩石上，神情黯然。李昂有些害怕，心道，倪先让不是死了么？一边想着，一边难以自制地朝他走去……正当此时，忽听得远处喧哗声大作，李昂吓了一跳，听上去像是来自不远处的天水街。李昂翻身起床，走到床边一看，正是在天水街上，一条条火焰冲天而起。

火光似乎是从痴黠居的位置起的。李昂慌忙去喊父亲，敲了半天的门，却没人应。扭了扭门锁，是锁着的。这才猛然想起，父亲到武当山去了。“你真是昏了头了！”李昂骂了自己一句，急匆匆跑出了家门。

果然，火烧得很大，整条街被映照得如同白昼。许多人在街上急忙奔走，影影幢幢。两辆救火车堵在街口，却是一辆都进不去。路口本就太窄，最近正在施工，又堆了一大堆建筑用的沙石和地砖，这会儿，救火队员正在路口干着建筑工人的活儿。李昂心中焦急，慌忙绕过救火车，往街巷里走，一路上撞到了好几个熟人，他们手里不是拎着水桶，就是端着脸盆。

有人看到李昂，站住了，一脸关切：“李昂，你怎么还在这儿？你家的店都快烧没了。”李昂一听，心中更无怀疑，心想，这店可是凝结着父亲几十年的心血，父亲临走前还叮嘱自己好好看护，这一把火烧下来，真得要了父亲的大半条命。李昂再不停留，一路闪避着人群，小跑着往火光熊熊的地方赶去，平时五六分钟就能跑过的路程，此时竟然花了将近十分钟，渐渐跑近了，才发现着火的并非痴黠居。

着火的地方还在前面。李昂有些纳闷，但总算舒了一口气，想着，刚才那人真是玩笑开大了，继续往前跑去。

着火的店是碧玉茶坊。

天水街最忌惮的事情就是火灾，为此，一间间店铺都是铁皮包裹，只要一发生火灾，往往会将屋内的东西烧个一干二净，而铁皮小屋几乎完好无损，也不容易蔓延到其他店家。

从痴黠居到碧玉茶坊，不过四五十米的距离，因为挤挤挨挨地站满了人，有的在帮着运送水，有的只是袖着手看热闹，而且看热闹的人比帮忙的人还多，李昂出了一身大汗，总算挤到了小屋前，一大蓬热气兜头袭来，直撞得他摇摇欲坠。

“于静兰呢？她人呢？”李昂抓住一个人问。

"不知道。"那人答道。

"会不会还在店里？"另一人问。

李昂感到胸口怦怦直跳，再也顾不得什么，大声喊着于静兰的名字。

人群乱哄哄的，又伴随着大火呼呼的声响，李昂的喊声便如水渗入了干涸的沙子，转瞬间没有了一点儿痕迹。李昂一路跑来，又被大火炙烤，这时再加上了焦急，浑身大汗淋漓，汗水从头发尖儿直往下滴。"于静兰！于静兰！"李昂又喊了几声。这时，旁边总算有个阿姨在混乱中认出了他，吃了一惊，说道："你怎么这会儿才来？"

李昂忙打断她的话头，问道："她在哪儿？"

"刚给抬出去了，你这孩子，怎么什么也不知道啊！"老阿姨埋怨道。

"抬出去了？抬哪儿去了？"李昂满眼的迷惑之色。

"她扑着抢着要进店里去救火，可哪还能进得去？大家都拉住她不让她进去，她发了疯一样乱跳乱骂，大家死死拉住她，生怕她真闯进火里去，那真是不要命了。她一急，晕过去了。有人打了120，来了几个护士和医生，把她抬到外面去了，这会儿应该已经上了救护车了。不过，你不用急，她那是急火攻心，没事儿，一会儿就会醒的。"老阿姨连连比划着，说得唾沫横飞，到后来，又拍着李昂的肩膀，对他柔声安慰着。

李昂稍稍放了心，不等老阿姨说完，忙分开人群，朝街口挤过去。

果然，在街道的另一边，还停着一辆救护车，几个护士在围着一个人忙活，正是于静兰。于静兰躺在担架上，打着点滴。

"你怎么来了？"于静兰看到李昂，朝他望了一眼。

"我刚刚睡过去了……"李昂轻声说。

火光映在于静兰有些苍白的脸上，李昂对她，忽地有了一种很亲近的感觉。

“我没事……”于静兰淡淡一笑。

火并没有蔓延开，消防车开进来后，很快就将火扑灭了。但店里的损失着实不小，大部分东西被烧毁了，或者熏坏了。

于静兰一进店里，别的不看，只是盯着墙。

“怎么了？”李昂问她。

“都没了，你给我画的画。”于静兰抽抽噎噎地哭出了声。

李昂看她一直没哭，不料，她会为了自己临摹的几幅画落泪。

“我再给你画就是，你有多少地方挂，我就给你画多少。”李昂说。

“不骗我？”于静兰破涕为笑，抓住了李昂的一只手，轻轻地摇晃着。

李昂一下子红了脸。

虽说火灭了，于静兰的身体也没什么问题，但李昂还是过来陪她。配合警署的人做了调查后，两人一起清理了屋内的物件，将屋子彻底打扫了一遍。店里停当后，李昂又陪着于静兰去买了一些应急的生活用品。这中间，李昂只收到过父亲两条短信，一条是父亲告诉他到十堰了；另外一条是回复他，说一切都好。这之后，李昂又给父亲发了一条短信，问有没有找到宋云城的住处，却再没收到父亲的回复。李昂陷于各种琐事，竟把没收到短信回复的事儿给忘了。

直折腾到了第二天黄昏，李昂才重新回到家中。

客厅一张沙发的靠垫掉在地上。

客厅的门是关着的，不可能有风吹进来将靠垫吹落。他走过去拾起靠垫，又看到靠垫边的地板上，有一点儿香烟灰的痕迹。他和父亲都是不抽烟的，近期家里也没来过抽烟的客人。

有人来过家里了！

那人会不会还在家里？李昂在客厅里找寻了一遍，只找到一根鸡毛掸子，捏在手里，蹑手蹑脚地走上楼去。他听着自己很轻的脚步声，心里有些害怕。

楼上的几间房间都没发现异常，一些稍稍值钱的字画，都还在。李昂松了一口气，烟灰应该是以前来家做客的人留下的。

看看自己捏着鸡毛掸子的样子，李昂不禁笑了。

李昂方才想起父亲没回短信，打电话过去，接不通；再打，还是接不通。整整一个晚上，李昂打了十多次，总是接不通。第二天，仍旧打不通电话，李昂着实有些慌了。

幸好，李昂记住了那个地址。李昂想着，如果今天还联系不上父亲，他是不是应该去找父亲？那家和店铺怎么办？只能交给于静兰帮忙看管了。可是，如果仅仅是因为父亲的手机坏了，或者信号不好，父亲安然回到家中后，看不到自己怎么办？他一时犹豫不定。

他干等着也没事，仍旧到于静兰那儿帮忙收拾。刚走到茶坊门口，手机响了，是一个陌生的号码，座机。李昂心中一动，有一种预感，是父亲。

他赶忙接了电话。

“是李昂吗？”电话那端，是一个中年男人的声音。

“你哪位？”李昂陡然间有了一种不祥的预感。

“你爸在我们手里，”那人缓缓地说，“你若还想见到他，就给我们带点儿东西过来。”

“什么东西？”李昂将电话的听筒贴紧了耳朵，生怕漏掉一个字，急急地问道，“你把我爸怎么了？你是谁？”

“哈哈哈，”那人很得意地笑道，“你别管我是谁。你爸现在好好的，当然，你不带上我们想要的东西过来，你爸就不会这么好了。”

“你是袁楚！”李昂惊道。

“果然聪明，”电话那端的人愣了一下，冷笑道，“不过别把聪明用错了地方，别学你爸，尽跟我耍些鬼把戏。好了，让你爸跟你说吧。”

“李昂……”电话那端，李方儒沉沉道，“不用担心我。”

“爸，袁楚真的跟宋云城在一起？他们没对你怎么样吧？我早就说，你别去……”李昂又焦急，又难过。

“唉……别说了，你照着他们说的做吧。”李方儒道，“你带一张画过来。”

“什么画？”李昂道。

“《韩熙载夜宴图》，你知道在什么地方的，对吧？”李方儒有些试探意味地问道。

“《韩熙载夜宴图》？”李昂想，袁楚和宋云城果然是冲着这张图来的。那天，父亲给他讲了跟倪先让学画的故事，当他问及父亲手中的《韩熙载夜宴图》时，父亲并没有告诉他具体在什么地方，只说藏在了一个隐秘的所在。他也就没再问。这时候他知道，父亲肯定是不愿意袁楚知道那图在什么地方的，也就更不可能告诉他图在哪儿，但只要他说不知道，父亲在那边就危险了，于是，忙道：“是……是……我当然知道在什么地方。”

“你们父子可别串通了骗老子！让我发现了，哼……”袁楚的声音隐隐透过来。

李昂飞快地转着心思，怎么办，怎么办？

“就这样了，别废话了，”袁楚夺过了电话，“李昂，我给你时间——不然又说我太没人情味，你坐明天下午的火车过来，希望后天太阳没落山之前见到你。我的地址，不用再重复一遍吧？”

李昂茫茫然地听着，心里仍旧快速地打着算盘，怎么办，怎么办！

“那好，就这样了，后天见吧。”袁楚挂断了电话。

“怎么了？”于静兰站在门边问道。

李昂这才注意到她。

“糟了……”李昂喃喃道，目光直直地盯着于静兰，“我得走了，明天就要离开上海，你……你帮我照看一下我家，还有我家的店铺。”

“究竟怎么回事？”于静兰皱了眉头。

“不说了，来不及了，我得走了，”李昂急急地说，说着立即转了身去，一面走一面说道，“等我回来，再跟你说……”

“诶……李昂！”于静兰在后面喊他。李昂头也没回。

在痴黠居里，李昂没有找到《韩熙载夜宴图》，在家里的所有地方，李昂也没有找到《韩熙载夜宴图》。李昂颓丧地倒在书房的沙发上。

他只能自己伪造一张了。

然而，只有一天的时间！

李昂自己都觉得，这真是一个疯狂的想法。但这时候也只有疯狂了。李昂疯狂地开始做准备工作，宣纸、颜料，都是必须的。他知道，他不可能有时间找到和原作一模一样的材料，只能将就。他所能做的就是，尽量临摹得惟妙惟肖，尽量去——拼命！

李昂感到自己像个热血沸腾的疯子，颜色在奔涌，画笔在飞舞。他必须逮住它们，驾驭它们，让它们乖乖地听他的！可是，画一时半刻干不了！那好，就用电风扇吹！

李昂折腾了整整一天，总算画好了一幅《韩熙载夜宴图》，与其说这是奇迹，不如说是笑话。他想，父亲若知道他这样作画，一定会骂死他的。

他匆匆收拾了一点衣物，带上画，就出了家门。

昨天太匆忙了，他得再去跟于静兰道个别，走到于静兰店铺门口，却发现店门关着，里面没人。李昂痴痴地站了一会儿，再没时间了，在门下塞了一张小纸条，写着：等我回来，给你画画。

他走到街口，又回头看了一眼天水街。整条街一如往日，丝毫不会因为他的离开而有所改变。

第八章

下了火车，尽管一夜无眠，耳朵里充斥着轮轨哐当哐当的撞击声，脑子有些昏沉沉的，李昂还是被眼前的热闹场面震了一下。他原以为十堰很破旧，不想一眼看过去都是崭新的高楼，车站周围车水马龙，广场上人声鼎沸。广场边随便拦了辆出租车，谈好价格，李昂身子重重地落在了后座上。

出租车司机是个二十来岁的小伙子，短发，蓝色条纹的T恤，配一条洗得发白的牛仔裤，看上去像个在校大学生，一开口说话，却显得非常老练，话语中夹杂着一些脏话，却又不让人觉得恶心，倒让人觉得痛快淋漓，让人对他的能力很放心。车一发动，更是让李昂吃了一惊，小司机开得飞快，也很娴熟，不多时，就出了十堰城区，进入了武当山区。

时值中秋，出了市区，天气变得更加凉爽，车窗本来开着，这时候，强劲的风直灌进来，竟有了几分寒意。李昂摇上车窗，没了风声，小司机的声音越发强劲地播散在狭小的车里。

“跑了这么多年出租，你要去的地方，我就两年前去过一次，”小司机点了一根烟，将自己身边的车窗玻璃摇下一条缝，不时将烟伸出窗外弹掉烟灰，“操他大爷的，那地方阴森森的。一条大街，两边都是柏树，那么粗，少说也疯长了一百年，密密匝匝的，遮得一条街上光都见不到。街两边，离得远远的，零零星星的有一两栋别墅，操他大爷的，可是你知道吗，我开着车在那条街上，一点儿声音都听不到，什么狗叫、鸟叫，啥也听不到，更可恶的是，我拉的那客人坐在你现在坐的地方，戴着一副墨镜，也是一点儿声音都没有。外面大太阳明晃晃的，可整条街还是觉得阴森森的，像是阴曹地府。操他大爷的，我什么都不怕的人，那个时候禁不住背上直冒冷汗。那个客人下车的时候，递过来几张一百块的，说了一句，不用找了。我也不跟他客气，掉了头就往回开，一直开到正常点儿的地方，我才慢下来，满头都是汗。最可气的，是我到了市里，要花那钱了，操他大爷的，才发现全是假币。"

李昂看小伙子应该比自己还要小着一两岁，却满口粗话，心中不禁好笑，就想吓小伙子一吓，说："幸好只是假币，不是冥币。"

"操他大爷的！谁说不是呢，兄弟，当时我就这么想的，心里还暗自庆幸呢。"小伙子快速扭过头朝李昂瞥了一眼。

李昂见小伙子这么说，对小伙子莫名地多了几分好感。

"那你还敢送我去？"李昂道。

"兄弟，你可别害我，那地方我可真是再不想去了，我送你到紫霄宫附近，怎么样？"小伙子又回头瞥了李昂一眼，"那地方大概在紫霄宫和南岩之间，窝在一大片深山老林里。"

"上车前说可以，你这不是骗我吗？"李昂有些不高兴。

小伙子笑了笑，朝窗外喷了一口烟，又道："话不能这么说，我一看你啊，就觉得你是个文化人。我们武当啊，是个有文化的地方。我们最敬重文化人。"

李昂嘿嘿笑了两声。

见李昂没有生气，小伙子来了兴致，介绍起武当来，那口气，仿佛武当是他家的。

“知道武当有什么景点吗？那真是太多啦。”小伙子扭头瞥一眼李昂，不等他回答，就如数家珍般说道，“刚跟你说的南岩和紫霄宫不算，还有太和宫、古铜殿、紫金城、净乐宫、玄岳门、玉虚宫、磨针井、琼台观、太子坡、隐仙岩、金殿……满山都是景点，你说是不是太多了？”

李昂又笑了笑，仍不答话。

小伙子似乎有些受挫了，略一思索，问道：“知道武当山为什么叫武当山吗？”

这一点，李昂当然是知道的，但他故意说：“这个吗……还真没研究过。”

小伙子果然来了兴致，说道：“那是因为真武大帝的缘故。真武大帝又叫玄武大帝，在武当修炼成仙，是武当山的主神。武当，那就是玄武大帝坐镇、当家作主的意思。当年朱元璋与陈友谅鏖战鄱阳湖，打败了陈友谅，从此坐稳了朱家江山，厉不厉害？那都是托我们玄武大帝的福。所以，历朝历代，没有不敬重武当的。要不然，这儿也不会有紫金城，那是多高的规格啊！北京故宫雄伟吧？我们的紫金城跟那一样，只怕比那还要雄伟些，这可是建在山顶上的！”

小伙子说得唾沫四溅，逸兴遄飞，抽完了一根烟，又摸出一根，还给李昂让，李昂不抽，他就自己点了，又问：“那你知道武当山的第一个道士是谁吗？”

这个李昂确实不知道，就问：“那是谁呢？不会是老子吧？”

“哈哈，”小伙子笑了一声，朝窗外喷出一口烟，“兄弟，你算是说对了一半。武当山的第一个道士不是老子，是老子的徒弟。老子不是在那什么关……对了，函谷关讲课嘛，收了个徒弟叫尹喜，老子出关后，尹喜读了老子留下的《道德经》。操他大爷的，尹喜发现，这经书太牛了，什么叫做胜读十年书，就是说的这个。尹喜立马茅塞顿开，觉得当官没什么意思了，就到武当山来当了个道士。从此，武当算是开山立派了。”

李昂听他这么讲老子和尹喜，觉得很新鲜，又说道：“今天算是长见识了。我就知道啊，武当最有名的道士是张三丰。”

“那还用说！”小伙子猛吸一口烟，吐出两个烟圈，说道，“打我一出娘胎起，就听老辈人说张三丰。后来上学了，也没好好读书，就爱读武侠，金庸的书那是读了个遍，《倚天屠龙记》里武功最高的，不就是我们张真人么？操他大爷的，我读了那书，真是茶饭不思啊，书也不想看了，就想上武当山去找张真人，跟他学武功，从此仗剑江湖，除暴安良。你别说，我还真这么干了，那时候小啊，十三四岁，什么都不怕，带了一包饭，兜里塞了十块钱就出发了。我走了整整一天，直走得眼冒金星，还没见到张真人。后来，路边有两个小流氓挡住我，要抢我的钱，我哪里肯，就和他们打了起来，眼睛鼻子被他们打了个闷真，什么也看不见了，心想，这下要完蛋。就这时候，不知哪里跳出一个人来，三两下就把他们打跑了。我那个高兴啊，心想，是张真人救我来了。哪想得到，张真人却揪住了我的耳朵，嗨，是我妈。她沿路找我来了。”

小伙子说完，呵呵笑了几声。李昂也跟着笑，说：“这样的事儿，谁小时候没有过。”打心眼儿里喜欢上了这个满嘴跑火车的小伙子。

“不过啊，那次没学到武功，却让我见识到了一件事儿，真是一辈子都忘不掉。你猜，是什么事儿？”

小伙子又回头瞥了一眼李昂，李昂此时已经被小伙子调动起了十二分的兴致，说道：“猜不到，什么事儿？”

“哎呀，至今说起来，我都兴奋得不行。我妈找到我那会儿，正是太阳快落山的时候，天上乌云密布的，眼看要下雨。我被我妈拽着，紧赶慢赶往家走，雨还是下下来了。那时候正走到一个前不挨村后不挨店的地方，只见远处天边刺啦一闪，一条闪电斜斜劈在武当山金顶上，我和我妈都吓坏了，呆住了，紧接着一声雷劈在我们耳朵边炸了，还没等我们回过神来，天边又一道闪电朝金顶劈下，我们明明白白看见，金顶那儿一闪，腾起一大团火球似的东西，就像……那个……像个太阳摔碎了，朝四面八方溅开。我和我妈彻底吓傻了。直到大雨泼下来，我们才想起来继续赶路。那晚上回到家里躺在床上，我梦里都是金顶上那一大团光。你知道这个叫什么？”

“什么？”李昂问。

“雷火炼殿！”进了山区，小伙子在车里掐灭香烟，转过头来朝李昂看，一脸的兴奋之色。

“那是闪电劈在了金殿屋顶上，才会看到那么一大团火光。后来我妈跟我说，能看到的，都是有福气的人。所以啊，我不单生在武当、长在武当，还和武当有着许多武当人没有的情分。你坐我的车，那就说明你和武当的缘分也不浅哪。”小伙子总结陈词似的说道。

“那该很壮观吧……”李昂听了小伙子的描述，不禁有些心驰神往。他往车窗外看，果然是好一片大山。在小伙子的指点下，他隐隐约约地看到了云遮雾罩下的一座座大山。他怀想着，几千年来，这座大山经历的种种传奇。忽地又想到了倪先让，在人生的低谷，到了这座大山，成了一名道士，并且将自己的艺术提升到一个新的高度。当年倪先让遥望群山时，会是怎样的心境呢？他不再画油画，也不再画自己的作品，只是临摹古人，又是一种怎样的心境？或许，并不完全是退守吧。

“喏，前面就是紫霄宫，”车在一个路口停下，小伙子手朝前面指点着，转过头来对李昂说，“你要去的那地方，我就不去了，你自己穿过紫霄宫，沿着一条山路走走就到了。”

李昂知道小伙子是无论如何不肯去了，只好付了钱下车。

小伙子的出租车很快消失在了苍翠的群山中。

李昂是第一次到武当山，走近紫霄宫，他立即被吸引住了。他原本以为，这就是一个单独的道观，没想到是如此庞大的一个建筑群。刚才那小伙子告诉他，穿过去就行，这么大的地方，究竟如何穿过去？他有些一筹莫展。

有道人三三两两地往来。看到一位道长走进，李昂连忙左手抱住右手，举至胸前，微微低了头，说道：“道长，能否向您打听个地方？”

那道长也恭敬地向他还礼，然而，听了他说的那地方，却皱了眉，摇了摇头说不知道。

李昂又问了两位道长，仍旧如此。没人知道他所说的“天宝街”在什么地方。

莫非那小司机骗了他？李昂如此一想，心中凉了半截。此时已是下午时分，一番兜兜转转，不知道要折腾到什么时候。他只能姑且相信，那小司机不会骗自己，就在宫观间来来回回走着，逢人就问，然而，结果并没什么两样。

走到一间道房里，李昂已经近乎绝望了。他几乎认定了，天宝街并不存在。

“年轻人，不知你要去天宝街做什么？”

李昂忽听有人说话，忙四处看，只见殿内的墙边，立着一位穿白色对襟上衣的年老道长，道长背对着他，定定地盯着墙。

“道长？”李昂试探地问道，“您是在跟我说话吗？”

“除了你，还有谁要去天宝街吗？”那道长缓缓道。

“道长，您知道天宝街在哪儿？”李昂兴奋得感到心脏缩了一下，又猛地胀开。

“你还没回答我的问题。”道长缓缓道。

李昂三两步走到了老人身边，恭恭敬敬地低垂着头，说道：“道长见谅，是我太心急了……我……我要去天宝街是因为……”李昂迟疑着，要不要实话实说。

“年轻人，不急，慢慢说。”道长转过来，须发银白，加之衣服也是白的，给人一种特别洁净的感觉。老人微微笑着。

“道长……您……”李昂望着老人，拧起了眉头。

“我怎么？”老人继续微笑着。

李昂感觉那笑轻飘飘的，暖暖的，让他紧张的心情松弛了下来。

“我像是在哪儿……见到过您……”李昂费劲儿地思索着，“但一时半会儿，又想不起来了。”

“见过，还是没见过，这又有什么打紧呢？”老人淡淡地说，始终微微笑着，“或许，我也在哪儿见过你。”

“是……”李昂也微笑着。

“年轻人，你还是没告诉我，要去天宝街做什么？”老人缓缓道。

“是……”李昂羞得红了脸，想着，虽然跟老人素不相识，但既然老人肯告诉自己天宝街在哪儿，自己为什么就不能实话实说呢？索性，就告诉了他，于是说道：“我在想着，该怎么跟您说，这事儿，好像有点复杂……”

“那就好好想想，慢慢说，”老人微笑着，“老道活了这么多年，还没听说过有什么事情是复杂到没法说的。”

“是……是……”李昂听老人这么一说，忽然沉下心来，觉得事情确实并不复杂，说道，“是这样……我父亲是画画的，父亲有个画画的师兄，父亲的师兄要跟父亲抢夺一幅画，我父亲没给他，他就把我父亲关起来了，要挟我必须在今天把画送去。我父亲那师兄就住在天宝街……”

老人微笑着，点了点头，眼神中微微露出些许欣喜。

“你很好，”老人赞许道，“那你现在一定是拿着那幅画，去救你父亲了？”

“是……”李昂承认道，“只是……”

“那究竟是‘是’还是‘只是’呢？”老人微微眯缝着眼睛。

“只是……我带来的那幅画是假的……我找不到真的那幅在哪儿。”李昂说道。

“那还能救得了人吗？”老人有些担心地说道，“你要信得过老道，把画拿出来，让老道看看，怎样？”

“好，”李昂一口答应，他也不明白怎么回事，对这位老人，他几乎没有一点儿戒心，“道长帮我看看，这样能不能过关。”

李昂将画徐徐展开来。

老人沉静地看着，良久，老人才点了点头。“你画得不错，”老人捋着银白的胡须，道，“只是，拿去骗骗一般的人可以，要想救你父亲，恐怕还差点儿。”

“我没想着骗人，我是没办法……”李昂一脸的苦恼。

“这样吧，”老人看着他说道，“你我也算有缘，蒙你信得过我，我也跟你说实话。事实上，我也曾经临摹过这幅《韩熙载夜宴图》，老道自忖，比起你的这幅，更容易蒙人一些，你若信得过老道，老道就给了你吧。”

“这……”李昂满心欢喜，只是太难相信，竟然有这么好的事儿，“这礼太重了……我怎么报答您啊？”

“报答，报仇，这都是世俗之人的想法，我既然要给你，又何必想着要你报答呢？”老人微微笑着，看着李昂。

“是……只是……”李昂支吾道。

“究竟是‘是’还是‘只是’？”老人再次问道。

李昂红了脸，说道：“既然这样，真就太感谢道长您了。”

老人微微一笑，不再说什么。

过了约莫一柱香的工夫，老人回来了，手里多了一个画轴，在李昂眼前徐徐展开了。

“可是……”李昂看看画，又看看老人，“这画……”

“你想说，这画和现在看到宋人临摹的《韩熙载夜宴图》不大一样，是不是？”老人接连问道，“你想说，老道临摹得也太不像，是不是？但你又不好意思拂了老道的面子，是不是？”

李昂尴尬地低着头看画，一句话也不说。实实在在，老人的每句话都说到了他心里。

“老道也不去解释，你若信得过老道，就带着这幅画去救你父亲；若信不过老道，就带着你自己的这幅画去。你选吧。”老人说完，就将拿来的画递到了李昂手中。

李昂左手拿着自己临摹的《韩熙载夜宴图》，右手拿着老人临摹的，一时踌躇不定：如果不要老人的这幅画，实在太过于伤害老人了；然而，如果要了老人的这幅画，又如何救得了父亲？

“年轻人，你慢慢选吧，所有的选择，都是选择自己啊。你把不要的那幅画放在供桌上就是。”老人淡淡说道，“我要静坐一会儿。”

老人仍旧走到那面墙下，在一个蒲团上坐下了。

太阳偏西了，有橘红色的夕光漫进大殿。

李昂看了老人一会儿，想着老人说的话，“所有的选择，都是选择自己”，把自己的那幅画留在了供桌上。

“要去天宝街，出后门，往山下走半里路，在一口水井边向右拐，再走十里路，就到了。……不要告诉别人，这画是我给你的。”

李昂听到老人的声音从身后传来，回过头看，看到老人面沉如水。

依着老人的指点，李昂总算找到了小伙子所说的那条铺着青石板的街道。石板间生长着荒草，久疏人迹的样子。两侧都是巨大的侧柏，葳蕤森严，听不见一只鸟儿的鸣叫。环顾四周，李昂发现身处山谷之中，有一条路贯通了整片山谷。又走了一个多小时，才看到一栋房子，正要朝房子走去，忽然感到有人从身后猛然按住了他的肩膀。

“等你好久了！”一个高大的男人从大树后转了出来。

第九章

李昂回头一看，自己被两个男人按住了。一个高大的男人迎面走来，依稀便是袁楚。

“我们又见面了。”袁楚掩饰不住得意。

“我爸呢？你们把他怎么样了？”李昂冷冷地道。

“李老师啊，好着呢，吃得好住得好，我要的东西呢，带来了吗？”袁楚仍旧一脸得意。

李昂心想，你倒是直截了当。

“带来了，你先让我看到我爸。”李昂道，“你要用强，也由你，不过画会不会被撕坏，我就不敢保证了。”

“好！好！”袁楚笑道，“李昂啊，你人不大，想的倒是多。我们这就去见你爸，也让你爸看看，你带来的是不是真品，你们啊，可都是作伪的高手。”

袁楚在前面走，李昂跟着，李昂身后，还跟了袁楚两个一言不发的手下，这让李昂很不舒服，感觉自己成了囚犯。

一路上，只听得杂草被他们踩在脚下，或者被他们碰倒时发出的刷刷声。四围都是高山，山顶在云中时隐时现。明亮的阳光没有一丝丝温暖，时间也仿佛在此凝固了。李昂被这沉甸甸的寂静压迫着，只是默默地打量着路两边的房屋。这些房屋零零散散地散布着，形制也相差较大，似乎当初的建造者并没有做出统一的规划。沿着大道走了将近两千米，他们终于在一条分叉小径找到了宋云城的14号楼。

小径两侧植着高大的侧柏。曲里拐弯地又走了约莫两百米，陡然看到一溜白墙黑瓦中间，一扇黑漆漆的大门森严地紧闭着。大门两侧，各有一棵高大的松树，枝叶交接，愈加让人觉得身上发凉。

袁楚走上前去，抓住门环，轻轻地扣了扣，木门发出笃笃的声响，在这寂静的山谷里，仿佛是一块石头投入了沉静的汪洋，几乎激不起一星儿回声。几个小时前，在十堰市区只觉得人声嘈杂，这会儿，却又这般宁静，真是从一个世界到了另一个世界。

李昂回头看一眼身后的两个人，这两人阴着脸，瞪了他一眼，李昂掉开了视线。

袁楚又拍了拍门环，喊道："老乔，开门。"好一会儿，听得有脚步声踢踢踏踏地从远处渐渐响过来。

门打开了一条缝，一个脸皱巴得像橘子皮的老头露出半个身子，看看袁楚，又看看李昂，眼珠狐疑地转动着，似乎很不情愿地打开了门。

那门显然不怎么开动，被老人推动着，发出嘎吱嘎吱难听的声音。老人头也不回，又大声喊道："进来吧！"

李昂被他敲钟般的宏大嗓门震了一下。

"我爸呢？"李昂道。

"急什么？就在里面。"袁楚头也不回地说道。

李昂只好继续跟着袁楚往里走。院子很大，方方正正的，放眼望去，地上没有一棵树，只有中间的过道两边摆满了巨大的青花瓷的花盆，盆里种着广玉兰。此时已是中秋时节，上海的广玉兰花早已凋零，而眼前的几十株广玉兰开得正好。硕大洁白的花朵如一只只安稳地卧在枝叶间的鸽子。

走了大概一百多米，才走到院子另一边，抬头一看，却是一座道观。老人推开两扇朱漆大门，里面黑洞洞的，好一会儿，才看清高高的神坛上，供奉着一座神像，正是真武大帝。李昂心中疑惑，难道宋云城也做了道士？他若不是道士，总不能将家安在道观里吧？正想着，老人已转到神像后面去了，李昂只能赶紧跟上。

转过神像，又是一道门，门后紧接着是一段往下延伸的石阶，有七八十级，然后是一个小一点的院落，却是圆形的，中间一条扭曲的小径，让整个院子呈现出八卦的形状，自然周遭就有八个出入口。房屋绕院一圈，屋前有游栏相连，是仿照古代建筑修建的住房，两层，每一层大概都有二三十间屋子。

袁楚停住脚步，指了指右手边的一间屋子，回过头来，冲李昂道："你爸就住那儿，怎么样，可以给我东西了吧？"

"我要见到我爸！"李昂一字一句说道。

"好，"袁楚对老乔道，"老乔，你喊一下那人。"

"要不要喊宋老师来？"老乔道。

"没必要吧？我在就行，不用麻烦他。"

老乔看了袁楚一眼，不说话，转身走了。

不一时，老乔回来了，身后跟着李方儒。

"爸。"李昂喊了一声。乍一见到父亲，他是激动的，可在这么多陌生人面前，又不好表现得太明显。

"嗯，你来了。"李方儒淡淡地道，看上去很颓丧的样子。

李昂有些难过，还有些失落。这重逢的场面，并不像他想象的那样。

"现在，东西可以给我了吧？"袁楚笑着说道。

"好吧。"李昂看父亲一眼。

李方儒瞅着李昂，脸上掠过一丝惊异之色。

“李老师，让李昂带画过来，这可是当日我们讲好的，你昨晚想要不辞而别，我不怪你。现在，这事儿你不会也要反悔吧？”袁楚觉察到李方儒的神色有异，冷笑道。

李方儒勉强点了点头。

“爸，你昨晚？怎么回事？”李昂瞅着李方儒。从袁楚的话里，他意识到，父亲昨晚应该试图离开这儿过。

“你找到画了?”李方儒瞅着李昂，目光中满是狐疑。

“找到了。”李昂低声道。

“那就拿出来吧。”袁楚冷冷地道。

李昂又看了看父亲，见父亲仍旧狐疑地看着自己，想着，究竟拿出来还是不拿出来？但深知，这时候不拿出来已经是不可能了。

“不用我们自己动手吧。”袁楚催促道。

李昂乜了袁楚一眼，有些犹豫地打开了背包——背包的拉链是锁住了的，掏出一卷画来，捏在手中，想要递给袁楚，又没递出去。

“你说过的，拿到画后，就不为难我爸。”李昂道。

“好说好说，等我岳父鉴定后是真的，你和你爸都可以离开。”袁楚捏住了画的另一端。

“你岳父？”李昂道。

“就是宋云城。”李方儒道。

“你是……宋云城的女婿？”李昂道。

“有什么不对吗？”袁楚笑道。

李昂讶异地看了看袁楚，又看了看父亲，松开了手。

“今天你和你爸还是先在我们这儿住下，等我岳父鉴定了，这画是真的，立即让你们走。”袁楚说着，忙不迭地将画打开来，徐徐展开，低头看着画轴，眼中尽是喜色。

“啊！……”李方儒失声道。

袁楚仍旧低着头，翻着眼睛盯着李方儒。

“你从哪儿找到的这幅画……”李方儒瞅着李昂。

“家里……”李昂道。他的脸并不听他的，很快地红了。

“有什么不对吗？”袁楚觉察到李方儒的神色，心中暗喜，意识到拿到的画是真的。

“没……”李方儒压抑着想要说的话，可他终究没压制住，“我能看看这幅画吗？”他朝袁楚伸出了手。

“等我岳父看过了再说吧。”袁楚迅速地收起了画。

“现在走吧。”老乔大声道。

李昂被老乔吓了一跳，心想，这老人莫不是耳朵聋了吧？

“你不会说话不算话吧？”李昂盯着袁楚。

“不会……当然不会。”袁楚笑道，“你就放心吧。”

“你先回去吧。”老乔冲着李方儒道。

李方儒不舍地看看袁楚手中的画，又看看李昂，朝来时的那个方向走去。

李昂也跟着走去。老人却大声喊住了他：“你不住那儿！”

“不住一起？那我住哪儿？”李昂回身问道。

李方儒也有些不解，回头看着老人。

“你跟我来！”老人大声喊，“一人 间！”

“我还是跟我爸住 起吧。”李昂回头看了父亲一眼。

“一人一间！”老人毫不理会，又大声喊道。

李昂哪里放心得下父亲，低声问父亲怎么办。李方儒不说话，往四周看看，说道：“没事儿，你跟他去吧，我就住这儿。”

“我不放心。”李昂断然道，“我们为什么不能住一起？”

“我们这儿条件有限啊，”袁楚无奈地道，“李昂，你要理解我们。你人这么年轻，怎么对人这么不信任？你的怀疑有些多了。”

“没事儿，”李方儒淡淡地说，“宋云城是我师兄，我们相交那么多年，他不会把我怎样。”

“倪先生他都……”李昂嗫嚅道。

李方儒举起一只手，制止住了他。

“肯定没事，放心吧，你自己小心就行。”李方儒道。

“那好吧……有事打手机。”李昂说。

李方儒点了点头，说：“放心吧。”

老人看他们说完，就往前走去。李昂拎着行李，跟着他走。走了一段路，回头看父亲，看到父亲正在开那间屋子的门。李昂忽地有些难受。他暗暗记住了那间房间。老人带着李昂从风门中间的小路转出了院子，继续往下走去。一面是山壁，一面是悬崖。李昂只觉得气温越来越低，周身的空气都湿漉漉的，知道这是盘旋着往谷底走去，不由得纳罕，他也到过一些名山大川的道观啊庙宇啊，从来都是进了大门后越来越往上，哪有这样越来越往下的？他好奇心起，问道：“这儿以前是道观吗？”老人恍若不闻，一言不发地在他跟前走着。李昂也就不再问。只见两侧杂花生树，幽静异常，远处还有几个院落，不知是不是连在一起的。宋云城怎么会有这么豪奢的居所呢？李昂想着，若不是担心着父亲，置身这样的地方，真是惬意无比的事儿。这次走得比较远，大概有四五百米，到了一个小小的院落，院中遍植花草，一股股花香扑面而来，全然不似前两个院子那么单调枯燥。李昂一时忘了父亲，禁不住赞了一声：“真漂亮！”

老人回头看了李昂一眼，目光中颇有得意之色，说道：“都是我种的！”

李昂又赞了一声：“了不起！”

老人越发得意了，往左首一间屋子指了指，说："你住那儿。屋里洗澡间和卫生间都有，待会儿我送饭来。"声音竟比先前小了许多，也温煦了很多。

老人带上院门出去后，李昂又在小院中站了一会儿，辨认着四周的花草，有白的和红的福禄考、牵牛花、凤仙花、鸡冠花、海棠、牡丹、白晶菊、白芨、石竹、鸢尾、羽扇豆、小花葱、虞美人、玉簪、蔷薇、绣球、血叶兰、亚麻、矢车菊、绣线菊、紫竹梅、紫露草、紫藤、九曲神梅……真是琳琅满目、蔚为大观。然而，这些花草杂七杂八地种在一起，没有个好的规划，似乎只是品种越多越好，却也没什么特异的品种，都长得异常茂盛。可见，老人并不是侍弄花草的行家，只是将花草当做蔬菜一般种罢了。李昂不免觉得好笑，想来，老人倒像个孩子。

屋中条件甚好，干净整洁，布置紧凑，像是星级标准间，墙上有两幅画，一幅在紧挨床头的墙上，李昂识得是唐人张萱的《虢国夫人游春图》。这张画的格调活泼明快，华丽典雅，颇具装饰意味，挂在这屋里，算是比较适宜。李昂知道，这肯定是宋云城临摹的，此时，这张画的真迹好端端地放在辽宁省博物馆里呢。但他呆呆地看了半晌，只觉得这张画做得可以说是滴水不漏。他只是凭着一种本能，觉得这张画是假的，但要他具体指出来，假在什么地方，竟然说不出。他越是焦急着要找出一两处来，越是茫然失措。渐渐觉得画面暗了下来，他才发觉，天色不早了，抬手腕一看，时间竟然已经过去了一个多小时，他竟然一直一动不动地站在这幅画前！而行李一直都拎在他手中。他将行李放到靠窗的椅子上，这才回过头看床对面墙上的画，也是张萱的作品，是更加有名的《捣练图》。许多学国画的人，都曾临摹过这张图的全部或者部分，李昂也不止一次临摹过。他鞋子也忘了脱，有些颓然地盘腿坐在了床上，凝视着墙上的《捣练图》。此时已是暮色沉沉，他却丝毫不觉得光线暗淡，他仿佛看得到画里的那些人活了，她们有的捣丝，有的缝纫，有的将绢拉直熨平，有条不紊，行动优美。屋里静悄悄的，院子静悄悄的，李昂大气不敢出，他简直听得到画里人物的呼吸！

许久，李昂叹息一声，仰面躺在了床上。他心里难以抑制地涌上一种苍凉的感觉，这是临摹的作品吗？他简直觉得，面前画作的技术比原作还要高超。这是宋云城临摹的？那么……李昂内心里十分确认，这样的技艺远远地超过了父亲，可是，他又不愿意承认那样一个恶人，竟会有这样的技艺。他向来认为，文如其人，画亦如其人。一个内心险恶的人，是不可能画出让人怦然心动的画来的。可是宋云城竟然可以！又或者，宋云城并不像父亲说的那么坏？倪先生真是病死，并不是他害死的？他忽然一惊，自己怎么会有这么混账的想法！他从小到大跟着父亲学画，父亲不仅仅是父亲，也是严师，他从未怀疑过父亲。想到自己刚才竟有那样的想法，他不禁对自己生气，转而，也对墙上的两幅画生气。他骤然从床上跳起，打开屋里所有的灯，屋里即刻亮如白昼，他恨恨地、狠狠地盯着墙上那幅《捣练图》。他切实感觉到，这幅画是临摹的，可是……他仍然找不出一点儿纰漏。甚至于，那种觉得这幅画是临摹的感觉也是若有若无。

李昂对自己恼怒不已。

然而，他究竟是画画的，又对绘画如此痴迷，对那两幅画竟然割舍不下。他在这幅画跟前站一会儿，看看；又到另一幅画跟前站一会儿，看看。越看越感到心潮澎湃，越看越感到和画画的人意气相投。他越来越认定，这两幅画的水平超过了原作。这是怎样的水平啊，他之前从未想到过，竟然有人能够做到这一步！他心中混杂着惊讶、敬佩、羡慕诸种感情，忽然，又异常失落。他自己可以么？这么一想，他便觉得，自己那点儿水平简直不能拿出来见人，而自己竟然无知了这么多年！他脸上的表情瞬息万变，眼中闪烁着灼灼的光芒。到后来，他竟如耗尽了浑身的力气一般，软软地躺倒在了床上，闭了眼，任凭那两幅画的人物在眼前晃动。他听得到画里的马蹄声、说笑声，那些人物跨越了千年，将她们的声息和脉搏涓滴不漏地传递给了他。许久，许久，他感到心如止水，平静得像一口古井。

他真想马上见到宋云城！

听到敲门声，李昂扭头看着门，似乎弄不明白是怎么回事。又过了一会儿，又响起了两下敲门声，李昂才想起去开门。门打开，老人站在门外，一脸严肃，端着一个托盘，托盘里有三碟菜，一碗汤，还有一碗饭。李昂看了他一会儿，才认出来，就是刚才领他进门的老乔。才这么一会儿工夫，他因为沉浸在画中，竟有弹指如百年之感。

“饭！”老乔又大声喊道，仿佛并不曾见过李昂这个人。

李昂拧了一下眉头。看着送来的饭，他忽然有一种被关了禁闭的感觉。

老乔似乎一下子洞穿了他的心思，理亏似的，稍微低了声音，说道：“你若不满意这些饭菜，可以到餐厅去吃嘛，在山顶呢。”说着顺手往来时进的第一个院落一指。

李昂当即也就不觉得什么了，侧开身子，让老乔将饭菜端进房间。老乔搁下饭菜，小眼睛眨巴两下，目光迅速在屋子里扫了一圈，出去了。李昂看看饭菜，才想起来，吃上一顿饭，已经是七八个小时前在火车上吃的了，这么一想，肚子就咕咕叫了起来。他拉了一把椅子坐了，呼噜呼噜就将一碗饭扒下了肚子。抬头一瞥墙上的《捣练图》，不觉又没了胃口。他深深觉得，自己和酒囊饭袋也差不了多少。至少，让他临摹这两幅画到这个程度，怕是不大可能的。李昂心中越来越浮动着灰颓的情绪。但此时毕竟吃了饭，体力的充沛，激起了他心中不服输的气概。李昂决定，要好好会一会宋云城，不过，今晚得去跟父亲谈谈，说说这两幅画的事儿。他有些不服气，自己不见得画不出这样的画作来。若不是身边没笔墨纸砚，他早就画开了。

李昂的心情这才平复下来，好好坐下来吃完了饭。这时，他才觉得这些饭菜看着简单，实则出自非常高明的厨师之手，加之材料上佳，真是人间美味。在此之前，他从未吃到过这样的食物，不由得深为刚才那么急吼吼地吃掉了一大碗饭而后悔。

第十章

山里的夜色尤为浓重。李昂悄悄走出房间，来到小院子里。他往四面看看，旁边的几间房都黑黢黢的，石头似的沉默着。不知道老乔到什么地方去了。他将滑盖手机往上一推，微弱的光亮稀释了一小片夜色。他这时才想起，应该跟父亲联络一下。这么久了，他竟然忘了跟父亲联络，奇怪的是，父亲竟也没给他打电话或发短信。

他本想打电话，想了想，改为了发短信。他有点儿怕打破院子里的宁静。他问父亲那边怎么样，说他想过来找父亲。不料，短信发不出去，重新发了一次，还是发不出去。这才发现，手机没有一点儿信号。李昂顿时醒悟过来，这儿地处深谷，又有高山遮挡、树木笼罩，没有信号是理所当然的。“糟了！”他心中一凛，“父亲不会有什么事吧？父亲若是有什么事，那跟自己也联系不上啊！这里是宋云城的地方，自己竟然那么呆傻地看了那么久的画！若是宋云城要对父亲不利，那是什么事情都已经做出来了，自己到这儿来又有什么用！无怪乎于静兰常说自己太书呆子气，在这样的节骨眼儿，竟然会犯下如此大错！”他心中的懊恼和惊恐实在已达极点，一时间，对自己的责备和咒骂连绵不断，又想，如此又有何用，还是赶紧找父亲去。

他凭借着白天留下的记忆，蹑手蹑脚地摸索着走到院门边，悄悄打开了门，门吱扭一声响，他慌忙回头往院子里看，院子里只有他那间屋子亮着灯光。一想，也对，故意将灯亮着，好给人一种他就在屋里的印象。

他走出小院，往右边拐去，一路曲里拐弯，都在往山上走。此时夜深，四周更是了无声息。隐约听得见吱吱吱的虫鸣，常常突然间止住，似乎也怕打扰这山谷间庞大深厚的沉寂。李昂清楚，这条石阶又窄又陡，又很潮湿，一不小心，便会坠入深渊，那就万劫不复了。他只好将手机滑盖推上去，利用手机微弱的光亮照明，同时一只手扶着山壁，尽量远离悬崖，纵然如此，仍旧不敢快步走。偶尔不小心，踢落了一两块石阶上散落的小石头，石块一下子坠落山谷，只听得石头在下坠过程中不断撞上了树干，连连传来橐橐橐的声响。许久许久，那声响如涟漪一般，在静夜的深潭里回旋。

总算摸到了上面一个院子的门墙，李昂深深地松了一口气，扶着门框，转过身来，凝视着身后什么也看不见的深谷。山风徐徐吹来，忽地才觉着，身上已然湿透了。那风甚大，吹得李昂身子飘乎乎的，仿佛就要被吹落山谷。他有些后怕，刚才若是一不小心，那后果真是不敢想。他又舒了一口气，小心翼翼推开了门。

这是他进入宋云城的宅邸后见到的第二个院落，父亲就住在这儿。他借助着手机微弱的光，悄没声息地潜到了父亲门前，看看身后，只是漆黑的夜色，这才伸手用指尖敲了敲门。虽然声音低弱，但在这静夜里，亦如同轻雷一般了。但听不到屋中有任何回应。李昂又用指尖敲了敲门，稍微重了一些，屋中仍旧没有回应。

“爸？爸！你在吗？”李昂压低了声音喊道。

李昂明白过来，父亲不在屋里。他拧了拧门锁，是锁着的。他一下子没了主意，难道父亲出事了？难道父亲在宋云城那里？在这暗夜里，他怎么才能找到父亲呢？他打开手机一看，仍旧没有一点儿信号。他立即明白，宋云城吩咐老乔将他们父子分开，一定是大有深意的，这儿没有手机信号，他们又不熟悉路径，分住两个院子，就等于彻底分开了。

李昂握着只剩下照明作用的手机，呆立在伸手不见五指的夜里。

他很无奈地仰起头，看到天也是漆黑的，没有星星，也看不见月亮。金顶在天边闪着幽静的光，应该是观光灯吧。看到黑暗里这唯一的光亮，大受鼓舞，身上像是生出了无尽的力量。虽然宋云城技艺了得，这又是他的地盘，但自己又有什么好怕的呢？就算他真要怎么对付自己，总不能还像对付倪先生那样，要了自己的命？想到有可能遇到生命危险，他反倒镇静下来，觉得这是最最坏的可能了，可这也算不得什么，忽有些大义凛然的情绪涌上来。他决定，先不回自己住处，往四面的院子走走看。

白天的时候，他看出了，现在置身的这个园子是连通附近几个院子的关键。这个院子的八个出入口后面，一定有路通往他在路上看到的那些散布在山谷四周的院子。问题是，现在先去哪一个院子。他又抬头望了一眼天边闪烁着淡淡光芒的金顶，决定了就往这个方向走，那是这个八卦院落的坤门。

他摸索着，往坤门走去，穿过游阑间的小道，再转过一道屏障，果然，走了没几步就看到一道门墙，和通往自己住处的那一道没太大区别。跨过了门洞，却是朝上走的。相同的是，山道仍旧很窄，仍旧一边是悬崖，一边是山壁。山壁不时有大石突出，挡住了很大一部分山道，李昂必须两只手抓住石头，慢慢绕过去。大石上往往附满了青苔，摸上去滑腻腻的。李昂心惊胆战，不知道什么时候才能走到下一个院子，想要回头，却又不甘心。又走了一阵子，忽然撞上了什么，竟然没路了！用手机一照，才发现到了下一个院子了，刚刚是撞到了院门。李昂心中欢喜，轻轻推了推门，门闪出一条缝，李昂便侧身闪了进去。兰香袭人，想必院子里种满了兰花。忽见这院落竟有两间房亮着灯光，李昂下了一跳，忙往后一缩，躲在暗影中观察两间亮着灯的屋子。

亮着灯的两间屋子相距二十来米，李昂先看左边一间，窗户上，映出一个女人的形象，似乎正低头做着什么事；另一间屋子较远，看不清楚。李昂想，父亲会不会在这间屋里？或者，宋云城住在这里？

李昂弓了身子，顺着屋墙，慢慢地朝左边屋子走去，走到旁边，却听得屋中传出嘤嘤的哭声。李昂给吓了一跳。慢慢走近了，藏身在窗子斜对面照不到光亮的一根圆柱后面，斜着眼睛看去，看到的情形让李昂大吃一惊。

一盏发着乳白色光亮的台灯映照下，一位一身藏青色衣服的女子正在画画。因被披落的长发遮住了，看不大清女子的脸，但从身形等判断，女子当极为年轻，顶多二十岁出头。但这样一个年轻的女子，其穿着打扮竟然像个道士，莫非她真是武当山中的道士？但道士的头发不是都束在头顶么？李昂有些琢磨不透。再看她正在画的画，就更是大吃一惊，虽然距离有些远，看不大清那画画得怎样，但完全看得出画的是什么。那是南宋画家李嵩的《骷髅幻戏图》。李昂对这张画印象深刻，画中有一个大骷髅席地而坐，用悬丝操纵一个小骷髅，引诱一个小孩往他们身边爬过来，小孩身后有一个女人似乎在竭力劝阻小孩。在两个骷髅身后的高墙下，还有另外一对母子，母亲正在奶怀中的孩子，目光淡然地投向前面那一对母子。这张画表现的含义至今仍旧是个谜。有画评家认为，这幅画是傀儡戏艺人携带妻子四处奔波的艰辛生活写照，李昂向来认为是无稽之谈。这会儿，那女子手中的作品已基本完成，她正在描着被大骷髅操纵的小骷髅，一笔一笔，异常认真，却不时停下笔，抽噎一下。在这样的静夜深山里，闻着不时飘来的一缕缕兰香，看这样一个打扮奇怪、恍若古人的女子，伤心欲绝地画着骷髅，李昂自然震惊不已。

或许是李昂对这幅画非常痴迷，竟毫无举动，就那么屏息凝气地躲在柱子后面，凝视着女子手中的画笔。一笔，一笔，非常认真，又似乎潜藏着巨大的疼痛。与其说那女子在画小骷髅，不如说是在用一把刀将一个活生生的人剔成骷髅！

许久，女子就那么一笔一笔画着。

总算画完了，女子搁下笔，又呆呆地盯着画看了一会儿，抽噎两声，拿纸巾擦了擦眼睛，抬起头，对着黑暗中轻声道："阿姨，进来吧，我没事了。"

李昂吓了一跳，她竟然早知道有人来了，不过她认错人了，心念电转，想到她一定是把自己当做另外亮着灯的那间屋子里的女人了。要不要走出去？若不走出去，她也发现自己了。这么想着，身子已经转出了柱子，站在了光亮里。

李昂惊讶地看到，这不过是一个十八九岁的女孩儿，瓜子脸，细细的两弯眉毛很黑，眼睛、鼻子和嘴唇，似乎都较常人要小些，皮肤异常白皙。说不上特别漂亮，可整个人有一种悠远淡雅的气质。更让人惊异的是，这完全不像一个现代人，让人有时光倒错的感觉。

女孩儿的惊讶不弱于李昂，她怔怔地盯着李昂看。李昂心中狂跳，心想，这下糟了，她肯定要大声呼救，自己定要被当成不怀好意的小贼给抓起来了，宋云城这下子对付自己算是有了充足的理由了……一时间紧张到了极点，却是一点儿办法没有。不料，女孩儿很快就显出了淡然的神情，很平静地说："你是谁？我没见过你。"

"我是……"李昂莫名地红了一下脸，不知道该怎么跟她说，转而问道，“你为什么画这《骷髅幻戏图》？”

“我……”这时候轮到女孩儿脸红了，她低下头迅速地瞥了一眼桌上的画，说，“我也说不上来……你找不到路吗？”

“是……”李昂撒谎道，“我看你画得真好。”

“是么？”女孩子淡淡一笑，脸上的愁容消了许多，说道，“随手画的，你别笑话我。”

李昂走近了两步，站在窗口，向屋内打量了一眼，屋里很简单，靠窗一张画桌，后面，还有一个圆桌，桌边两个小几，再旁边，是一张简单的床。想来这应该就是女孩儿的闺房吧，只是和都市里女孩儿们的房间比起来，实在太过于简单。屋里唯一的装饰，是墙上的两幅临摹的画作，尺幅都不大，长宽皆在二十五公分左右，分别是宋徽宗赵佶的《枇杷山鸟图》和《桃鸠图》。虽隔着一段距离，不能细看，但两张画无一不是生动鲜活，若非事先认定了这是宋云城的居所，所看到的画应该基本都是临摹的，那么，乍一看来，这两张画几乎就是原作。

“墙上的画，都是你画的么？”李昂看着女孩儿的脸，问道。

“是……”女孩儿又低了低头，脸上飞过一片红霞。女孩肌肤白皙到给人吹弹即破的感觉，在灯光映照下，她这一脸红，不禁让李昂砰然心动。

李昂从小到大，都生长在书画的世界里，每一天的所思所想，也大多围绕书画转，很少去注意身边的人和事，包括女孩子。所以，他在整个读书期间——一直到大学，从未恋爱过。在同学们眼中，他是个十足的呆子和怪人。有的女孩子钦佩他的学识，想要和他接近，也往往被他冷冷的态度挡了回去。其实呢，并非他的态度冷淡，只是，他不知道如何应对罢了。久而久之，女生跟他的交往少之又少，私底下说起来，他简直成了一个传说。他呢，对女生的了解就更少了，十几年的学校生活，他几乎没有记住任何一个女生的名字，对所谓的“班花”之类的相貌，也没有任何概念。长久以来，他的生活中只有一个女性——母亲。在母亲过世多年后，他的生活中才又增加了一个女性——于静兰。但他对她们的相貌——哪怕是于静兰的，注意得也并不多。

直到此刻，他忽然意识到，一个女子的相貌竟能够让人如此心动。然而，他又很难说，这就是漂亮的容颜，他甚至找不到词汇来形容这样的相貌。

女孩见他呆呆地想着什么，目光始终笼罩在自己身上，脸上的神情急遽地变动着，不禁又是羞涩又是震惊，竟不知如何是好，只道：“你是迷路了吗？”

李昂嗯了一声，回过神来，脸上也是一红，忙改口说：“其实……不是。我在找我爸，你是谁？”

女孩噗嗤一声笑了出来，打量了他几眼，说道：“你这么大个人了，怎么还在找你爸爸呢，小蝌蚪才找妈妈呢。”脸颊凹出两个淡淡的笑靥，将刚刚的愁容一冲而散。又道：“你来到我家里，没告诉我你是谁，反倒问起我是谁来了。你们这些外面的人真奇怪。”

李昂听她说话，哀愁时自有一股幽幽的清气；如此欢快时，似乎又有了一种淡淡的清香。心中禁不住再涌起热热的潮水，脸上僵僵地一笑，说道：“我爸叫李方儒，我叫李昂，是宋云城和袁楚叫我们来的。刚才我去找我爸，他不见了……”

“啊！……”女孩儿低低地叫了一声，身子往后一缩，目光四顾，似乎受到了极大的惊吓，在寻求什么人的帮助，又或者，是在找地方逃跑。

李昂见她刚刚还笑靥如花，忽然满脸的惊惧之色，恰如一枝梨花突遭暴雨侵扰。他心中疑惑，心想，难道是自己的缘故，忙问："怎么了？"

"你就是李昂？"女孩儿稍微镇定下来，惊惶的目光中夹杂着疑惑，"我爸说，你和你爸都是坏人，你们……"

李昂忽然悟过来，说："你就是宋云城的女儿？就是袁楚的……"

女孩儿点了点头，脸上的惊惧之色未减，说道："我爸说，你们要来……搞破坏。"

李昂不禁笑出了声。女孩儿画画时的神态端庄秀美，虽说不时抽抽噎噎地哭，却自有一种威严气象。待听说自己是李昂后，其惊慌失措以及说出来的话，让人觉得她完全是个懵懂无知的小孩子。李昂深知，自己在很多人眼中书呆子气十足，可在他看来，眼前的女孩儿不知道比自己呆上多少倍，虽说她是宋云城的女儿，可对她不禁有了一份亲近感。

"我们不是坏人，"李昂微笑着说，"你不用怕，你看，我像坏人吗？"

女孩儿偏着脑袋打量着李昂，好一会儿，嘴角淡淡一笑，说："我看你也不像坏人。"

李昂又是一笑，心想，这女孩儿与人相处真是毫无心机，就问她："你叫什么名字呢？"

"我叫宋依云，叫我依云就行。"宋依云仍偏着脑袋打量李昂。

李昂微微一笑，说道："好……依云，你好。"

宋依云也微微一笑，脸颊浮现出两个酒窝，说道："你也好。"

李昂对她的亲近，似乎又多了一层，好奇心突起，指了指墙上的画，说道："你能让我进屋看看墙上的画吗？"

“好呀，”女孩脸上薄薄地一笑，说道，“那你进来吧。”

李昂进了屋子，立即闻到一股淡淡的幽香，似乎是兰花的，又似乎是别的什么花，心中的熨帖，实在难于言说。李昂定了定神，两手抱着，看墙上的几幅画。这些画尺幅较小，画的都是花鸟，构图又很简单，跟这间雅致的屋子，显得极为匹配。几幅画看完，李昂心中是越来越吃惊了，他从来没有在一天之内，见到过这么多临摹得如此精妙的作品，眼前的这两幅图，无论是绘画、用纸、用墨、印章，都跟原作无太大差异。虽然，这两幅画没有给他先前看到的《虢国夫人游春图》和《捣练图》那样的震撼，但它们是出自眼前这样一个十八九岁女孩之手啊！他有些不大相信地转过了头，看着宋依云，问道：“这些，都是你画的？”

“是啊，你看我画得好吗？”宋依云天真地看着他，一副等待着他夸奖的样子。

“真好，画得真好！”李昂由衷地赞道。

李昂禁不住又看了宋依云几眼，越发觉得不可思议。宋依云有一种单纯的、摄人心魄的美，但这单纯，又似乎不是一般小女孩儿的单纯，总给人一种和她的年龄不大相符的感觉。莫非她是在这深山里待久了？忽然，李昂心中一惊，心想，她不会是脑子有些问题吧？若说她脑子有问题，又怎么可能在绘画上有如此高的造诣呢？李昂呆呆地瞅着宋依云，心中翻腾了无数念头，竟如痴了一般。

“你看我做什么？”宋依云扁了扁嘴。

“你真好看！”李昂情不自禁地说道。话一出口，倒把他自己也吓了一跳。怎么会对一个女孩子说出这么直白的话？虽说是对她的赞美，在李昂心中，倒像是对她的亵渎，不由得赤红了脸。

“真的吗？”宋依云满脸的欣悦，轻轻地踮了踮脚尖，像是要往上蹦跳一下，又红了脸道，“从小到大，从来没有人说过我好看，别人只会说我傻，你还是第一个说我好看的人！”

“哎哟！”李昂暗暗在心里感叹一声，果然如他所料，女孩子的脑袋是有些问题。这么一个女孩儿，竟然脑子有问题，真是可惜。

宋依云丝毫不明白李昂心中所想，仍旧高兴地对李昂说着话：“你人真好，一点儿都不像坏人。你要是坏人，就不会说我好看了。你人真好！”看李昂的目光，有着浓浓的亲近感，像一个小孩子受了大人的夸赞表现出来的那样。更让李昂意外的是，宋依云忽然抓住了李昂的一只手，又重复道：“你人真好！一点儿不像坏人。”

李昂感到宋依云小小的、软软的手抓住了自己的手，忍不住也握住了她的手，一股热流瞬间流遍了他的全身，他竟如触电一般，浑身为之一震，说不出地感动，又说不出地忧伤。刹那间，对宋依云涌起无尽的疼惜。心里竟有些空落落的感觉。又想，她刚才为什么哭？她画那幅《骷髅幻戏图》，一定是想说，她之所以嫁给那个人，完全是受宋云城操纵的结果。她还这么年轻，就将自己比作了骷髅……这样看来，她并不满意她的婚姻。

“对了，你刚才为什么哭？”李昂问。

“我……”宋依云仍抓着李昂的手，忽地意识到了什么，慌忙放开了手，白皙的脸涨得通红通红。

李昂也红了脸，想着，两人刚认识，竟然这么抓着手站了半天……实在有些不大对头。

“我……”宋依云嗫嚅道，低下头，不敢看李昂，“我不想跟那个人睡。那人……又高又胖又凶！”

“哪个人？”李昂一时没听懂这句话。

“就是……那个人……”宋依云侧过身子，手指往屋外一指。

李昂猛地明白过来，感到脸火辣辣的。他之所以没听懂她的意思，是因为想不到她竟然说得那么直接。

“嗯……”李昂答应了一声，难以自禁地向她看了几眼，看到她一身藏青色道袍，朴素到了极致，又似乎，艳丽到了极致，实在和自己所见过的所有女孩子都大大不同。忽一转念，问道：“你是道士么？道士也可以结婚？”

“不是，我不是道士……”宋依云轻声说，微微摇了摇头，“我爸爸说，我几年前生了一场大病，后来脑子就坏了，还老生病，我爸怕我养不大，就请一位武当山的师傅给我做了一场法事，又让我平日里也穿着道士的衣服，我爸说，这样我就不会生病了。”

宋依云轻声细语的，倒像是说一个和自己毫不相干的人的事儿。

“那你满二十岁了？结婚……女孩子总要到二十岁的。”李昂又说。他似乎在寻找着宋依云跟袁楚不能在一起的理由。

“去年结婚那天，是我二十岁生日。”宋依云轻声说。

“啊！”李昂叹息了一声。

两人一时找不到话说，静静地站在屋中。李昂闻到宋依云身上淡淡的清香，听到宋依云均匀地呼吸着，每呼吸一下，更有一股莫名地幽香飘过来。他又是欢悦，又是难过。像是看到一件亮晶晶的东西，被失手打碎了。

忽然，院子里传来一阵奇怪的声响，李昂疑惑地朝屋外看去，感觉到黑暗中似乎有什么东西在靠近。宋依云却已吓得脸上失色，朝院子里望去，又瞥了李昂一眼，声音颤抖地喊了一句：“哎呀！”

“怎么……还……还……不睡？”

院子里，一个男人用嘶哑的嗓音说了一句。

第十一章

“就睡了！”宋依云朝院外喊道，又回过头来瞅着李昂，脸上流露出极为焦急的神色，低声说：“你……你藏哪儿……藏哪儿……”一面环顾房间。这间房很小，摆设也极少，家具就一张书桌、一把椅子、一台圆桌、两个小几，还有一张单人床。哪里有什么可以藏身的地方？宋依云的目光在屋里扫了一遍，又扫了一遍，显然极为焦急，情不自禁的，她一只手抓住了李昂的胳膊，摇晃着，似乎在问李昂：藏哪儿！

门外那奇怪的声音更加近了。

宋依云的目光停留在了床底下，还没开口，脸先红了，焦急地看着李昂，一只手仍旧紧紧地抓着李昂的胳膊。

“你能不能……”宋依云悄声说，小小的脸蛋儿愈发红得像充满了饱满汁液的樱桃。

“躲床底下？”李昂看了一眼那张床，床很窄，又很矮，恐怕躲床底下也无济于事，脑海里不由得浮现出许多肥皂剧里的情节，男女偷情被人抓到，男人总是躲到床底下，女人总是躲到衣柜里。他若躲到床底下，被人发现了，也会被当做是和宋依云偷情的男人吧？……他脑子乱成了一锅浆糊，但有一个想法很清晰地浮现出来，就是怎么也不能躲到床底下去，哪怕掉脑袋，也不能。

“我不去……”李昂拒绝道，又问，“来的是谁？”

宋依云眼中微微漾着在一层泪水，转瞬间，就有两棵露珠般的泪珠儿滚落下来，滑过脸颊，也被红红的脸蛋儿映出了薄薄的红色，简直艳丽不可方物。

李昂一时看得呆了。

“是我爸爸，你快躲起来呀！他不让我……”宋依云急得说不下去了。

原来是宋云城！李昂不怕了，反倒有些激动，想着，倒要见识见识，这是个怎么样的人。连他女儿都这么怕他，看来他真不是什么好人。心中豪气顿生，但看到宋依云这副样子，心中实在不忍，又想着，要不就躲床底下吧。虽然躲进去了，大概也逃不脱被发现的命运，不过躲起来总能让她高兴。能让她高兴，该是多么好的一件事儿。

“不要……躲……躲……了，我都看……看……看见了！”那个嘶哑的男人的声音突然在门口响起。

“爸爸！”宋依云一转头看到父亲，吓得脸蛋儿倏地白了，牙齿轻轻地咬住了嘴唇。

李昂也转过身子去，看到门口那人，不禁面露惊讶之色。原来，来人竟是坐在轮椅上的，那轮椅奇奇怪怪的，每一边都有三个轮子，中间一个大轮子，被前后两个小轮子夹住了。三个轮子的外面，还裹着一条坦克那样的履带。看上去，整个轮椅比起一般见到的要复杂许多，也要大一些。轮椅上，一个满脸严肃、脸色苍白得吓人的瘦削男人泰山一般安稳地坐着，一只手还拿着一根短短的拐杖。李昂心想，这人就是宋云城？

“你……你……是……哪……哪位？”宋云城两眼朝李昂射过一道光亮。

李昂正欲答话，宋依云已经抢着先说了。

“爸爸！他是好人，”宋依云瞥了一眼李昂，脸稍稍红了，又说，“他说我画的画好，还说我真好看，他是好人。”

“你……你……是……这么……这么……说的？”宋云城不看女儿，拧起眉头，目光锐利地盯着李昂。

“是我说的。”李昂坦然承认。在这节骨眼儿上，他有了一种什么都豁出去了的感觉。这么说着，还往前挺了挺胸脯。

“哼！”宋云城哼了一声，似乎没想到李昂能够这么爽快地承认，“这样……轻……轻……轻薄的话……也说得……出……出口，会是什么……好……好人！”说着狠狠瞪了女儿一眼。宋依云被他这么一瞪，立即蔫了的茄子一般低下了头。

“还不……放……放手！”宋云城冲女儿喝到。

直到此时，宋依云和李昂才反应过来，宋依云一直抓住了李昂的胳膊。宋依云慌忙松了手，李昂倏地红了脸，又强作镇定。

宋云城再次朝李昂打量，目光上上下下地朝他身上射来，每一道目光都像一柄刀子，锋利无比，也冰凉无比，恨不得要将李昂戳上几百几千个窟窿。

“你……你……到底是……什……什么人？”宋云城脸色凝重，声音嘶哑而又低沉。

李昂暗想，原以为宋云城多么了不得，哪里想得到他竟是个瘫子不说，还是个结巴！心中对宋云城的怯意，顿时少了许多，他能把自己怎样！

“李昂。”李昂答道。想到这毕竟是宋云城的家，他又是自己的长辈，李昂还是很有礼貌地说：“您或许不认识我，但您应该认识我父亲，他叫李方儒。”

宋云城却并未显出多么吃惊的样子，只是眯缝起了眼睛，以一种稍带轻蔑地眼光重又将李昂上上下下打量了一遍。刚才不觉得，此时，李昂倒给他瞧得浑身不自在起来。

“嗯，”宋云城点了点头，“老乔跟我……说……说了。像……确……确实像！”

李昂问道：“像什么？”

“李方儒！”宋云城咬牙切齿地答道。

李昂本想说，你还好意思对我父亲恨恨不已呢，就是你害死了倪先生！还害得我父亲东躲西藏的。但看到宋云城这副样子，这些话都说不出来了。

“你怎么……跑……跑这儿……来……来了？”宋云城瞅着李昂。

“我找我爸，他不见了，才找到这儿来的。”李昂终究没能忍住，稍微带了责备的语气问道，“你把我爸弄到哪儿去了？”

宋云城哈哈假笑一声，低下头抹了一下嘴巴，抬起头瞅着李昂，道：“你还真……真像……你爸爸！什么事……都……都赖到……别人头上！”

“难道我说得不对吗？您让那个老乔把我们分开，不让我们住到一起，我们手机又没有信号，您把我们分开，不就等于不让我们联系吗？我刚才去我爸住处找过我爸了，他确实不在了。这是您的家，我爸不在了，我不问您问谁呢！”李昂竭力说得很平静，但话语间自有一股逼人的气势。

“哈哈！哈哈！”宋云城又干笑两声，满脸微笑地瞅着李昂，说道，“这个世界……真……真是……颠倒了！你就没……想……想过，你爸爸像你这样……乱……乱跑？反倒……怪……怪……我！”

李昂一想，自己跑到人家女儿的房间来，确实不大对头。一时找不到回应的话，只好微微低了头，思索着该如何脱身。

“你爸绝对……没……没事。你……跟……跟我来吧！”宋云城低声说。

“我？”李昂有些吃惊地问。

宋云城没回答，掉转轮椅，要往门外走去了。

“我也去！”许久没说话的宋依云朝父亲喊道。

“还没……闹……闹够吗！”宋云城停住轮椅，扭过来，阴郁地瞪着女儿，说道，“都结……结了婚做大……大人了，还这么……顽……顽……顽皮！”宋云城花了很大的力气才将“顽皮”两个字说出来。

宋依云一听这话，顿时脸上变色，眼泪像那断了线的珠子一般，一大颗一大颗地滚落，肩膀微微耸动着，又不敢大声哭出来，眼泪就越发一颗紧跟一颗地滚了出来。

李昂心中刺疼，可这时候宋云城已经嘎吱嘎吱地将轮椅开出去了。他凭借本能感觉到，宋云城让自己跟去，一定有着非常重要的事。然而，看到宋依云这副样子，他又有种难以割舍的感觉，怎么能就此离去呢？他这么想着时，宋依云也正眼巴巴地望着他，黑黑的眼睫毛上还挂着露珠般的泪珠儿。李昂心中怦然一动，走过去，两只手握住了她的两只手，宋依云低下头，呆呆地瞅着握在一起的四只手，几大颗泪珠噗噗地掉下，砸在了李昂的手背上。

“依云，我明晚还会来找你的。”李昂只能说这么一句。

“真的吗？”宋依云破涕为笑，抬起眼睛盯着李昂。

“真的！”李昂豪气万千地说。心想，哪怕是要过刀山火海，自己也是要来看你的。可是——今天一过，明天怎样还不知道，我又如何来看你？若真有刀山火海让我过，我倒毫不畏惧，可父亲这里万一有什么不测，自己哪里还能顾得过来？一时之间，只觉得颓丧到了极点。

"那我等你！"宋依云喜滋滋地答道。她又如何会知道李昂此时的所思所想。

"嗯。"李昂努力点了点头，只觉得鼻头一酸，似有泪水涌上眼眶。

这时候，宋云城轮椅的嘎吱嘎吱声已经响得远了，李昂知道再不能耽搁，稍稍使劲儿握了握宋依云的手，转身走向了门外漆黑一片的世界。他循着宋云城的轮椅发出的声响走去，回过头来，还看到着一身藏青色道袍的宋依云站在门边，微笑着望向他。

第十二章

李昂凭借着手机的光亮，磕磕绊绊在院子中跑了好一阵子，才追上宋云城。宋云城停在一个平台上，再前进一步就得下石阶了。李昂正想着，难道宋云城想让自己帮他的轮椅弄下石阶？这可是个天大的问题。他一个人摸索着走，尚且胆战心惊，累得一身臭汗，要将一架轮椅连同其上的人带过这些石阶谈何容易！再说，宋云城似乎连照明的东西也没带，靠着他这个手机，恐怕走不了几步，他和宋云城，还有那一辆稀奇古怪的轮椅，就会一起翻下山崖，摔个稀巴烂。

正踌躇间，李昂却看到宋云城操控着轮椅，呼噜一下滚下了石阶。李昂背心一凉，一声惊呼，又猛地止住了声音，他用手机照见，宋云城仍旧好端端地坐在轮椅上，轱辘沿着崎岖的石阶朝下滚去。李昂惊讶得舌桥不下，宋云城这古里古怪的轮椅，竟能够在如此险峻的石阶上如履平地，这就不说了，宋云城竟还能够不借助一点光亮，就这么操控轮椅往前去，可见，宋云城对这一带是何等熟悉。李昂赶紧跟上，他丝毫不敢马虎，仍旧一只手扶墙，一只手拿着手机照亮。走上一段，他又听见宋云城的轮椅在前面一段地方停了下来。他知道宋云城是在等自己。想到自己这么一个年轻小伙，竟输给了一个年过花甲的残疾人，心中的气恼和丧气，实在达到了极点，可恨的是，他仍旧只能不紧不慢小心翼翼地走一步是一步。走完了下坡的一段台阶，宋云城又带着李昂曲里拐弯地穿过了一个院落，然后，又出门走上了一段朝上的台阶。李昂看到，宋云城再次毫不费力地操控着轮椅滚了上去。李昂叹一口气，擦一把汗湿了的额头，费劲儿地跟上去。

宋云城始终一言不发地在前面带路，走了约莫四十分钟，宋云城才将轮椅在一座燃着烛火的道观中停住。道观高高的祭坛上，供奉着一个老人的塑像，然而，并不是真武大帝，也不是吕洞宾，或者张三丰。李昂打量着塑像，老人相貌清癯，穿一身藏青色道袍，留着一部漂亮的长须。那长须似乎是用真人的胡须或者马尾之类的东西做的。

“我爸呢？你把我爸藏哪儿了？”李昂质问宋云城。

“你爸？他自己会走，我……我……哪里藏……藏得住他？”宋云城摇了摇头。

“你怎么骗人呢？是你说让我跟你来。”李昂道。

“我是这么说。但我说……说……让你跟我来……见……见你爸了吗？”宋云城道。

李昂一想，刚才宋云城确实没这么说，是自己会错意了，焦急起来，该怎么才能找到父亲呢？跟着宋云城走了这么半天，他越发认识到这地方的大了。

“你放……放心，你爸好……好着呢，肯定比……比……比我……好！”宋云城瞥他一眼，驱动轮椅，在塑像前戛然停住。不知什么时候，宋云城手上已经多了三炷小拇指粗细的香，凑在烛火上点燃了，握在手中，朝着塑像恭恭敬敬地拜了三拜，将香插在了塑像前的香炉里。仰起脸，喃喃说道：“师傅！师傅！”

李昂吃了一惊，莫非这老人就是倪先让？

只见在摇曳的烛火映照下，老人的一部长须不时被门口吹进的微风拂动，飘飘然，给人仙风道骨之感。李昂猛然感觉到，这老人他曾经见过……可是，在哪儿见过呢？他绞尽脑汁，将自己从小到大的经历像翻画片一样在脑中快速地翻了一遍，忽然想到，这老人正是几个小时前在紫霄宫见过的老人！他仰望着塑像，又不确定了，似乎又不像，紫霄宫见到的老人比之塑像，清瘦了许多，到底……

"发……发……什么呆！"宋云城回头斥道，"还不过来……上……上……上香？！"

"他就是倪先生？"李昂道。

"什么……倪……倪……你应该喊他……师……师祖！"宋云城喝道，"李方儒跟他……学……学……画画，你又跟李……李方儒学，你不该叫他……他……他师祖！"

宋云城苍白的脸涨得通红，说这一番话，似乎花了他很大力气。

"是。"李昂本欲驳他两句，抬眼看看老人的塑像，又想起父亲给自己讲过的老人的故事，以及老人最终竟然被自己的徒弟宋云城害死的悲惨结局，各种复杂的情感在心中缠绕着。瞪了宋云城一眼，心想，你倒是会假惺惺！可还是上前拿了三炷香，点燃了，恭谨地朝老人拜了三拜，将香插在了香炉中，和宋云城刚插下的离开一点距离。

宋云城操控着轮椅，嘎吱嘎吱地掉过头来，面对着李昂。

"李方儒……是不是……"宋云城犹豫着，低下了头，想了一想，又抬起头来，眯缝着眼，觑着李昂，道，"他是不是跟你……说……说……说我很多……坏话？说我害……害死了……师傅？"

李昂想不到宋云城会如此单刀直入地询问，稍作迟疑，昂然答道："难道不是吗？"

宋云城哈哈苦笑了两声，摇了摇头，又哈哈笑了两声，歪过头，凝视着神坛上的倪先让。香燃烧发出的烟腾腾上升，朦胧了塑像，越发让他看起来飘飘若仙了。

“我就想到……是……是这样！”宋云城瞅着李昂，“你说，会有哪个……凶……凶手，会将自己……害死的……的人……供奉上……三……三十年！”

“那凶手假惺惺也未可知吧！”李昂瞥他一眼，气愤地说。

宋云城看看李昂，又哈哈苦笑两声，调整了一下轮椅，仰望着倪先让的塑像，叹息道：“师傅啊，师傅！你……听……听……听听！你在世时，总说我嫉妒……嫉妒师弟，你看看……看看他，都……都……都做了些什么！”说着，竟有两行泪滑落了脸庞。

见此情景，李昂一时没了主意。在他看来，宋云城这样子不像是装出来的，那么……难道父亲讲的故事有不实之处？一定不会！他心中只要浮现出一丝对父亲怀疑的声音，便会有另一个更加强大的声音跳出来，将前一种声音打压下去。

“年轻人，”宋云城盯着李昂的眼睛，说道，“听了你爸爸的……故……故事，还愿意……听……听我也讲一个……故……故事吗？”

李昂想到了，宋云城所讲，肯定和父亲跟他讲的不一样，要不要听？他本想说不听，可终究年轻气盛，禁不住好奇心驱使，点了点头。

宋云城也点了点头，说道：“好！至少你不……不……偏信一方。年轻人，你要记住，兼……兼听……则明。”

虽被夸赞，李昂内心里并不觉得有什么可高兴的，反倒微微哼了一声。

宋云城也不在意，示意他到神坛下面搬一把椅子过来。李昂搬了一个半公尺高的小几，搁在宋云城对面，坐在上面，一抬头就能看到倪先让的塑像。

不知宋云城怎么弄了一下轮椅，轮椅左边的扶手顶端啪地一下弹开，露出一个小洞，宋云城从小洞中取出一个小小的青瓷葫芦，揪开红红的塞子，倒出一颗紫色的药丸在手上，一扬手，一昂脖子，将药丸吞了下去。他一只手捏着葫芦，低了头，喉头上下动了好几下，这才将重新将青瓷葫芦塞进了轮椅的扶手中，盖上了盖子。

宋云城仰起头来，刚刚还苍白得如同纸张的脸，此时有了一抹血色。

“好……”宋云城大大喘了几口气，沉吟道：“就从我和你爸一起跟倪先生学艺开始讲起吧，想必关于倪先生的生平你爸给你讲过，这部分，他也没必要撒谎。”

“你怎么不结巴了？”李昂吃惊地打断了他的话。

“谁告诉你我是结巴！”宋云城狠狠瞪了李昂一眼。

李昂咧了咧嘴，确实没人告诉过他宋云城是结巴，他不过是凭借着自己的观察判断罢了，或许宋云城得了什么病吧？那青瓷葫芦里的药丸就是用来克制这病症的。

“你看，你刚刚听我说话结巴，就以为我是结巴。”宋云城的语气缓和下来，“别的事情也一样，你的第一印象未必就是对的。是不是？”

李昂默然不语，心想，他说的这话倒也在理。

宋云城见他不说话，回头瞥了一眼倪先让的塑像，说道：“倪先生原本是学贯中西的大画家，后来，因为感情问题、家国问题，等等，心灰意懒，到武当山出家当了道士。后来机缘巧合，在武当山碰到了一位老道士，跟着这老道士进一步学到了不少中国传统绘画的技法，以及古画揭裱等方面的知识。倪先生天资聪颖，又肯花工夫，很快，就在绘画上达到了一个全新的境界。然而，倪先生早已不想染指世俗社会的功名利禄，也失去了曾经在绘画方面创新突破的雄心，只想着，要守法。在这时候，他觉得守法更加重要了。

“我和李方儒——也就是你父亲，是怎么认识倪先生的呢？我不知道你父亲有没有如实讲给你，我也不来问你了，我就如实按照我的经历讲给你听吧。当然了，你可以不相信我说的话，但总不能不相信我的经历吧？”宋云城淡淡一笑，脸颊上露出刀疤一样长长的刻痕。这在他年轻时候，应该是酒窝吧，如今皮肤松弛了，笑起来就成了刀疤一样的玩意儿。李昂暗想。

李昂点了点头，瞥了一眼倪先生的塑像，说道：“我想，您总不会当着倪先生的面，欺骗我这样一个后生小辈吧？”

宋云城也抬头看了一眼塑像，抿着嘴，缓缓地点了点头。

“文革之前，我和你父亲都是上海一所美术学校的学生，而且，是同班同学，是很好的朋友。我们跟的那位老师，就是倪先生的学生。其实，他对倪先生的崇敬几乎到了无以复加的地步，上课常常跟我们讲倪先生的故事。我们都知道，倪先生在武当山出家当了道士。那时候，我们都有个想法，要是能得到倪先生的指导，哪怕得不到，能见到他一面，那真是天大的乐事。后来文革开始了，学校也不上课了，我们参加了大串联。参加大串联的有很多老师和学生，未必都是红卫兵，也有一般的学生，我和你父亲，就是一般的学生。那时候，很多人选择了进京去见毛主席，我和你父亲没有。我有个朋友在长办——就是现在的长江水利委员会——工作，他随单位到了丹江口水库，约我去玩儿。我跟你父亲一说，他来了兴致。我们不约而同想到了倪先生，丹江口水库就在武当山边上。我们商量了一下，就去找我那位朋友了。我们没有一定要在武当碰到倪先生，更多的，只是想着到武当来游山玩水，然后画些素描。

“那时候参加大串联，乘坐交通工具和吃饭住宿都是免费的。我们稍作准备就出发了。路上花了几天时间，我们才来到了十堰，又花了一段时间，才来到丹江口水库工地找到那位朋友。那年是1966年，文革已经迅猛展开，但对于不少基层来说，还算是平静的。而且，丹江口水库正在紧张施工，长办在工地设立了设计代表处。我们到来后，因为顶着大上海的名头，又会画画，给不少人画了肖像，很受一些年轻人的欢迎。大家都知道武当山就在丹江口坝址附近，但大家都没去过。我和你父亲对大家鼓动了几次，大家的热情越发高涨了。后来，代表处团支部就打算五四青年节组织团员和一般青年去玩一下，但在当时，单纯组织旅游还是不合适的，于是你父亲出了个主意：组织民兵到武当山拉练。

“汽车只能开到武当山脚下的草店镇，那时天色还早，大家兴致又高，就背了背包，扛了枪，开始登山拉练。登山途中，我们看到很多红军的标语。我们了解到，上世纪三十年代，贺龙曾经到过武当山，他将红三军的司令部就设在了紫霄宫。据说那时候贺龙和武当山龙门派第十五代传人徐本善关系很好，还向他学习武当拳。解放后，贺龙还曾致电湖北省委统战部，询问武当道人的情况，国家体委曾邀请道人去北京表演武当拳。

“那天晚上，就住在展旗峰下武当建筑群中最大的紫霄宫，住的是西道房。那房屋多年没有粉刷了，白墙上有着历年游客的涂鸦，有一条还是国名党的一个训练班留下的。但我和你爸都发现，在这些涂鸦之间，有着模模糊糊的痕迹，似乎是漏雨留下的痕迹，又似乎不是。隐隐约约，可以从这些模糊的痕迹上看出一些图画来，又看不全，因为这些痕迹彼此之间交织在一起，在绝大部分地方连成了一片，恰如用水将墙一再泼湿。但凭着本能，我们还是感觉到，这些线条当出自有着深厚功底的国画大师之手。不过，除此之外，那就是一个空荡荡的屋子，我对此也就没太当回事儿，就觉得武当历史上有过、

又来过那么多名人，谁在墙上留下点儿墨宝，是完全可以想象的。[注]

“我和你父亲不像大多数人那样去看风景，我们随意地在各处房屋间走动，不觉来到了正殿，看到了不少线装书随意地摆放着。有三四个老道士在默默地整理着书籍，我们走进去，只有两个道士略微抬了一下头，瞥我们一眼，又低下了头去，恍若没我们这两个人。

“我们在大殿里走来走去，这边看看那边看看，其实也没什么可看的。后来就跟那几个老道聊天，我们问什么，他们就答什么，但都含糊其辞，说话又慢吞吞的，带着浓重的地方口音，我们听不大清楚。也就聊了半个小时，我觉得无趣，就离开了，你父亲也跟了出来。在山上待了两天，我们就随着拉练的队伍下山来了。快到山脚时，你父亲却忽然拉住了我，问我说，有没有注意，跟我们聊天的道士中最年轻的那一位。我说，哪一位？你父亲说，就是一直低着头，登记书目的那一位，其他老道大概都八九十岁了，他最年轻，大概七十多岁。我说是么？这我还真没注意。你父亲又说，他在我跟老道们聊天时候，一直在观察那位道士，他自始至终没有抬起头看我们一眼。看得出，他神情郁郁，心无旁骛，执笔的手上，有着点点滴滴的墨迹和色彩，显然是作画留下没洗掉的。我啊了一声，吃惊地看着你父亲，说道，他不会是倪先让吧？你父亲很肯定地朝我点了点头。”

“竟然是这样？”李昂拧着眉头，问了一句。

“就是这样。”宋云城点了点头，说道，“你父亲表面上给人很沉静的感觉，似乎还有些愚，他曾经说过，他以后要将自己的书房命名为‘痴黠居’，我就笑他，这名字真是十足地概括了他的性格，痴呆

注：参见shu_yanping的博客。

和狡黠，在他身上得到了完美的结合。”

“我爸的小店，确实叫做‘痴黠居’。”李昂承认道。

“看来，他对自己的这一性格确实很是得意。”宋云城略带嘲讽地笑道。

“‘痴黠居’这名字，本是许多传统文人常用的，你这样分析，不大公允吧？”李昂语含愠怒道。

“好，好，”宋云城微笑道，点了点头，“我们还是说故事，别的这些，我也不跟你辩驳。”

李昂默然不语，注视着宋云城。

这会儿，夜色正浓，有一两颗星浮现在遥远的天际。从空旷的大殿望出去，可以隐约看见金顶上的金殿。金殿屋檐上的景观灯射出的光亮，在夜色中微微闪烁。相比之下，此时的大殿暗沉沉的，几点烛火发出微弱的光亮，摇摇曳曳，随时都有可能熄灭的样子。

“说实话，你父亲在很多方面，都是我望尘莫及的。单说处事应变这方面，我是万万不及。你父亲跟我一说，我回想起来，果然那老道从未抬头看过我一眼，又似乎，他手上也真有一些墨迹。在你父亲说起这事儿之前，我几乎已经忘了我们到武当来的另一个目的是找寻倪先生。如今，你父亲一下子告诉我说，我们刚刚见到的就是倪先生。怎么办？我一点儿主意没有。但你父亲当机立断，说我们要留在山中，不跟朋友回丹江口水库去了。我说，那怎么行呢？朋友肯定不答应，再说，我们那儿吃饭睡觉去？你父亲摆了摆手，说朋友自然是不同意的，那便不要告诉他。至于吃饭睡觉，有什么好操心的，这么大个武当山，还没个睡觉的地方？那么多野果子，还能把自己饿死？我还犹豫不决，你父亲已经趁人不注意，拉着我偷偷溜了。

“…… ……”

“就这样，一晃半年过去了。山下的“文革”正进行得如火如荼，偶尔也有些红卫兵会上山生事。幸好，那时候金殿等建筑已经列为国家重点保护的文物，并没有受到多少损坏。尽管如此，武当山上的道士们还是很担心，生怕自己被当做‘四旧’给破了。大家活得都小心翼翼的，对山下的来人格外客气，也没出过什么事儿。哪知，这一天，出了大事了。道士们纷纷传说，倪先生被逮到山下去了。我一听，很是吃了一惊。虽说我对倪先生不像你父亲那样用心，但我对他毕竟是佩服的，加之相处久了，有了感情，我很焦急地去找你父亲，却哪里找得到。路上碰到了别的道士，他们也很焦急，告诉我说，你父亲得到消息后，早已下山救倪先生去了。

第十三章

“我和几个年轻的道士赶到山下时，镇里的广场上，正点着火把，开批斗大会呢。挤到人群里一看，诧异得无以复加，台子上正在批斗的竟然是你父亲！再一看，倪先生也在台子上，不过，只是戴了一顶高帽子，站在一旁陪着。你父亲怎么会被批斗呢？而且俨然成了这场批斗大会的‘主角’！我悄悄问身边的老乡，原来，不知道谁说出去的，山下革委会的人竟然知道了倪先生的底细，说倪先生在抗战期间私通日本，又说倪先生现在仍然是日本人留下的奸细。正在批斗时，你父亲在台下跳了出来，冲着台上正在批斗倪先生的小将们大声喊道，他是倪先生的学生，他知道倪先生是个好人，根本没做过他们说的那些事儿，他们那是红口白牙污人清白。小将们大怒，抛下倪先生，将你父亲揪了上去，对他拳脚相加，又说他是倪先生的同党，要他老实交代。

“你父亲不承认，反倒大声叫骂，连带那些小将的爹妈都骂进去了。那些小将哪里受过这等侮辱？被他们批斗的人，就是拒不交代，也只是默默地接受批判。你父亲的举动无疑将他们惹恼了。拳脚和裤带，一起朝你父亲招呼过去，你父亲还是连声大骂，又一再喊道，倪先生是好人。我和武当山上的道士们赶到的时候，看到的正是这情形。我们看到，你父亲的两只手绑缚着，被吊在横梁上，浑身都是血了，仍旧骂声不断。那时，我们看着真是心疼哪。都暗暗想，你父亲再别骂了，那就能少吃一点儿苦头了。人群里有胆小的女人，已经哭起来了。我看台子上，倪先生站在一旁，眼睛一眨不眨地盯着你父亲，看那神情，也是被你父亲的行动震惊了。

“那天晚上，你父亲一直被吊到十二点，批斗的人都觉得无趣了，才宣布大会结束。看到我们，就说，让我们把你父亲和倪先生押回去，好好看守，好好教育，过些时候，还要批斗。我们一听，真是求之不得——我说的求之不得是指可以立马把他们救回去了。小将们一走，我和一起去的几个道士赶紧把你父亲放下来，跟老乡借了一副门板，连夜将你父亲抬上山。那时候，你父亲已经晕过去了。我们一路上不敢停歇，一步紧跟一步往山上赶，半路上，又遇到了下山来接我们的人，十几个人轮替着，却也差不多天亮了才赶到紫霄宫的西道房。许多人忙这忙那，有的打来了清水，有的拿来了武当配制的药丸，有的拿来了包扎伤口用的纱布，有的在熬滋补身体的粥和补药。大家都传说着你父亲在山下的壮举，若不是他将批斗的方向引开了，倪先生怎么可能一点儿苦头不吃就能回来？倪先生静默地守在你父亲身边，始终紧锁着眉头，你父亲呻吟一声，他脸上的肉就抽动一下，显是对你父亲极为关切。

“奇怪的是，你父亲并没有受到大的创伤，样子看着挺吓人，不过都是些皮外伤，不到一个月就完全好起来了。当时我们只是瞎高兴，却没人想想这背后有什么不可告人的秘密。”宋云城哼了两声，又叹息道，“你父亲真是胆大心细啊，敢于这样拿自己的身体开玩笑。”

“你什么意思？”李昂皱了眉头，问道。

“后来我才知道，这一次的事件，是你父亲一手策划的。是你父亲将倪先生的身世透露给了山下的人，是你父亲让他们上山来逮了倪先生下山，也是你父亲，和山下的人设计出了那样一场感人肺腑的苦肉计。”宋云城两眼精光射出，死死盯着李昂。

“你这样说，有什么根据？就算是我爸能把倪先生的身世透露给山下的人，我父亲也没那个能量跟山下人串通了演一场苦肉计，你说这样的话，不像是在编故事吗？”李昂冷笑道。

“你以为我一直待在武当山，什么事也没做吗？我会问人，也会有人告诉我。既然你不信，那也随你，我接着说吧。”宋云城淡淡一笑。

“你父亲养伤过程中，倪先生每天都会去看他，只是不说话。他一直像个哑巴，无声无息地出现在我们身边，而且，脸上始终是那种不悲不喜的表情。知道你父亲好起来了，他也没说一句话，连一声谢谢也没说。

“你父亲又要去西道房画画。我劝他别去了，他不听。那晚上，我怕他还没好利索，也跟着去了。我帮他拎了小桶，他蘸了水往墙上涂。倪先生则在另一面墙上涂抹，这样过了一个小时，我看到你父亲所画的画出了一些问题，这时，我就听倪先生长长叹了一口气，将毛笔往小桶里一扔，转过身来，说道：‘今后，你跟我学画画吧。还有你。’倪先生指了指我，说：‘你也一起吧。难得你们有这样的心。’我至今记得，你父亲当时的反应。我看到，他身体抖了一下，脸上呆呆的，像是没听明白，但这只持续了很短的一刹那，你父亲也将毛笔往小桶里一扔，噗通一声跪倒在倪先生面前，朝倪先生磕了三个头，喊道：‘老师！”看到你父亲这样，我也只好懵懵懂懂地跟着跪下。我看到倪先生平静的脸上淡淡地浮过了一丝笑意。

“这以后，你父亲和我就跟着倪先生学画。倪先生果然了得，给我的感觉是，天底下的画和画家，无论是西方的还是中国的，没有他不知道不了解的。说实话，那时候我和你父亲的修为，实在配不上给倪先生这样的老师当学生。他比我们高得太多了，比我们想的还要高明太多。就像是一个天下知名的大学者，教了两个牙牙学语的小孩子。最初，我是欣喜的，感觉自己终于得窥天下绘画的堂奥，可不久之后，我就泄气了，感觉学得太吃力，感觉自己太蠢，本来想问的问题，也不敢问了。总觉得，不管问什么问题，总是太幼稚。也就生了偷懒的心，学得不那么上心了。可是你父亲不这样，他真是有种钻研的精神。嘿，他的性格就这样，认准了什么，不达目的誓不罢休。我和他呀，真是差远了。”

李昂听宋云城又是摇头，又是叹息，也不说话，只是默默听着。

“讲了这么多，是不是和你父亲讲的很不一样？”宋云城方抬起眼来，定定地盯着李昂。

此时，李昂心里已如翻江倒海，不知该如何应答。父亲竟是这样一个人？不可能。自小跟父亲学画，俗话说，学画如做人。父亲严谨的作风伴着自己一路以来的成长，绝不可能！想到这里，李昂索性也就不作答了。

“这中间学画的事儿，也没什么好说的，无非是寒来暑往罢了。那些威胁说还要上山来抓人的人，也再没影踪。整个文革期间，武当山作为道教圣地，受到的侵扰毕竟没有山下的凡尘俗世多。”宋云城歇了一口气，道，“值得说的，是文革结束后的那两年。那时候我和你父亲已经在武当跟着倪先生学了九年画了。山下的消息不断传来，先是说文革结束了，然后又说改革开放了，再后来，就听说各种文化行当，无论是文学、电影，还是绘画，都受到了十几年来从未有过的重视。听说，曾经被批得很厉害的一些书画家的作品，比如林风眠的作品，在拍卖市场上卖出了很高的价格。这些消息，你父亲和我，都是知道的。倪先生虽然不问世事，但我们会跟他说，他也有所了解。

“我还记得，那是1978年的冬天，武当大雪。倪先生把我们喊到跟前，跟我们说，让我们下山去吧。这实在很突然，但我听倪先生的语气，是没有回转的余地了。倪先生话不多，向来说一不二。你父亲非常难过，对先生说，不想下山，就想着在山上跟先生学一辈子。倪先生摇了摇头，仍淡淡地说：‘下山去吧。’又说：‘你们在山上待了这么多年，虽说学到了不少东西，但被你们叫了这么多年老师，我还是要再送你们一件东西。这件东西，有着我作为老师的许多秘密。你们跟我临摹了这么多年古画，心里一定有个大大的疑惑，那就是，我在什么地方看到这么多古画，对不对？当然有一些是我从朋友那儿看来的，但更多的，是到了武当才看到的。让我看到这些古画的，就是我师父。”

“有这样的事？我爸从没跟我说过。”李昂惊讶地说。

“怎么，相信我说的是真的了？”宋云城淡淡一笑。

李昂反应过来，不再说话。

“对于倪先生说的这件事，我和你父亲都是知道的，但我们从未问过他。他不说的事儿，我们向来是不会问的。听他说起，我和你父亲都吃了一惊，静静地听他往下说。倪先生说，所有的秘密都藏在顾闳中的《韩熙载夜宴图》中。很多人以为，这幅画在很久以前就丢失了，我们现在看到的，是宋人的摹本。其实，这幅画一直在宫廷之中，辗转流传到了武当，那位得到画的武当道人就是倪先生在武当遇到的师父。倪先生说，因为这幅画是他师父留给他的，他不能轻易送给我们，哪怕送给我们了，他也要留下一份摹本，为此，他临摹了两份，加上原来的一份真迹，总共三份，一齐放在我们面前，要我们凭借着自己的本事挑选出那张真迹。无论挑到的是真迹还是他临摹的，都送给我们。倪先生还笑着说，如果我们都没挑到，那他只好自己收藏了。

“那个夜晚，我一辈子都记得，还是在西道房，摆了三张桌子，每一张桌子上，都有一张《韩熙载夜宴图》。我和你父亲，都识得宋人临摹的《韩熙载夜宴图》，但我们眼前的，和宋人临的那张稍有不同，这也不奇怪，兴许是宋代那位临摹的人故意加入了自己的一些意趣吧。这样的事情，就是现在也是有的。我和你父亲都知道那幅画的价值，看得非常认真，这幅画前面看看，那幅画前面看看，直挑了整整一个晚上，直到晨曦照亮了西道房，我们才各自挑定了一张。倪先生看我们选定，一句话不说，卷了剩下的一张，走了。”

“我见过这张画，知道父亲很珍惜它。但直到前几天，父亲才告诉我这张画的来历，在这一部分，他和你说的，倒是差不多。不过，没跟我说这张画里有什么秘密。”李昂道。

宋云城摇了摇头，叹息道：“想不到，在这个问题上，他连自己的儿子也瞒着。”见李昂并不答话，宋云城继续说：“可是，事情没有到此为止。跟了倪先生这么多年，我熟悉他的脾气，他要你离开，你只能离开，要想再见到他，不过是自讨没趣。我拿了那张《韩熙载夜宴图》，起初当然是非常欣喜，但这时候，想的只是赶紧山下，这么多年，也该回去看看爹娘了。又想，还不知道山下真实情况怎样呢，万一还是那么乱糟糟的呢。我和你父亲商量好了，再在武当住一晚就走。这晚，我再去西道房，倪先生已经不在了。这是预料之中的，我就回去了。但你父亲不知道去哪儿了，一直到第二天清早，天色微明的时候，你父亲才回来，他一看到我就大哭起来，看他哭得那么伤心，我很是担心，问了他好几遍，他才止住了哭声，告诉我，昨天晚上，倪先生过世了。”宋云城神情黯然，几欲落下泪来。

“啊！”李昂惊呼一声，瞪着宋云城，等着他说下去。

宋云城连连摇头，又抬头仰望着倪先生的塑像，久久不语。只见两行清泪从他眼中滑下，在烛火映照下，两行泪水在他苍白的脸色衬托下，直如血珠子一般。

夜色正在渐渐散去，有鸟儿在远处的山林啼了一声，又啼了一声。

“我实在不敢相信，看你父亲那样子，又不能不信。即将回家的喜悦一扫而光，想起跟倪先生相处的九年时光，不禁悲从中来，哭喊着让你父亲带我去看倪先生。你父亲答应着，和我一边往山上走，一边告诉我，他昨晚在西道房没见到倪先生，就去找。这么多年，我们都不知道倪先生住在哪儿，但你父亲说，他其实暗暗跟踪过倪先生，早已知道倪先生住哪儿了，就一路找了过去，不想，发现倪先生趴在桌上，死了。我伤心欲绝，就跟着你父亲去倪先生的住处，可是，走到悬崖边，你父亲忽然转过头来问我，我的行李呢，我愣了一下，说在我们住处啊。你父亲嗯了一声，趁我不注意，一把将我朝崖下一推……”

“这怎么可能？”李昂惊得站了起来。

“不可能吗？那你说我的这一双腿，是怎么废掉的？”宋云城苦笑道，“你父亲以为，那么高的山崖，我这一摔下去，肯定是必死无疑。怎么会料想得到，我被几棵横倚出来的松树挡了一下，减了下坠的力道，只摔断了两条腿。”宋云城哈哈哭笑两声，又道：“我被人救下，养好了伤，又回到了武当。这时候我已经知道，倪先生确实死了，是被河豚毒死的。我大哭了几场。想想自己这副样子，就没再下山，而是留在了武当认真习画。这么多年下来，总算是体悟到了倪先生绘画的一些精髓。”

李昂从小几上站起，冷笑道：“你这谎话实在编得过头了。我父亲为什么要害死倪先生，又要害死你？”

“这都不明白吗？”宋云城道，“就为了那三张图啊！说实话，对于倪先生让我们看的那三张画，我并不能完全确信哪一张是真的，最后，不过是胡乱选了一张罢了。我以为，你父亲是十拿九稳选定了的。当你父亲试图杀死我以后，我才知道，你父亲也不能肯定哪一张是真的。我分不出真假，也就认了。你父亲哪里会认？他一定会想方设法把三张画都拿到。唉，我原本应该想到这一点的。幸好，我虽然没有想到这点，却因为考虑到将《韩熙载夜宴图》带下山不方便，在山上找了一个地方藏起来了。你父亲害死了倪先生，很可能拿到了倪先生的那幅画，——当然，他跟我说没有拿到——却找不到我的那一幅。他不甘心，在武当停留了许久。直到后来，有人怀疑倪先生中毒而亡，是有人故意加害，你父亲怕怀疑到自己身上，这才离开了武当。或许，还有一个原因，就是你父亲禁不住山下世界的诱惑，这才离去的。得知你父亲走了，我才结束了躲躲藏藏的日子。那阵子，我想，你父亲一定参透了那幅画的秘密，现在，我才知道，他也没有。”

李昂坐在小几上，呆了一般，心中各种念头飞转着：这些话，有几成是真的，有几成是假的？哪些是真的，哪些又是假的？他不相信父亲会杀人，可眼前却总浮现出宋云城描述的那些个场景。

“我知道你不相信，但你想想，如果是我害死了倪先生，又要加害你父亲，你父亲这次接到我的请柬，为什么会来？他不怕我设下陷阱害他？”宋云城凝视着李昂，“他之所以来，不过是想要借此机会拿到我保存的那一张《韩熙载夜宴图》。他其实一直都在怀疑，他手头的画是假的。这么多年，我一直隐姓埋名，他一直找不到我。如今我主动送上门了，他岂有不来的道理？”

李昂思索着这些话，问道：“如果真像你说的那样，那你又为什么敢邀请我父亲？就不怕他再加害你？”

“我怕了大半辈子了，”宋云城叹息道，“说实话，我现在也怕。但你父亲也不可能为所欲为，是不是？我想，或许我活在这世上的日子也不多了，我想做个了结了。这次请你父亲来，就是想跟他说，希望他能将本属于倪先生的那幅画交出来，我将它在倪先生塑像前烧化，以告慰倪先生。至于你父亲愿不愿意向我道歉，那也是勉强不来的了。”

李昂想起，父亲说到这次之所以来武当，为的就是让宋云城交出原本属于倪先生的那一张《韩熙载夜宴图》。两人在这一点上，竟是相同的，想起了宋云城给父亲写的那封信，说道：“你不是在信里说，你已经参破了《韩熙载夜宴图》的秘密了么？”

“那是骗你父亲的，我若不那么说，他怎么肯到武当来见我？虽然，他知道来武当会很危险，可是，只要我那么说了，他肯定会心痒难挠，最终还是会来的。”宋云城苦笑道。

“这么说，你并没有参破那个秘密？”李昂道。

“哈哈，”宋云城笑了两声，说道：“这个嘛，暂时还不能说，明天你就知道了。”

李昂一时理不清头绪，只想着尽快摆脱这一切，也不想去深究宋云城究竟有没有参破那个什么秘密了，斜睨着宋云城，说道：“你为什么要跟我说这些？要我大义灭亲？”

“我没这么说。你也大可不必相信，你只要知道，我并不像……像……你父亲说的那……那么……坏，就行了。”宋云城大口喘息几声，脸色变得格外苍白，又开始结巴了，“而我之所以告……告……告诉你这……这个秘密，是想请你……帮……帮……帮我。”

“帮你？”李昂拧了眉头。

“帮……帮我……照……照顾依云。”宋云城仰起脸望着李昂，一脸求恳的神色。

第十四章

天色微明了。

满山的鸟都在啼，啼了一阵，却又忽然哑默了。莽莽苍苍的大山，益发安静了。

“照顾依云？怎么照顾？”李昂想起那个有些呆傻的女孩儿，心头不禁涌起一丝怜惜。

“你该看……看出来了，依云的精……精……精神有些……问……问题。”宋云城吃力地说，“是我害……害了她。”宋云城眼中含泪，一脸的悲戚。

李昂有些莫名其妙，又不知从何问起。

“算了，算了，你是……是……李方儒的儿子，算了。”宋云城黯然道。

“对了，我爸呢？”李昂这才想起问父亲的情况。

“他……我不知道。”宋云城道，“你爸前夜就走了，后来又被袁楚找回来，谁知道他昨天晚上会不会走？”

“找回来？”李昂笑道，“你倒说得好听。”

宋云城不说话，像是没听出李昂语气里的嘲讽。

这时候夜色消退了不少，依稀看得到大殿墙上画着两幅画，都是极古的画，一边画的是北魏的《九色鹿本生》，一边画的是《北齐校书图》。《北齐校书图》是北齐优秀画家杨子华的作品，其作品早已失传，如今传下来的是宋人临摹的，至于墙上这幅，大概是宋云城临摹的吧？另外一幅《九色鹿本生》，李昂印象更加深，他小时候看过动画片《九色鹿》，讲的就是这张画上的故事。有一瞬间，他忽然觉得，倪先让就是那头神秘的九色鹿，却遇到了宋云城这个忘恩负义的人。

“墙上这两幅画是你临摹的？”李昂问道。

“是。”宋云城点了点头，又说道，“倪先生生……生……生前，很喜欢……欢……这两幅画。”

李昂本想讥嘲他两句，忽然想起了一件事，说：“那我住的那个房间里，有两张临摹的画，《虢国夫人游春图》和《捣练图》，也是您临摹的吗？”

“不是，”宋云城机械地摇了摇头，“是依云临……临摹的。”

“怎么可能？”李昂失声惊呼。那两幅画，若宋云城承认是他临摹的，他尚且有几分不信，若说是依云那样一个女孩子临摹的，教他如何相信。

“你不信……信……信我说的，我也不……不……不……不强逼你。”宋云城轻声道，“哪天你自己去……去……去……问依云好了。”

李昂呆了一呆，眼前浮现出依云画画时专注的模样，惊叹不已。黯然道：“那我先走了。”

宋云城抬头看看他，又垂下了头，一缕缕晨曦从旧式门窗的空洞中射进来，照在神坛上，也照在宋云城身上，在明暗的强烈比对中，愈加显出宋云城的衰颓。李昂蓦地有些不忍，又想，可不要被他说的那一番话欺骗了，他和父亲说的话，究竟谁对，那也难说得很……忽地又想，这么说来，父亲说的也是有可能错的？对啊，小时候父亲给自己讲的那个关于学画的故事，他十几年来就一直信得实实的，可前一阵子，父亲不也告诉自己，那时候讲给自己的故事是假的么？父亲能说第一次假话，就能说第二次假话……心念及此，感觉心神恍惚，似乎这世上再没有什么事情可以轻易确定和相信，一时真是懊丧无比。也不再看宋云城，茫然地走出了大殿，沿着来时的路，拐出了院子。

李昂记性极好，昨晚在黑暗中走了那么多路，但他刻意记忆了，这会儿到了白天，仍旧能够想起。这一夜经了这么多事，他思绪有些乱，虽不用手机照明了，仍花了半个来小时，才走到宋依云所居住的屋子，他眼前浮现出那女孩子天真无邪的模样，还有，那总是低下了头、满脸羞红的样子。又想起跟她的约定，今晚要来看她。那时是为了不让她跟来，今晚能不能见到看她真说不准，不如这会儿去看看她。这就推开院门，走了进去。忽然，李昂被眼前的景色镇住了。院子虽然不大，却遍地种满了兰花。昨晚来时，只觉得有无尽的幽香，令人心神迷醉，早已猜到了是兰花。但这会儿，陡然间看到如水般澄澈的晨曦中，无数兰花闪动着紫色蝴蝶一般的花瓣，连成了如此巨大的规模，还是非常惊讶。此时的花香，又不同于夜里，一阵阵，熏得人有些迷醉，恰如喝了几十年的陈酿，就连步子，也有些不稳了。院子里寂寂无声。李昂走到昨晚看到依云的房间，空空荡荡的，没有人。环顾四周，想起昨晚的种种情形，李昂不觉微微笑了一笑，见那张《骷髅幻戏图》仍旧摆在桌上，他心念忽动，取过来，卷起了，却没地方藏掖，想了又想，只能仔细地折叠了，放入兜里。

整个院子没有一个人。李昂只得离开了，再往父亲居住的屋子走来。

父亲的院落也一样，空荡荡的没有一个人影。难道父亲真出事了？看宋云城那样子，又不大像。李昂有些自责，昨晚出来明明是找寻父亲的，结果竟在这山里胡乱兜了一圈，忙着听别人讲故事，把找父亲的事儿都忘了。他只能离开院落，重新由风门进入，一步步挨下山谷来。整座大山，晨光出现，大雾迷蒙，阒寂无声，李昂恍惚间，觉得自己走在一个漫长的梦里，身边的人忽然都消失了，心中顿生出难以摆脱的孤寂之感。

回到自己的院落，李昂推开自己的房门，却发现父亲坐在屋中。

“这么一整夜，你到什么地方去了？”父亲抬起眼看李昂一眼。

“我出门找你，没找到，爸，你没事吧？”李昂在父亲对面坐下来。

“能有什么事？我不过在这山里走了走。那你这一夜都到什么地方去了？”李方儒道。

本来，李昂经过了这一夜的种种遭遇，乍一见到父亲，看到父亲没事，满脸的欢欣，有无数的话想要跟父亲说。可不知为什么，父亲的态度是那么冷冰冰的，看自己的目光怪怪的。而他呢，也似乎对父亲有了一些距离，甚至于，在心里有些防备父亲。

一时之间，李昂竟不知该如何跟父亲叙说这一晚的种种遭际。

“你那张画哪来的？”李方儒问道。

“家里找到的。”李昂道。

李方儒盯着李昂，目光冷冰冰的像一把刀子。

“家里哪儿？”李方儒追问道。

“家里……家里你的书房里啊。”一瞬间，李昂脸上汗涔涔的。

“再往下说啊，我书房的哪儿找到的？”李方儒眼中的刀子扎到了李昂脸上。

“爸……这幅画……”李昂嗫嚅着。他从未见到父亲这副样子，他意识到，再也不能这样编下去了，不如干脆说了，“是我临摹的。”

“哈哈。”李方儒摇着头，凄楚地说道，“李昂啊，你真是长大了，长大了啊！”

李昂忐忑不安，心想着，那老人跟他说过的，不能说出画是他给的，怎么着，他也不能说到他。

“那画是你临摹得出来的吗？你接到电话到你上车，就一天时间，你能做出那样一张画来？”李方儒不断地摇着头，“你真是长大了，开始学会编谎话骗你爸了。”

“我没有……”李昂辩解道，——可我确实说了谎话，李昂暗想——“时间太紧，我是找一个朋友找的这张画，但他不让我说出他的名字。”李昂稍稍改了一点实际的情况。

“朋友？什么样的朋友能有这画？”李方儒道。

“就一个普通朋友，他爸爸是个证券公司的老总，说是收了不少古画，我一跟他说，他就找到了这幅画，就给我了。”李昂继续编下去。

“你这朋友倒真是慷慨啊！”李方儒冷笑道。他盯着李昂，明确知道，李昂骗了他，他的儿子竟然在这么重要的事情上骗了他。但他同时知道，李昂不可能跟他说真话了，也就不再逼问下去了。

关键是拿到那张画。李方儒暗想。

“这阵子，你是不是有很多话想问我？”李方儒岔开了话题。

“是……”李昂抬起头来，想了想，说道，“只是，不知道从哪儿问起。”

“那我一件件跟你说吧。”李方儒一扬眉，一道冷冷的光射出来，让李昂浑身一凛。

“袁楚，怎么是宋云城的女婿？”李昂道。

“这是他们的家事，我怎么知道？”李方儒道。

“是……”李昂看到父亲的目光，莫名地生出一种怯意。这时候，他竟然想起了宋云城跟他讲的那些事情来。

“你是不是见到宋云城了？”父亲微微拧了眉头。

“是……”李昂心中又是一惊。父亲怎么会料想到的？他思索着，是不是应该向父亲如实讲述宋云城告诉自己的那些。

“没事，他告诉你什么，你就直说吧，”父亲的语气异常平静，“当然了，你要是觉得不方便说，那爸也不逼你。”李方儒脸上露出一个泡沫般易碎的笑容。

“哪有什么不方便……”李昂听父亲说话的语气，看他脸上的表情，感觉越来越不对劲儿了。父亲从来没这么跟他说过话。转瞬之间，他就决定了，还是将宋云城跟自己说的如实告诉父亲。当下，将这一晚上如何去找父亲，又如何碰到宋云城，宋云城竟然是个瘫子，又竟然说话结巴，以及宋云城如何将自己引入一座道观，跟自己讲了和父亲所讲的完全不同的关于倪先生的故事，等等，几乎是事无巨细，都说了一遍。只是，将关于宋依云的段落省略掉了。

李方儒听着李昂讲，脸色一直平静，哪怕是后来讲到他如何将倪先生毒死，又如何将宋云城推下悬崖，他都不置一词。这反倒让李昂越来越心虚，总觉得自己做了一件莫大的错事。

“你相信他说的这些么？”听李昂讲完了，李方儒才淡淡地问了一句。

“不。”李昂说。但这句话，他说得实在没底气。

“我知道你的心里，其实是有三分四分、甚至七八分相信的。”李方儒道。

“不相信啊，真的，”李昂焦急地辩解道，“爸，我真不相信这些。是你让我讲，我才如实讲给你听的。”

“好，我相信你，”李方儒点了点头，说道，“想必你能想到，他们为什么要把我们分开住吧？那么多房子，为什么不让我们一起住下？”

“他们肯定是想让我们失去联系，这山里没信号，分开住，就很难再联系。”李昂道。

“你明白就好，”李方儒道，“我就怕你中了别人的圈套还不知道。我们是父子，现在我们处境凶险，打虎亲兄弟，上阵父子兵，只有你能帮爸爸。”

李昂点了点头，心想，父亲说的确实不错。

“既然你明白，我就跟你说两件事，”李方儒直视着李昂的眼睛，“第一，你知道我们住在了什么地方吗？”

“武当山，宋云城家里啊。”李昂不明白父亲为什么要问这个问题。

李方儒微笑着摇了摇头，道：“这儿确实是武当山，却不是宋云城家里。你见过哪一个人，有这样大的家产？就算他有财力建造这么多房子，也没财力将这样一大片山林悬崖都据为己有吧？”

这确实是李昂一直想不明白的。他原本想的只是，宋云城一定是靠临摹古画造假，赚了不少黑心钱，这才有能力建造这么多房子，竟从未怀疑过这不是宋云城的家。

“这儿，就是当年倪先生清修的地方，”李方儒说道，“在宋云城跟你讲的故事里，似乎所有事情都发生在紫霄宫附近，还有什么西道房，他为什么就不告诉你，倪先生是在这儿清修的？其实，是他在害死了倪先生后，才来到了武当山，找到了倪先生的清修的地方，希望找到倪先生手头的那张《韩熙载夜宴图》，又希望能够看透这张图的秘密，在倪先生清修的地方找到所谓的宝藏。在他看来，倪先生一定是将那些古画藏在了这些山林道观中间了。”李方儒说着冷笑了一下。

“竟然是这样……”李昂沉吟道，“那他说的那个什么秘密，真是实有其事吗？”

李方儒摇了摇头，叹息道：“这件事，我之所以一直没跟你说，是觉得没跟你说的必要，也是不想害你。为了这个秘密，曾经有多少人误入歧途！宋云城就是其中之一。这个秘密，确实一度流传于书画界。倪先生做了道士，隐居武当后，画艺大进，他临摹了一大批古画，不单临摹得没有丝毫破绽，就是在用纸、用墨等方面，也跟原画没有丝毫出入。这些画本来没人知道，但当年批判倪先生的时候，他临摹的一些古画被宋云城带人抄了出来。我跟你说过，宋云城本来就是学美术的，他大概知道一点这些画的价值，就将这些画偷偷卖到了市场上，宋云城渐渐才知道，倪先生曾经在书画界有过怎样的名望。当时有人推测，倪先生到武当后，不单得到了那位老道的教导，还得以看到一大批古画。若没有这批古画，他是不可能将临摹功夫做到这样极致的地步的。传说这批古画有近千张，都是名家的作品，有的有摹本在世上流传，更多的是当下的人们听都没听过的。而倪先生呢，只是拣世人见过的古画临摹，并没将所有的古画都临摹出来。到了后来，传说变得更离谱了，说老道留给倪先生的，还不止那样一大批古画，还有很多古董珍玩。老道将这些东西藏在了一个隐秘的所在，究竟藏在了在哪儿？答案就在那张顾闳中的《韩熙载夜宴图》中。这本是一个近乎无稽之谈的传说，但有不少人还是信以为真了。你想想，单是那么多古画，就可以说得上价值连城，何况还有那么多古玩珍宝？”

“我之前没跟你说这个，就是觉得这事情太无聊了，再说，我也担心你像宋云城那样，一门心思去想什么宝藏。”李方儒盯着李昂道。

李昂脸上微微一红。

李方儒接着道：“就是为了这个所谓的大宝藏，倪先生当年才被宋云城那样折磨。倪先生受折磨不过，才教他画画的。唉，谁想到，最后还是没逃过他的魔爪。”

不到一天时间，李昂又听到了关于倪先让的另一个版本的故事，心中的困惑实是难以言说。他忽地想到一件事，说道：“爸，你不是说宋云城是当年造反派的头头吗？他怎么会瘫痪了？”

李方儒目光锐利地瞥了李昂一眼：“看来，你还是不能完全相信我所说的。”

李昂神色尴尬，待要辩解，李方儒摆了摆手制止了他。

“那是他自作自受！当年他做了那么多亏心事，害了那么多人，后来，又阴谋害死了倪先生，有人气不过，就将他的两条腿打折了。”

李昂嗯了一声，低下头，不再言语。

“刚才我要跟你说两件事，刚才才说了一件，还有一件，”李方儒清了清嗓子，“你就不问问，我怎么不待在自己房里，跑到你这儿守了一夜？”

李昂看着父亲，一脸的疑惑。

“老乔——就是带我们进门的那个老头，跑去跟我说，你对宋云城的女儿行为不轨。”李方儒抬眼瞅着李昂。

“这……哪里有的事！”李昂满脸涨红，一下子立了起来。他万没想到，那个孩子一般的老人会说出这样的话来。或者，是父亲说谎？父亲怎么会说谎！这念头只在李昂心头一闪而过，就被他否定了。——自从昨晚听了宋云城的那一番话，他总是在潜意识里觉得，父亲是有可能说谎的。这让他感到害怕。——因为父亲不可能知道，自己昨晚碰到了宋依云。

“我相信你没做那样的事儿，”李方儒瞥了一眼李昂，说道：“但我为什么又来等你？我是担心你。”

李昂满脸羞愧，有些讪讪地重新坐回椅子上。

李方儒看着李昂。李昂却几乎不敢面对父亲的目光。这一刻，他告诉自己，父亲还是那个父亲，父亲并没有变，变的是自己。自己竟然因为别人的一番丝毫无法印证的话，就轻易在心里怀疑了父亲！

然而，当李昂抬起头来，看到父亲冷冷地看着自己，刚刚产生的念头瞬间又被击碎了。

父亲，永远不可能再是那个父亲了。

李昂和李方儒坐相对坐着，谁也不说话。

李昂内心里的失落，像雾气一样迅速地、不可遏制地弥散开。

这会儿，天色大亮了，有光从窗户透进来，照亮了屋子。墙上的两张画沐浴在阳光下，那画中的人物，面容生动，栩栩如生，仿佛随时都会从画中走出来。

“爸，你知道这两幅画是谁临的吗？宋云城说，是他女儿。”李昂说。

“笑话！”李方儒冷笑道，“他真是什么谎话都编造得出来，他女儿能有多大？临摹出这样的东西！虽说这两幅画，还有不少问题，但也算不错了。这些年，宋云城真算是苦心孤诣、用心良苦了。我们这几天，得防着他一点儿。”

经父亲这么一说，他越发觉得宋云城的话中有诸多不实之处。他也不怎么相信这两幅画是宋依云临的，要不然，太不可思议了。

有人在敲门。

在沉沉的寂静中，突然响起的敲门声，犹如一道光划破了黑暗。李昂和李方儒都侧转了脸，像是没反应过来似的，盯着门，一言不发。

敲门声又响了两下。李昂这才站起来过去开门。

老乔站在门外，微微佝偻着腰，一张脸皱巴巴的像是被揉皱了又展开的纸。

“宋老师请你去前院看画，”老乔只瞥了一眼李昂，语气生硬地大声喊道。这时，李方儒站了起来，望着老乔，老乔看到了，又喊道：“李老师原来在这儿，宋老师也请你到前院去看画。”说着，朝李方儒瞅了一眼，嘴角微微带着嘲讽的笑。

李方儒不说话。

李昂点了点头，说："就是昨天一进门的那个院子吗？"

"对！"老乔说，"两位不要乱跑，这山里房屋多，万一跑丢了，我们担当不起。"说着，转过身去，头也不回地走了。人已走出院子，院子里还嗡嗡嗡地回荡着他的声音。李昂想到他说这话当是针对自己昨晚上的行为说的，又想起他告诉父亲，自己对宋依云有不轨的行为，脸上烧热，同时，对老人有过的那一点儿好感，瞬间荡然无存。

第十五章

李昂和父亲跟着那老乔出了院门，沿着窄窄的山道缓缓而上。只见满眼苍翠，四下大亮，阳光如水一般倾泻在阒寂无声的山谷中，可丝毫感觉不到温暖，反倒给人一种清冷的感觉。没有鸟叫，也无虫鸣。落叶湿漉漉地铺在石板路上，李昂和父亲走过，脚下便发出一阵阵濡湿了的刷刷声。

走到一个拐弯处，李方儒停下来，指点着远处山坡上的一座几近坍圮的道观，说道："与倪先生离开后，我曾经来过武当一次，到过个地方。那时不过是一个草棚，现在道观模样的，应该是后来建造的。我曾想过，倪先生会不会并不像传说的那样过世了，而是到了这儿，隐姓埋名清修。我在这儿没找到倪先生，却发现宋云城已经早于我到了这儿。这么多年，他大概一直就在武当找寻倪先生可能留下的东西。"

"爸说的是倪先生那幅失踪了的画？"李昂道。

"也许是……"李方儒想到了什么，想了一想，又什么也没说。

他们不再说话，继续前行，一时寂静无声。七拐八绕，总算走到了原先的院落，却只见整个院子空荡荡的，除了几大盆仍旧开得恣肆的广玉兰，就是大片大片的水泥地。那座类似道观的大房子里，也不见一个人影。李昂和李方儒在院子里走了一圈，才看到老乔从一个边门走出来，大声喊道："这边！"

李方儒和李昂彼此看了一眼，朝老乔走过去，老乔也不说话，自顾自地往前走着。拐了几个弯，才来到一座小院子边。看到这座小院子，才让人感觉到身处现代。开了门，进入院子里，袁楚和宋云城，还有宋依云，已经等着了。

李昂看到宋依云站在宋云城身后，两手扶在轮椅背上。

李昂昨晚第一次见到宋依云，看到她年纪这么小，怎么也想不到她竟然已为人妇，而且，所嫁之人竟然是威逼自己来到武当的袁楚。这一打击，非同小可。此时看到宋依云，又看到袁楚得意的表情，李昂宁愿认定这一切都不是真的。

宋依云听到他们进来，稍微抬了抬头，看了李昂一眼，又迅速地垂下了目光。

“李老师，李昂，你们来了。我和岳父，还有我老婆，等你们多时了。”袁楚满脸堆笑，迎上来道。

当袁楚说出“老婆”这两个字时，李昂只感觉脑袋嗡地一下，眼前有那么一会儿，什么也看不见。仿佛有无尽的光在眼前，又仿佛只是无尽的黑暗。李昂呆呆地看着宋依云，宋依云只是低着头。

“画不是交给你们了吗？”李昂忽地有些恼，瞅着袁楚，质问道。

“是……是……”袁楚陪笑道。

“你要说那画是假的不成？”李昂进一步质问道。现在，他看到袁楚笑就感到恶心。

“不……没人这么说。小伙子别这么激动啊。”袁楚伸出手，想要拍一下李昂的肩膀。

李昂躲开了，瞪视着他处，问道：“那你既不让我和父亲离开，这会儿又把我们喊来，是什么意思？宝藏都归你们了，还不放过我们，难道要杀人灭口吗？”

“哎呀，李昂呀，”袁楚微笑着摇了摇头，叹息道，“你年纪不大，怎么处处把人往坏处想啊？”

“那你是说，我应该把你往好处想？”李昂睨了袁楚一眼，“别多费口舌了，说吧，让我们过来又有什么事？”

“老乔没跟你们说吗？”袁楚看了一眼站在一边的老乔，转而对李方儒说道：“李老师，你跟李昂别生气，我和我岳父请你们过来，真是想请你们来看看这两幅画。不都说，有福同享嘛。就是真有宝藏给我们找到了，也不能我们独吞啊，没有你们这幅画，我们哪里找得到宝藏呢，李老师，您说，是不是这个道理？”

李昂还想说两句什么，李方儒拦住了他，看看袁楚，又看看袁楚身后坐在轮椅上的宋云城，说道：“莫非师兄还未参透那画的秘密？”

宋云城微微拧着眉头，板着一张脸，说道：“我哪里及得上师弟心思机敏，老谋深算……这件事儿，还得仰仗你。”

宋云城盯着李方儒，那目光中有着压抑着的怨毒。

这时，宋依云抬起头，望向李昂，李昂一直盯着她，两人目光相遇，李昂目光里也有几分怨毒。但只一瞬间，他的目光就软下去了。他有什么理由埋怨宋依云呢？不管这桩婚姻是否美满，都已是既定事实，况想到之前宋云城拜托的活，李昂哪里还能恨的下去。

“岂敢，岂敢，还是师兄有大才啊，韬光养晦，运筹帷幄，这么多年来，竟能待在这大山中不问世事，想必师傅手头的那幅画，你也找到了吧？”李方儒丝毫不惧宋云城的目光。

“哼……师弟说这话，未免太抬举我了，那幅画……”宋云城还待说下去，却被袁楚很不耐烦地打断了，“爸，你就少说两句吧，别忘了我们请李老师和李昂来是为了什么，和气生财嘛，何必搞得这么僵，过去的事，别总放在心里了。”袁楚说着，微笑着看着李方儒，说道："李老师，您说是不是这样？"

李方儒没言语，微微闭着眼，沉默着。宋云城欲言又止，扭过了头去，不看李方儒。

"言归正传，我们来看看那两幅画吧……"袁楚招呼一直站在边上的两个手下，"守好门，谁也别进来。老乔，你也到门外去看着。"

老乔很不情愿地瞅了他一眼，没有动。

宋云城抬眼看看老乔，淡淡地说道："老乔，你到门外去看看。"

"宋老师……"老乔似乎很担心。

"我没事。"宋云城朝老乔摆了摆手，一副有气无力的样子。

老乔看了看宋云城，又看了看宋依云，说道："依云，你和你爸有什么事儿，就喊我，我就在门外。"

宋依云朝老乔露出一个没心没肺的笑，傻子似的。

李昂心里一疼，这才想起，宋依云是有些傻，心智还停留在七八岁小姑娘的程度，自己怎么能去责怪她呢？转而，就对宋云城和袁楚更多了一层愤恨。

老乔最后瞪了袁楚一眼，这才跟着袁楚的两个手下走了出去，并轻声关上了大门。

院子里安静得几乎可以听见阳光走动的声响。

袁楚回到屋里，拿出两幅画来，放在事先摆在树荫下的一张桌子上，将两张《韩熙载夜宴图》上下排在一起。

"现在就剩下我们几个人了，大家看看吧，能看出点儿什么。"袁楚道。

李方儒走到桌边，李昂也跟着走过去。

"李老师，跟你说实话吧，我和我岳父研究了一晚，已经有些眉目了，但还是想听听你和李昂的意见，毕竟两张画中有一张是你们带来的嘛。”袁楚说道。

李昂抬头瞅了袁楚一眼，心想，你这时候倒是会说话，明摆着你们什么也看不出来，这才会喊我和父亲过来。

“是么？”李方儒看了宋云城一眼，嘴角露出一个嘲讽的笑。宋云城扭着头，不看他，也不回应他的嘲讽。

李方儒绕着桌子踱步，目光始终不离开这两幅图。袁楚则看看画，又看看李方儒，目光中充满了期待。

“也许……也许……”李方儒沉吟着。

“也许什么？”袁楚有些巴结讨好地问道。

“也许这两幅画都是假的……”李方儒看着袁楚。

“不会吧？”袁楚愣愣地瞪了李方儒一会儿，俯下身子，拿了放大镜心急火燎地在两张《韩熙载夜宴图》上瞄来瞄去。

“不会，不会，”袁楚连连否认，“总不可能两张都是假的。”

“有什么不可能的？你岳父没告诉过你吗？这《韩熙载夜宴图》一共三张，当年除了我和你岳父各自拿走了一张，我们师父还拿走了一张，没准儿，师父他老人家拿走的那张才是真的。”李方儒摇摇头，苦笑道。

“不可能，不可能啊，哪有那么巧的事儿？”袁楚很不甘心地说。

“有什么不可能的呢？师父总归是师父，我和你岳父啊，加起来怕都及不上师父他老人家的一个小指头。”李方儒叹息道。

“嘿嘿……”宋云城也摇头道。

“不可能……”袁楚仍旧不能相信，只是一个劲儿摇头，一个劲儿盯着两张画看。忽然，他抬起投来，恶狠狠的目光依次从李方儒、李昂、宋云城和宋依云脸上划过。在每一个人脸上，都停留一会儿，似乎要攫取每个人内心的所思所想。

“你们谁也别想骗我！”袁楚道。

四人不去接触他的目光，都不说话。

“你们都认定了这两幅画没有一幅是真的吗？”袁楚语气里带着威胁。

众人仍旧不说话。

“那好，那好”袁楚重复道，“既然你们都认为画是假的，又何必留下？我看，这两幅画就撕了吧。”袁楚说着，拉起一幅画，撕了下去。

“啊！”众人一齐惊呼。谁也没料到，袁楚会来这一招。

“别，别撕。”宋云城忽然恼道。

“对，别撕，你先放下，我们再看看……”李方儒也慌忙说道。

袁楚并没放下画，两只手捏住了画，慢慢地使着劲儿，眼看宣纸已经扭了起来，眼看着已经有了裂口，那裂口还在不断扩大。

“你给我放下！”宋云城急得抓住了袁楚的一只手。

“放下！快别撕了！放下！”李方儒也按住了袁楚的另一只手。

袁楚的手停住了，他看看宋云城，又看看李方儒，忽然哈哈一笑，放下画，抓住了两人的手，将两只手叠在一起，使劲儿握了握两只手，说道：“这样才对嘛，和气生财嘛，你们要是不告诉我哪张画是真的，我可真要撕画了。”

李方儒和宋云城的手被迫握在了一起，彼此看看，两人脸上都有几分尴尬。

袁楚放下了画，说道：“各显本事吧，希望今天有个结果。”又朝李昂和宋依云看了看，说道：“你俩也别闲着，我知道你们年纪虽然不大，鬼心眼可不少。老婆，你不也会画画吗？你帮老公好好看看。”

“看什么画？哪儿有画看？”宋依云圆睁着两只眼，一副懵懂的样子。

袁楚看她一眼，鼻孔里哼了一声，不再理会她。

李昂看看宋依云，又看看袁楚，感觉有些不大对劲儿。再去看宋依云，宋依云却扭过了头，望着不远处的一小丛灌木，那儿，两只小小的麻雀叽叽喳喳叫着，嬉戏着。

李方儒和宋云城两人作出一副下功夫的样子，然而，看了一阵，并没有什么结果。李昂本不愿去看，他对什么宝藏没有兴趣，也知道袁楚撕画的举动不过是吓吓大家，但这么傻站着，实在无聊之极。加之他本就喜欢画，想到两幅画摆在一起，竟然让父亲和宋云城这样的临摹高手都分不出真假，自是心痒难挠。他禁不住看了看，一眼过后，已是欲罢不能。

这两幅画，无论从画面上来看，还是从用纸、用墨上来看，都是一模一样。虽然分别保存在不同人手里这么多年，但因都受到了细心地呵护，在品相上，也没什么区别。

李昂围着画，走了一圈，又走了一圈，始终没有头绪。李方儒也围着画一圈一圈地走。就连宋云城，也操控着轮椅，一圈圈地绕着画。袁楚站在一边，目光不停地在三个人脸上跳跃，生怕放过了谁脸上一分一毫的表情变化。

只有宋依云站在圈外。她没有再跟着父亲，她的目光不断地追寻着院子里出现的新鲜事物，比如一只暂时停留在树枝上的小鸟，或者，一只躲藏在树叶背后的螳螂。偶尔，她才会转过目光，看看围着画转的几个人；偶尔，目光会定在李昂身上，显得忧心忡忡的样子。

时间的脚步沙沙沙地从宣纸上踱过去。李方儒和宋云城，仿佛又回到了当年师父让他们挑画时的情形。那时候有三幅画供他们选择，他们难以抉择；现在有两幅画让他们判断，他们仍旧拙眼昏花。渐渐地，李方儒和宋云城都开始呼哧呼哧喘息，脸上渗满了汗珠，两人的上衣都已经被汗水濡湿了，蜡黄的脸色如金箔一般闪着光亮。

一阵微细的风轻轻吹过，院子里，有树枝悄悄地晃动了一下。忽然，李昂停住了脚步。微风像一只温柔的手，从两张画和桌子的缝隙间钻了过去，将两张画稍微抬了抬。下午的阳光移到了画上，从抬起的地方穿了过去。

“我……知道了。”李昂说。他发现自己的声音有些异样。

“啊？”李方儒和宋云城一起停了下来，惊异地瞪着他。

李昂又看了看画的那个部位，抬起眼来，看看父亲，又看看宋云城，看到两人生了一场大病似的腊黄脸色，且满脸满身的汗水，他有些纳闷，下意识地抬手抹了抹自己的脸，这才发觉，自己也像他们一样，满脸的汗了。又一阵微风吹过，他身上一凉，不禁浑身一颤。我竟然也像他们这样痴迷，他想。

“你知道什么了？”李方儒和宋云城见他久久不语，不禁焦急起来，一起问道。

“当然是知道哪张画是真的，哪张画是假的了。”李昂有些疲倦地说道。

“快说啊你，哪张真，哪张假？”

“都是假的。”李昂道。

“啊？真的都是假的？”这次，首先发问的是袁楚。

三人的目光都齐刷刷地在他脸上聚焦。

“但也都是真的。”李昂沉着应道。他的目光停留在画上。

“都是真的？”袁楚脸上露出欣喜之色，但仍旧有些疑惑。

“这是什么话？哪有又是假的又是真的的道理？”李方儒拧了眉头，责备道。

“确实是这样，”李昂喘息了一口气，一副十拿九稳的样子，“这两张画，都是揭裱得来的，每一张画身上，都有一部分真画，又都有一部分添笔。”

“胡说！”李方儒斥责道，“真是胡说八道！难道倪先生会给我们揭裱的画，这画是哪来的？总不成是倪先生自己揭裱得来的？倪先生一再强调，不许揭裱古画……”

李方儒虽然这么说，却忽然意识到，倪先生为什么一再告诫不允许揭裱古画，仅仅是为了不让他们损害古画吗？或许，他早就有所打算了，一再强调，是为了让他们压根儿就不会往那方面去想。李方儒感到一阵风吹过，身上冷冷地起了一层鸡皮疙瘩。

“你这么说……有什么根据？”宋云城气喘吁吁道。

“等我把画揭开来，重新合在一起，不就知道了？”李昂道。

“胡说！”这次，李方儒和宋云城一起叱道。

在李方儒和宋云城心目中，这两幅画都有可能藏有极大秘密，无论如何是不能损坏的。

“那就永远别想知道画里藏着的秘密了……如果不这样做就可以找到，你们一定早就找到了。”李昂无奈地说。

李方儒和宋云城都不言语了。两人内心里都在想，他们确实各自研究自己的那幅画多年，但时至今日，确实没有找到一丝一毫的什么秘密，估计再想下去，也不会有什么结果。但要他们同意揭裱这两张画，实在很难。

一时竟僵在这里，谁也不说话。

“你有百分之百的把握吗？”袁楚思索良久，盯着李昂问道。

“没有……但可以试试。”李昂道。

“笑话，那我怎么可能让你弄？”袁楚怒道。

“不做，就什么秘密也得不到；做了，就有可能得到。当然，也有可能得不到……”李昂的目光始终没有离开画幅。

袁楚不做声了。

“李昂，别乱出主意，你要是弄坏了这两幅画，对得起老祖宗吗？”李方儒说道。

李昂不说话，仍旧盯着画。

“嘿嘿……想不到师弟你生出这么一个没谱的儿子……嘿嘿……”宋云城瞅着李方儒，嘲讽道。

“你生出的女儿也好不到哪儿吧？傻瓜一个！”李方儒道。

“你！”宋云城气得两只手撑住轮椅的扶手想要站起来。

“别吵了！”袁楚呵斥道，“你们俩就不能消停一下吗！”

两人顿时没了声音。各自气鼓鼓地沉默着。

“揭裱就揭裱，”袁楚自言自语似的说，“李昂，你可得小心了。”

“真要揭裱？”李方儒和宋云城喊道。

“你俩闭嘴！”袁楚恶狠狠地喊道。

“小心什么？”李昂仿佛没听见他们的吵骂，目光始终盯着画，头也不抬地问道。

“小心别给弄坏了，否则，”袁楚哼哼两声，“你和你爸都别想回上海了。”

“你不用威胁我。”李昂抬起头来，盯着袁楚。其实，他心里想的是，若能留在这儿，能够跟宋依云朝夕相处，一起画画，一起……那该多好。他不知道还能一起什么，但这么一想，就已经足够让他怦然心动了。他的目光在院子里搜寻了一下，看到宋依云独自一个人蹲在阳光下的一小片草地上，在鼓捣着什么。李昂心里有些欢喜，又有些酸楚，她画画那么好，怎么偏偏是个傻子呢？还偏偏嫁给了袁楚这样一个人……

袁楚顺着李昂的目光看去，看到李昂盯着宋依云看，嘴角掠过一丝不易察觉的微笑。

“好，我相信你。”袁楚说道，“什么时候能弄好？”

“你以为是吃饭喝水么？当然不能马上弄好。这事儿怎么也得好几天。”李昂鄙夷地说。

“好几天？”袁楚沉吟道，“那不行，那肯定不行，我就给你一天时间，到明天必须弄好。弄不好，我就干脆把这两幅画撕了算了。”

“一天时间？你别开玩笑了，你爱撕画，你撕就是。反正画又不是我的。”李昂道。

“那怎么行？”宋云城道。袁楚瞅他一眼，并不理会。

“反正时间就这么多，你自己看着办吧。”袁楚盯了李昂的眼睛说道。

李昂低下头看画，好一会儿，抬起头来，说道：“好吧，一天就一天，明天这时候，我肯定把两幅画弄成一幅画就是，至于弄成什么样，我就不管了。”

“胡闹，简直是胡闹！”李方儒气得想要拍李昂一巴掌，“什么都不管，你怎么可以揭裱古画？”

李昂看到父亲气成这样，终究没忍住，说道：“为了这几幅画，你们这么争来争去，争了一辈子，那还不如赶紧有个结果，好有个了断。”李昂还想说，其实他就是想把这两幅画毁了，让你们谁也争不成。

李方儒不再言语了，有些惭愧地掉开了视线。

“那现在就开始吧。”袁楚说道，“吃的东西，我让人送来。”

“好。”李昂很爽快地应道。李昂内心里并非想帮袁楚找什么宝藏，只是对书画的爱好，还有强烈的好奇心，让他忍不住想对这两幅画藏着的什么秘密一探究竟。

这一夜，五个人一直待在这座院子里，谁也没有离开过。揭裱需要的浆糊、麝香、花椒等，还有几个人的饭菜，袁楚都让人送进来。袁楚和李方儒、宋云城一直目不转睛地注视着李昂，各有各的紧张担心。大家都累得够呛，但谁都不肯去睡，已是深夜，唯独置身事外的宋依云在裱画桌子旁的躺椅上睡着了。李昂一直专注于手头的工作，偶尔抬起头来，看到宋依云安静地靠在躺椅上，一脸的平静和单纯，心里竟有些暖，感觉就像在自己家里。只是这点分心稍纵即逝，李昂迅速收敛心神，继续工作。

第二天午后，李昂成功地将两张画合二为一。

《韩熙载夜宴图》的最后一部分，画上的众人都在注视着弹琵琶的歌妓，然而，这时候李昂他们却发现，这些人注意的并非是歌妓，而是歌妓身后的屏风。屏风上绘有山石，在山石对面的空白处，慢慢地透出了两行字：

“曲径可”，“金殿下”。

人人都瞪大了眼睛，只有李昂如释重负似的叹了一口气。果然不出他所料，只有将两张画叠合在一起才能看到秘密。

“真是这样？”宋云城大喜过后，显然有些失望。他潜藏武当这么多年，对自己的那幅画研究了个透，竟然没发现秘密。然而，这个秘密就这么简单：宝藏就在金殿下。

“意思是，宝藏就在金殿下面，那这‘曲径可’三个字是什么意思？”李方儒道。

“真有宝藏？原来真有宝藏！”袁楚激动地重复道，似乎这时候，他才相信宝藏的真实存在，急切道，“管他什么意思，先上金殿去再说。”

“金殿下能有什么呢？不就是一堆石头吗？金殿我到过那么多次了……哪里能藏得住宝藏。每天那么多人去，就算有宝藏，也早给人拿走了。”宋云城摇头道。

大家都不说话了。袁楚和李方儒也都这么想，但既然图上这么说，不上去看一下，总是不甘心的。况且，不是还有“曲径可”三个字吗？或许暗示着什么之前没注意到的东西？

“那你去不去？”袁楚问宋云城。事实上，袁楚很想独自一个人上去，但他一方面担心自己找不到，另一方面，担心将这些人留在院子里，会不会泄漏消息。思之再三，还是决定带他们上山。反正，他们都在他的控制之下。

“我去。”宋云城仰起脸叹了一口气，又笑了一下，说道，“这么多年了，若不是这虚无缥缈的宝藏，我这两条腿也不会变成这样。总得看个究竟啊。”

李方儒转过了头，只当做没听见。

袁楚不管三七二十一，很快弄干了那幅画，卷了起来，带在身上。李方儒和宋云城看了，都非常可惜，连连咂嘴。李昂此时倒觉得无可无不可，甚至觉得，就算真把这画给毁了，也是好的，他实在厌烦了父亲等人对这画的争夺。

听说要上山，老乔也要跟着上去，不管袁楚怎么劝，他都执拗不让。

“老乔，你腿脚不好，就到山腰吧，我们有事儿要做，你在那儿等我们。”宋云城道。

“那好……不会有什么事吧？”老乔仍旧不放心。

“能有什么事？”袁楚反问道。看得出，他对老乔很不耐烦。

李昂有些纳闷，老乔竟如此关心宋云城。

袁楚让两个手下跟着。李昂这时才注意到，他们一个有些秃顶，一个生着一副娃娃脸，看上像是一对父子。

第十六章

一行人往山上走去。走到半山腰，已经过去了两个小时，大家都有些气喘如牛，反倒是宋云城没什么事，看他一路操控着轮椅，竟比常人还要敏捷。

“老乔，你就到这儿吧。”宋云城对累得快要喘不过气来的老乔说。

老乔有些不放心，但看了看宋云城，只得勉强点头。余人继续上行。

又是两个小时，总算金顶在望。一路上，最激动的自然是李方儒、宋云城和袁楚，尤其是李方儒和宋云城。不知道什么时候，李昂发现他俩似乎忘记了往日的仇恨，共同研究起《韩熙载夜宴图》上显露出的两句话来。

“师兄，你觉得金殿下面真有宝藏吗？”李方儒最先打破了僵局。

“谁知道呢？你又不是没上去过金殿。”宋云城的话里还有几分冲。

“那金殿下面，该怎么进去呢？总不能拿一把锄头挖下去吧？”李方儒道。

“你挖得动？总是有什么机关吧。”宋云城的语气，已经缓和了许多。

李昂一面爬山，一面下意识地听着他们的谈话，宋云城这话到提醒了他，或许有什么机关通到地下，那会不会跟“曲径可”三个字有关。

宋依云一路上走在后面，跟李昂之间，隔着李方儒和宋云城。李昂紧跟在袁楚身后，不时，回头看一眼宋依云，偶尔和宋依云目光相触，但宋依云总是很快地别过头去。

走到山顶时，夕阳正垂在天边，燃烧的炭粒般。远远近近的山，都朦胧在橘黄色的光里。鸟正归巢，一片叽叽喳喳的叫声入得耳来。山顶只剩下三两游人，余晖中拍拍照片。

“下山去吧，我们要给金顶做维护了。”袁楚走上前去，对那几个游客说。

几位游客有些狐疑地看着袁楚。袁楚又重复了一遍，一副不容置疑的样子。那几个人这才很不情愿地收起了相机，慢腾腾地朝山下走去。袁楚等他们走完，才走进了金殿。

一进金殿，就是一盏灯。据说，这盏灯已经持续亮了几百年，从来没有熄灭过。灯影微微摇曳，将袁楚的影子投射在金殿的壁上。

宋云城和李方儒，还有袁楚的两个手下，也先后靠近了金殿，却被袁楚拦在了门口。

“我先看看。”袁楚对他们说。

袁楚在窄小的金殿内走来走去，走去走来，低着头看，抬了头看，一无所获。

“妈的，进来吧……什么也没有。”袁楚沮丧地嚷道。

李方儒和宋云城，先后进了金殿。秃头和娃娃脸，也鱼贯而入。

窄小的金殿挤满了人，也挤满了人们粗重的喘息。灯火被喘息摇晃着，灯火又摇晃着他们映在壁上的影子。这些影子时而仰首，时而低头，兴奋夹杂着焦灼。

李昂和宋依云站在金殿外的平台上。这是李昂第一次攀上金顶。他沉醉地往四周看看，满目葱茏的山，让他想要大声喊上一两句什么。他看到宋依云站在一边，藏青色的道袍被山风吹动，摇曳着，像一朵花。他有些激动，对她说道："你真好看。"

这是那日晚上，他曾经对她说过的话。就是这句话，让她对他起了好感。

"真的吗？"宋依云转过头来，像个孩子似的看着李昂。

"当然是真的。"李昂认真地说。

"我……是不是在哪儿见过你？"宋依云偏着脑袋，也很认真地问道。

李昂心中一凉，心想，宋依云不单有些傻，竟然连见过自己也忘了。

"说什么呢？"袁楚站在金殿门口，怀疑地看看李昂，又看看宋依云，说道，"你之前就认识李昂？"

"你说认识什么？"宋依云看着袁楚，眨巴着眼睛，说道，"我认识很多呢，不仅认识凉，还认识热……不过，这会儿有些凉，我们什么时候下山回家？"

"不回去。"袁楚瞪她一眼，转而对李昂说道，"李昂，你进来看看，怕是不对……这儿什么也没有……哪里有什么宝藏。"

李昂又看了一眼宋依云，有些心灰意冷，想着，折身进到殿内。

金殿里实在没多少空间，夹在那么多人中间，李昂几乎转不开身。

"你们先出去，"袁楚对李方儒和宋云城喊道，又对两个手下说，"你们也出去，好好看着他俩。"娃娃脸看看秃头，推搡着李方儒和宋云城出去了。四个人一起站在门口，目不转睛地盯着殿里。

李昂一面检视着殿里的东西，一面想着那两句话，但哪里有什么"曲径"呢？李昂百思不得其解。然而，越是困难，越是激发了李昂。他抓着头发，一遍遍想着，"曲径"究竟是什么意思。时间一分一秒地过去，李昂仍旧只是抓挠着自己的头发，什么也没想出来。

李方儒和宋云城倒是什么话也不说。袁楚想要说什么，但努力压制着。门口的娃娃脸是无论如何忍耐不住了，不断地嘟嘟囔囔，一会儿说，天气冷了，刮风了，要下雨了，不如回去吧；一会儿又说，哪里有什么宝藏，这宝藏的传说那么多人知道，不过是大人用来骗小孩子的；再到后来，干脆说，想不明白袁哥为什么那么信任这年轻人，这年轻人简直笨得像头驴嘛，既然想不出来，还不如给玄武大帝磕个头问问。

李昂呆了一下，真的跪在蒲团上，恭恭敬敬地朝玄武大帝磕了个头。

“哈哈……”娃娃脸大笑。

李昂头低在地上，好一阵子，一动也不动。

“原来是这样……”李昂自言自语，直起腰来，而后又磕了两个头。

“什么这样？”袁楚着急道。

李昂并不答话，将手伸到供桌底下，在一块有着弯曲纹路的地砖上，轻轻地拍了三下。随即，整个金殿的地面动了一下，又动了一下，真武大帝似乎向人们靠了过来，换句话说，大殿的地板正在朝门口缩进！李昂站起来，静静地等待着。其余众人，则相互推搡着、分外惊讶地圆睁了眼睛。不多时，地板移动的声音停止了，真武大帝背后空出了一片地方，李昂和袁楚从不同的侧面走过去，低头一看，竟然是一个黑乎乎的洞口。

“别动！”袁楚不知从哪儿拔出一把手枪，对准了李昂。

李昂还是第一次被人用枪指着，稍微有些慌乱，呆看着袁楚。他看到袁楚两眼赤红，像是见到了猎物的猎狗一般。

“往后退！退到门外……”袁楚说着，摆了摆枪口，“别耍花招，枪里有子弹！”

李昂一句话不说，慢慢地退到门外。

李方儒和宋云城等人都有些意外地看着李昂退出来，待看到袁楚手中的手枪，才恍然大悟。袁楚的枪口对准了李昂，同时，左右晃动，不时对着李方儒和宋云城。

秃头和娃娃脸都有些兴奋，他们知道，袁楚找到宝藏了。

袁楚也看到了他们脸上的兴奋之色，但这明显让他担忧。一时间，他不知道该不该让这两名手下进来，想象着马上就要见到的宝藏，他不愿任何人跟自己分享。但让这么多人在外面，他只身进入，无疑也是危险的。万一他们把地道的门关上，自己岂不是要在里面活活闷死？他细密盘算着其中利弊。

“你，跟我进去。”好一会儿，袁楚指了指秃头，又指了指娃娃脸，“你拿着枪，谁要是敢乱来，你就朝谁来上一枪。”袁楚明白，娃娃脸没胆量背叛自己，但秃头就难说了。可让有可能背叛自己的秃头一起进入地道，就对吗？他踌躇着。

“袁哥……”娃娃脸很兴奋，脸红扑扑的。

“拿着。”袁楚沉着地将枪交到娃娃脸手中。只能赌一把了，他想。

“你们都别动！”娃娃脸握着枪，枪口朝李昂他们身上乱晃，众人都有些怕，娃娃脸一看就是冒冒失失粗手粗脚的性格，没准儿他还真开枪了。

一行人站在门外，听着咚咚咚的脚步声一下一下由地底下传来。袁楚和秃头男人正打着手电筒朝藏宝处走去。李昂看到，父亲和宋云城脸上，时而发青，时而发红，咬着牙，瞪着眼，手指张开合拢，循环往复，仿佛在攫取什么东西，仿佛中了诅咒，疯魔了一般。李昂感到背上一阵阵发凉。他转过身去，看到宋依云仍然静静地站在殿外，她望着他，笑了一下。李昂心中又是一暖，莫非她并不是真的忘了他？她不敢承认，会不会是因为害怕袁楚，又或者，是为了保护自己？

“你们谁也别耍花招！”娃娃脸喊道，不停地晃动着手枪。

但李方儒和宋云城仿佛都没听到，他们将牙齿咬得咯咯响，手上的关节也发出咯咯咯的响动。倒是娃娃脸有些怕了，他朝洞口退了几步，眼神有些慌乱，声音有些发颤地再次喊道："你们可别耍花招！"

"哎哟……哎呀……"突然，地底下传出几声怪叫。

"袁哥……怎么了？袁哥！"娃娃脸男人往身后的地洞下看看，又看看李方儒他们，不知如何进退。

"他们有危险，快下去帮忙！"宋云城喊道。

娃娃脸一愣，慌忙应道："是……是……"却仍旧拿枪指着宋云城几人，不敢走下地洞。

宋云城和李方儒哪里还等得，一起蜂拥着朝洞口跑去。娃娃脸几乎是被他们推着滚下了密室。李昂也跟在父亲等人身后往下走。一半身子已经下去了，他又扭过身，往外找寻着依云，见她怔怔地望着自己，遂朝她喊道："依云，你不下去吗？"

依云轻轻地摇了摇头，轻声说道："你担心……"

李昂胸口一热，心想，她刚才说不认识他，确实是在撒谎。

"放心。"李昂说道。

沿着台阶下不了几步，就到了平地。只有两个手电孤弱的光在晃动，庞大的黑暗挤压着人们。空气里有一股淡淡的的腐臭味儿。

"妈呀……有鬼！"娃娃脸的叫声在黑暗中嗡嗡响。

根据回声，李昂判断出，密室并不大。

"谁让你们进来的？……别大惊小怪！"袁楚努力压制着心中的恐惧，大声喊道。

"谁摸我？谁……"娃娃脸再次惊叫道。

"你他妈的再叫就给我滚出去！"袁楚说着朝娃娃脸发出声音的

方位使劲儿踢了一脚，娃娃脸在黑暗中一声惨呼，不敢再嚷嚷了。

“我们把光聚在一起，仔细照照看，这鬼地方都有些什么。”袁楚明显在对秃顶吩咐，“我就不信这个邪了。”

两股光聚在了一起，光线总算强了一些。

李昂进了密室，就蹲在了地上，生怕被人撞到。他摸了摸地上，凉冰冰的，应该铺的是一块块青砖。此时，随着光在墙壁上移动，他看到了令人震惊的一幕。

一个个人盘腿靠墙坐着，静悄悄地没有一点儿声音。猛然发觉，原来是一具具骷髅！

“袁哥！……袁哥！……我们……真的……真的撞进鬼窝了……”娃娃脸打着哭腔，两只手奇怪地在地上摸索着，摸到了一截截骨头，又慌乱地扔掉，不知所以地忙乱着。

“再瞎说！”袁楚叱道。他的声音也有些发颤。

“难不成这儿就是藏宝的地方？”娃娃脸道。

谁都不说话了，都在想：难不成这儿就是藏宝的地方？

袁楚和秃头还在执著地用手电照着墙壁，一点一点地照着过去。这是一个圆形的场所，墙壁刷着厚厚一层石灰。李昂看到，白色的石灰墙壁上，写着一些字，但袁楚和秃头手中的电筒移动得有些快，看不清都写了些什么。手电转了一圈，什么也没有发现。整个一圈的墙壁，都是一样的。再照地下，是一个八卦图形，袁楚在八卦中心的两个点上又是拍手，又是跺脚，但丝毫没有什么反应。再用手电照了照室顶，上面也是一个八卦图。室顶离地很近，举起手就能够到，袁楚又拍了拍顶上八卦中间的两个点，仍旧什么反应没有。根本就没什么机关。

“给我手电。”李昂道。

“好……给他看看。”袁楚对秃头说。秃头男人犹豫了一下，才将电筒递到李昂手中。

李昂缓缓地将手电在石灰墙上移动。光照之处只见每一具骷髅背后，都用毛笔题写了一些字。李昂轻轻地念诵着：

“生之来不能却，其去不能止。

“方生方死，方死方生。

“世之人以为养形足以存生，而养形果不足以存在，则世奚足为哉？

“能尊生者，虽贵富不以养伤身，虽贫贱不以利累形。

“坚强者，死之徒；柔弱者，生之徒。

“……　……”

李昂一句一句地念着这些关于生和死的句子，声音渐渐变大，最后，他似乎只听见自己的声音，眼中充盈着光明，心中也充盈着光明。

“别念了！”袁楚打断他的话道，“看出点儿什么头绪没？”

“你说什么？”李昂转过头来，疑惑地瞅着袁楚。

“我说，墙壁上这些话什么意思？是不是在说宝藏在什么地方？”袁楚问道。

“宝藏？这些话？”李昂反应过来，哈哈笑道，“这些都是道家说生死的句子，生死都看破了，哪里还有什么宝藏！”

“你是说，这儿只有死人，没有宝藏？”袁楚有些难以相信。

“对，只有死人，没有宝藏。”李昂道。

“画上的字，肯定是不全的。”一直没说的宋云城在角落里说道，“这样看来，还得找到师傅手头的那幅画才行。只有三画合一，才能看到画上隐藏的完整的文字。”

“画呢？画呢！”袁楚咆哮道，“谁能告诉我，那画在哪儿？”

“师弟，你还是把那画交出来吧。”宋云城道。

“你说什么？”李方儒怒道，“宋云城，不要恶人先告状啊！这么多年，你藏在武当，不就是为了找到师傅手里的那幅画吗？你大概早就找到了吧？反倒赖起我来！”

“说得好！若不是你拿到了那幅画，也不用如此急赤白脸地吼吧？当初是谁提出谋害师父抢走那幅画的？不会忘记吧！”宋云城嘲讽道。

“那是谁提出要用河豚的？又是谁弄来的河豚！”李方儒道。

“好！那是谁最先回去看师傅他老人家过去了没有，还假惺惺地说什么师傅没了，我明明看见师傅吃完饭回去了，怎么会没了！”宋云城道。

“没了就是没了！有什么好说的！”

“难道不是某人将师父他老人家毁尸灭迹，又将他老人家的画藏了起来？”

“我怎么可能将师傅他老人家毁尸灭迹？血口喷人！”李方儒有些急了。

“那你干嘛又要把我推下山崖，不就是因为我清楚了你的阴谋吗！看看我这两条腿，可全是你的功劳！”宋云城越说越是恼怒。

“那是因为你诬赖我拿了师父的画，时至今日，你不也是这副腔调！”李方儒反驳道。

沉闷而幽暗的地下，李方儒和宋云城你一言我一语，吵个不停。李昂呆呆立在一边，从两人的对话，他完全明白了，倪先让是怎么死的。在此之前，他对父亲还存着许多尊敬和希望，然而，在这一刻，全部破灭了。他丝毫不觉得那些靠墙而坐的骷髅有什么可怕的，真正让他感到可怕的，正是眼前吵嚷不休的这两个人。

黑暗中，两行泪水从李昂的脸颊滑落。他有一瞬间，想起了父亲小时候教育自己好好做人的种种情形，喃喃道：“父亲……父亲……父亲……”他越是呼喊着父亲，父亲就越是离他远去。他明白，他从此刻起，已经没有了父亲。

“好了！”袁楚大声制止道，“死人都要给你们吵醒了！宝藏还没找到，就开始内讧了！我们这会儿，可是在一条船上哪。那些过去的事儿还提它做什么？只要找到了宝藏，我们什么事儿不能做？过去失去的那些东西，不都可以重新得到了吗？”

李方儒和宋云城不再言语了。

“爸，李老师，”袁楚缓和了语气，“我们都到外面去吧，这时候，咱们可不能吵啊，还是商量着怎么找到宝藏要紧。”

“好吧，听你的。”许久，李方儒应道。

“这样就对了嘛。”袁楚高兴地晃了一下手电。昏黄的光柱在黑暗里斜斜切过。

袁楚打头，一行人依次走出了密室，李昂最后出来。露出半个身子时，他看到外面的夕阳咬在山坳上，满世界像是流满了血，两眼被刺得很痛，他闭上了眼睛。

李昂重新跪在真武大帝面前，拍了拍供桌下的那块有着弯曲纹路的地砖，嘎吱嘎吱响着，地板又伸展出去，重新盖住了真武大帝背后的洞口。李昂抬头看着铜铸的真武大帝威严的面容，心中一片空洞。许久，他两手撑着地，恭恭敬敬地磕了三个头。

“谁都不许动！”

李昂听到父亲在身后不远处喊道。

第十七章

李方儒左手抓住宋依云的肩膀，右手握着一支枪，枪口指向袁楚一伙儿。

李昂回头看到这一幕，极其震惊。父亲怎么有枪？对了，他想起了娃娃脸在密室里在地下乱摸的一幕，大概是混乱之间，娃娃脸的枪挤掉了，被父亲捡到。

“谁也别过来。”李方儒显露出从未有过的凶狠面目，他的手鹰爪似攥住宋依云的肩膀，攥紧，再攥紧，像是溺水的人抓住了一把救命稻草。

宋依云咬着下唇，拧着眉头，很显然，她在忍着痛。

“李方儒……不，师弟，你放开依云，”宋云城喊道，“有话好好说，有话好好说。”

“是啊，爸，你这是要做什么？”李昂走出金殿，朝父亲走去。

“好好说？怎么好好说！”李方儒发狠得脸都有些变形了，看上去像是挤瘪了的牙膏，他忽然将枪口一转，对准了儿子，说道：“你也别过来！”

李昂万没想到父亲会将枪口对准自己。虽然宋云城和袁楚威逼他和父亲，但他并不愿意父亲将宋依云作为人质威逼他们。

“李昂，你是不是想要我放掉她？”李方儒两眼通红，怒视着李昂。

李昂再一次有了密室里的那种感觉，真可怕，这竟然就是他的父亲。

“不……我不是……”李昂不知说什么好。

“不要忘了，你是我儿子，我们始终是在一起的，他们才是外人，”李方儒又将枪口对准了袁楚他们，瞪了李昂一眼，警告道，“你不要吃里扒外！”

“不……爸……我只是想……”李昂真是慌了。

“什么也别想！”李方儒又一把抓住宋依云的头发，迫使宋依云的脸仰了起来，还不罢休，他还转动着手，让宋依云的脑袋在自己的操控下也跟着转动。

薄暮的天空，那么澄澈，没有一丝丝云。宋依云感到整片天空都在摇晃着，旋转着，脑袋后面的一大片的头发根部被扯得很痛，头皮像是扎进了无数根灼热的钢丝。

她想起刚遇到李昂时，自己在画的那张《骷髅幻戏图》，她竟然从来都是这样的命运，被无数的丝线操控着……站在不远处的李昂，看到泪水从宋依云的脸颊滚落，心如刀割。

“你究竟想要怎样？”宋云城急切地问道。

“要怎样？”李方儒仰了头，哈哈大笑道，“这么多天来，还不是你要怎样就怎样？现在，总算轮到你问我想要怎样了！”

岑寂的金顶上，只听得见李方儒一个人的笑声。那志得意满的笑声，让李昂心里一阵冰冷，这是多么陌生的父亲！

李方儒还在笑，只有他在笑。

袁楚有些不耐烦了，皱了眉头，问道：“李老师，你究竟想怎样嘛，不会就想这么跟我们站在这儿吧。”说着，朝李方儒走近了两步。

“你别过来！”李方儒突然暴喝一声，那声音又细，又尖，像是从夹缝里挤出来的，听来格外阴鸷，“你以为我不敢开枪吗？啊？”

袁楚的两个手下慢慢朝李方儒靠拢。

李方儒不断地调整着枪口的方向。

“你当然敢开枪，可惜的是，今天这枪里只有一颗子弹。”袁楚摇了摇头，说道，“你得想好了，这一枪要打谁。你打死我，他俩不会放过你。”说着，朝自己的两个手下扬了扬下巴，又道，“可万一一枪打不死我呢？那我也不会放过你。当然了，你要是朝别人开枪，我也不会放过你。李老师，你得想好了。”

李方儒愣了一下，一时不知怎么才好。

袁楚似乎看出了李方儒的心思，又朝他走了一步。

李方儒赶紧将枪口对准了他。

“就算只有一颗子弹，我也是会开枪的。”李方儒阴沉沉地说。

“我相信。”袁楚沉沉道。李方儒那目光，确实让他相信。

宋云城一直盯着女儿，看到女儿流泪时，他也留下了泪水。

“师弟，你说吧，你想怎样都行。”宋云城哽咽道。

“现在知道求我了？”李方儒脸上露出了笑容，志得意满地说，“这几天，你也在我面前威风够了吧？很简单，”李方儒转向袁楚，说道，“你把那两张……不，你把那张《韩熙载夜宴图》给我。”

“你说给你就给你？凭什么？”袁楚讥嘲道。

“就凭我手里有枪，而你没有！”李方儒冷笑了两声。

忽然，李方儒将枪口一转，对准了宋依云的脑袋，说道：“宋云城，这是你的女儿，袁楚，这是你的妻了，既然枪里只有一颗子弹，那我不如射进她的脑袋，对吧？”

“不要！”李昂下意识地喊道。

“什么不要！”李方儒叱道，“别以为我没看到，你跟这傻姑娘眉来眼去的，李昂啊李昂，你怎么会喜欢上一个傻姑娘呢，她傻，你比她还要傻！”

李昂痛苦地摇了摇头，万想不到父亲会说出这样的话来。

“宋云城，你让袁楚把画给我。”李方儒凶狠地喊道，“再不给我，我一枪毙了你女儿，从此一拍两散！”

“你把那东西给他吧，”宋云城朝袁楚道，“我看并没什么宝藏，还是给他吧。”

“你说得轻松，给他？你以前只有一张画时，也舍不得给人，何况现在已经将两张画合在一起了，怎么可能给他！”

“依云是你妻子啊！”宋云城流下了两行泪水，眼中满是绝望的神色。

“她还是你女儿呢，”袁楚不屑道，“你现在倒是装出一副很心疼她的样子，别忘了，当初你是为了什么，才答应把她嫁给我的，你把她嫁给我，又安了什么好心？你们父女，都在利用我！若不是我处处谨慎小心，怕是早就栽在你们父女手里了！她就算被打死了，又跟我有什么关系……”

“别说了……求你别说了……”宋云城老泪横流，摇着头，一副愧悔已极的样子，说道，“你可以这么说我，是我糊涂，我财迷心窍，天天想着什么宝藏，但你不能这么说依云，依云什么都不知道……”

“她什么都不知道？”袁楚冷笑道，“不见得吧？你以为我不知道……”

“别说了，别说了……”宋云城把头摇得像个拨浪鼓，“都怪我，都怪我啊。依云，都怪爹当初财迷心窍啊……”

宋依云仍旧被李方儒拽得仰着脑袋，嘴巴张了张，想说什么，却又什么都没说，只是流了满脸的泪。

李昂站在一边，越听，心里越凉。他原本觉得自己有这样一个父亲，已然是不幸之至了，想到宋依云也有这样一个父亲，不由有了同是天涯沦落人的感慨，也就越发心疼宋依云了。

“算我求你了，”宋云城仍旧苦苦哀求袁楚，“你把画给他，你要什么或者要我做什么，我都答应你。再说，你是找不到第三张《韩熙载夜宴图》了，留着它，又有什么用？”

“哈哈，”袁楚干笑两声，“你能有什么给我的？”忽然，转念一想，瞅着李方儒道：“难道你真的知道第三张《韩熙载夜宴图》的下落？不然，你这么急切地想要拿到这画做什么？”

“……我哪里知道……”李方儒辩解道，“总之少废话，你把不把画给我？不然我……”他踌躇着，忽然又掉转了枪口，对准袁楚道，“你不愿意救宋依云，总不想自己脑袋上挨上一枪吧？”

袁楚的话点醒了宋云城，他恍然大悟似的，叹息道：“师弟啊，师弟，终究是你笑到了最后，师兄不得不佩服啊。”

袁楚心念电转，暗想，若果李方儒真知道那张图的下落，倒不如就把这张图给他，然后让人监视着他，等到他找到了宝藏，再下手也不迟啊。他这么想着，就改了态度，陪笑道：“好吧，李老师，算你赢了，你小心枪，可别走了火，这可不是闹着玩儿的。”

袁楚从怀里掏出画轴，慢慢走上前去。

“我把画递给你，你放开宋依云。”袁楚小心翼翼地说。

李方儒有些尴尬，他只有两只手，一只手拽住了宋依云的头发，一只手握着枪，实在腾不出手来接画。他扭头看了一眼儿子李昂，想要李昂替自己拿画，但这念头只一闪，就熄灭了，他看到李昂万分担忧地盯着宋依云。他已经不能相信儿子了，只能相信自己。

李方儒想了想，朝袁楚伸出了握着手枪的那只手。

“把画塞到我臂弯里，不要耍花招，”李方儒的枪口始终对准了袁楚的胸口。

“我哪敢耍花招，”袁楚脸上浮现出一个略微紧张的笑，嘴里不住地说道，“你小心，你小心……”

李方儒用臂弯去夹画轴。在这动作下，枪口难免掉转了方向。

突然，李方儒感到身子被猛烈地撞了一下，整个人撞到了身后的石栏上。

谁也没料到，在李方儒接画的一瞬间，宋云城驱动轮椅，呼隆一下撞了上去，用肩膀撞在了李方儒的小腹上。李方儒吃痛，松开了一直紧紧攥住宋依云头发的手，宋依云被宋云城一拨，踉踉跄跄地跌出几步，歪倒在过道另一边的石栏处。李方儒的另一只手臂却仍旧夹着画不放。只一瞬间，袁楚伸手稍一用力，就把画给夺了回来，继而攥住了李方儒握枪的手腕，使劲儿一扭，便将枪缴了。

袁楚迅速地做完这两件事，就往后退到了石栏另一边，摇了摇头，微笑着看李方儒和宋云城扭在了一起。

事发突然，李昂呆了一下，并没去帮父亲，而是跑过去看宋依云。宋依云跌坐在地上，不停地揉着脑袋，显然，刚才被弄痛了。她看看李昂，又看看扭打在一起的宋云城和李方儒，焦急地说：“他们……这样怎么行……你劝劝他们。”

“他们那样对我们，还劝？”李昂厌恶地看着两人扭打，说道，“就让他们打吧，不打一架，他们这辈子是不会甘心的。”

李方儒和宋云城都是年过花甲之人，尤其宋云城，看上去更显老相，满脸的皱纹不说，头发已是白多黑少，更兼之下半身瘫痪，按说打不过李方儒才对。事实却恰恰相反，宋云城因为长期坐在轮椅上，两只手要做的事儿很多，就分外强壮，膂力明显强于李方儒。而且，虽然下身瘫痪，他却巧妙利用这设计精妙的轮椅，丝毫没有显出不便来。只是，他坐在轮椅上，就比李方儒矮小多了。这时，李方儒两只手抱住了他的头，接着，很自然地揪住了他的两只耳朵，将他的脑袋揪得向后仰去。这并没有让宋云城露出败相，相反，宋云城腾出了两只手来，对准李方儒完完全全显露在自己前面的胸腹大打出手，左一拳，右一拳，嗵嗵嗵地打在李方儒身上。李方儒痛得向后弓起了身子，然而，他身后就是石栏，不管他怎么弯身，仍旧躲不开宋云城结结实实的拳头，尽管如此，他仍旧不肯放掉宋云城的耳朵，使劲了全力撕扯着。

袁楚和两个手下靠在对面的石栏上，津津有味地观赏着。

“你说，谁比较厉害？”娃娃脸问秃头。

“当然是袁哥的岳父厉害。”秃头说。

“那我揪着你的耳朵试试看？”娃娃脸伸出手，要去抓秃头的耳朵。

“你干嘛揪我的耳朵？”秃头男人一把打掉娃娃脸的手。

“你还有心情闹！”袁楚瞪着娃娃脸男人，斥责道，“要不是你丢了枪，哪里会有刚才的事儿？让你将功补过，过去看好他俩，要是让他们跑了，我拧下你的脑袋！”袁楚朝李昂和宋依云指了指。

娃娃脸男人垂了头，乖乖地走到李昂和宋依云身边，眼睛睁得大大的，一眨不眨地盯着他俩。秃头看到他这副样子，笑了起来。

李方儒和宋云城还在重复着那单调的动作，不同的只是多了一些声音，两人都忍不住哼哼起来。李方儒的脸色开始发青，大颗大颗汗珠爬满了脸，就连身子，也开始摇晃。相较来说，宋云城外表看上去变化更加明显，他的两只耳朵都被从上面撕开了，鲜血啪嗒啪嗒地往地上滴，滴落在清冷的石阶上，散发出一股腥味儿。

“爸……李叔叔，你们别打了，别打了……”宋依云哭着说，又对李昂说道，“你去劝劝他们啊。”

宋云城、李方儒完全没听见似的，李昂则摇了摇头，厌恶地说道：“让他们打去吧，打去吧。”

“爸……”宋依云又哭喊了一声。

“依云……”宋云城竟然应了一声。

忽然，宋云城操控着轮椅，往后一缩，李方儒冷不防，被他拉得差一点趴在了地上，但两只手仍旧紧紧揪住了他的耳朵。说时迟，那时快，宋云城又迅速地操控着轮椅往前顶去，头撞在李方儒的小腹上。在快速的一拉一扯间，李方儒的身子失去了平衡，被宋云城高高顶起，但令人吃惊的是，自始至终他的两只手都紧紧地揪住了宋云城的耳朵。很快，众人看到了更加吊诡的场面——

李方儒整个身子悬挂在石栏外，两只手揪住了宋云城的耳朵，宋云城的轮椅虽然还在石栏内，但一大半身子已经被李方儒拽得趴在了石栏外。

李方儒想要抓住宋云城的耳朵爬上来，宋云城明白他的意图，两只手抓住了他的手臂，使劲儿往下推。不过一瞬，听得清脆的“嚓”的一声响，接着是“啊”的一声锐叫，李方儒坠入了悬崖。

众人都不说话，神情呆滞地瞅着宋云城。

宋云城重新坐在了轮椅上，众人从背后看到，他的两只耳朵都没了，脑袋两侧各有一个丑陋的血淋淋的伤疤。已是深秋，宋云城身着一件鸡心领白毛衣，殷红的血不光染红了他光秃秃的脑袋，也染红了大半件毛衣。

但，宋云城在笑。

“哈哈……哈哈哈……”宋云城仰着光秃秃的脑袋，笑得浑身颤抖，笑得脑袋两侧的血愈加快速地往外涌流，很快，他穿着的整件毛衣都被染红了。

太阳早已沉到群山那面去了，但天上还有微弱的光。在这凄清的氛围中，宋云城的笑听来格外诡异，令人毛骨悚然。李昂早已惊恐地呆在一旁，李方儒最后的叫声像根锥子扎进了他的心里。

“爸……爸……”宋依云声音发颤，想要走上前去，又不敢。宋云城的样子让她心疼，更让她害怕。

突然，两只血红的手从石栏外冒了出来。

猛地一下，那两只卡住了宋云城的脖子，宋云城的脑袋猛然朝石栏外一倾，笑声戛然而止。呼地一声响，众人还没明白过来是怎么回事儿，宋云城的整个身子已经像一捆劈柴那样倾翻到栏杆外去了。

持续的笑声从悬崖下传来，回声荡在幽冷的山谷中，许久，许久。

无论是宋云城的笑声，还是李方儒的笑声，都是那么得意，那么阴骛。

一架古怪的、空落落的轮椅静静地停在山道上。

第十八章

无论是李昂、宋依云，还是袁楚他们，谁都没有料到事情会演变到这样严重的地步。

有那么一阵子，他们都呆呆地盯着宋云城的那架轮椅在看，似乎希望这轮椅能告诉他们一点儿什么。耳朵里，持续回响着宋云城和李方儒的笑声。

两人的笑声很快就消失了，剩下的是满世界满宇宙的庞大寂静。但在众人心里，那笑声仍旧充斥着四周。

在众人出神的当口，老乔的出现完全出乎意料。

老乔呼哧呼哧地喘着大气，从山道下冒出头时，谁也没注意他；他呼哧呼哧地喘着大气，走到了众人跟前时，仍旧没人注意他。

老乔抓住轮椅晃了晃，又伸手在轮椅里摸了摸，他肯定还能感觉到宋云城身体的热气。他哭丧了脸，看着众人，问道："宋老师呢？说给我，宋老师去哪儿了？我老远就听到宋老师的笑声，可他人去哪儿了？"

大家都呆愣着，不知道该如何回答他。

"他掉下去了。"娃娃脸看看别人都不说话，就直截了当地回答道。

"他从这儿掉下去了？"老乔指了指身后的悬崖。

"是，从这儿掉下去了。"娃娃脸傻子似的重复道。

"宋老师呀！"老乔忽然喊了一声。

呼地一声响，老乔就从众人眼前消失了。

娃娃脸男人揉了揉眼睛，才明白过来，老乔从宋云城掉下去的地方跳下去了。

李昂和宋依云一起扑到石栏上，探身往下看，只看见一大片郁郁葱葱的树林。山风吹过，所有的树梢都在动，轻柔地相互碰触着，发出谜语一般的沙沙声。

“老乔……老乔……爸……”宋依云喊道。山风很快就把她的声音湮没了。

“老乔……老乔怎么这么……”李昂疑惑地念叨着。

“以前他儿子得病，我爸给了他几幅画，让他卖画救活了儿子……他对我爸一直很感激，可他……可他也不能跟着跳下去啊。”宋依云哭着。

宋云城和李方儒的情形太过诡异，李昂和宋依云都来不及悲伤，反倒老乔来后毫不犹豫的一跳，让人震惊，也让人为之动容。

“神经病，简直是……不可理喻。”袁楚频频摇着头，完全不能明白刚刚发生的这一切。他愣了一会儿，发现枪和画都在自己手中，重新又感觉到了力量。

“走吧，”他冷冷地对李昂和宋依云说，“现在，老家伙们都死了，你们俩都得听我的。”

李昂怒视着他。

“怎么，还要我像你爸那样，拿枪指着你吗？”

“我要把爸爸的轮椅推回去，”宋依云哭着说。

“这轮椅你会操控吗？我是不会。不会操控，谁也推不动，谁会要？”袁楚皱了皱眉，叱道，“快走，别找理由了。”

李昂和宋依云只能一步一步挨下山来。

走出了许久，宋依云回头看看，看到轮椅还支在石栏边，静静地，像是一个雕像。

袁楚吩咐手下两个人，让他们先走，拐到山下去，务必找到李方儒和宋云城的尸首。两人应声去了。袁楚倒不是担心李方儒和宋云城的尸首被野兽拖走或吃掉，只是要确认，他俩是不是真死了。

到南岩宫附近时，秃头和娃娃脸回来了。

“没有，什么也没有，”娃娃脸说道，“真是奇了怪了。”

“没有？那老乔的尸首呢，也没有？”袁楚盯着秃头男人，诧异地问道。

“还真没有，”秃头困惑地咂着嘴，“我也纳闷，三个人，怎么一个也找不到。”

“就什么也没有？”袁楚追问道。

“什么也没有……连血迹也没看到……天色晚了，我用电筒照过，又用手摸过。什么都没有。”秃头摇着头说。

“怎么可能出现这样的事儿？这也太古怪了，难道这么一会儿，就有野兽把他们的尸首给叼走了？”袁楚皱着眉。

“会不会……会不会是……”娃娃脸欲言又止。

“有话就说，有屁就放！“袁楚道。

“他们会不会都变成鬼跑了……“娃娃脸低声说道。

“放屁！哪儿来的鬼！”袁楚骂道。尽管如此，他却感到背心一阵阵发凉。

三个人愁眉苦脸，叹息不止……

“哎呀……他们跑了！”娃娃脸手指往袁楚背后一指，忽然叫了起来。

袁楚吓了一跳，以为他说的是李方儒等人的尸首跑了，忙转过身来，才看到，是宋依云拉着李昂跑了。

“站住！站住！”袁楚喊道，“快追啊！”

宋依云看到袁楚和他两个手下在说话，悄悄对李昂说：“快跑！”不等李昂反应过来，拉了李昂就跑。

李昂心中一喜，跟着宋依云就跑。跑了一段路了，才听见后面叫嚷，转过头来往后看，只见袁楚两只手挥舞着追了上来。

袁楚的声音不断从身后传来：“抓住他们，抓住他们，我看到你了，李昂！李昂！”

李昂已经被宋依云拖拽着，跑出去很远了。

此时天已经黑了下来。李昂感到宋依云像是长了一双能够看穿黑暗的眼睛，竟能自如地在山里奔跑。上山，下山，进院子，出院子，宋依云一直都没停留，而且跑得飞快。不多时，袁楚的声音就再也听不见了。李昂跑得气喘吁吁，连连问道：“跑去哪儿？跑去哪儿？”宋依云只是不说话，一只小手牢牢抓住了李昂的手，没命地往前跑去。又跑了约莫一刻钟，李昂看到远处有光在闪动，听得许多人喊：“逃走了！逃走了！”心中暗暗叫苦，袁楚一定是找了更多的帮手追上来了，哪里还跑得了？等他们抓到了自己和宋依云，不知道会怎样……他心里没了主意，只能跟着宋依云疯了似的继续往前跑。

又过了约莫半个小时，李昂已经跑得浑身大汗，宋依云忽然停住了。黑暗中，李昂听得宋依云依然呼吸平稳，丝毫不像自己那样气喘吁吁。

“跳下去！”宋依云摇了摇李昂的手臂，“快点儿！他们要追来了！”

李昂根本看不清眼前是什么东西，伸出一只脚探了探，感觉是到了悬崖边上了，哪里敢跳。宋依云又摇了摇他的手，催促道：“快跳！”

李昂听得不远处喊声连连，知道那伙人就要追来了，来不及多想，把心一横，心想，跳就跳吧，想着宋依云不会害自己。大不了，两个人一起跳了悬崖……那算什么呢？算殉情吗？他想到这，心中竟涌出幸福的感觉，扭头对着宋依云说："嗯，我先跳。"说着，纵身跳了下去。

李昂闭着眼睛，想着非要落个一会子时间才能摔到底，不料一忽儿就感觉双脚软软地落在了一片干草上，耸起身子，猛地感到一个人压到了自己身上。宋依云的脸和自己离得很近，咻咻的鼻息吹到脸上，暖呼呼、毛茸茸的感觉，李昂心旌摇荡，回身就搂住了宋依云，将脸凑了上去，忽又觉得有些不妥，这时，感到宋依云轻轻地推开了他。

"往里走。"宋依云低声说。

宋依云拉了李昂的手，熟稔地走进了一个横着的山洞，一路上提醒着李昂，什么时候要矮下头，什么时候要往左拐，什么时候再往右拐。洞里比山外还要黑，他们又没有灯光，宋依云对这地方却如此熟悉，要么她真有看穿黑暗的本领，不然，肯定是常来这个地方。不远，宋依云停了下来，让李昂坐下，李昂往下坐，很快，屁股感觉到了一个凉冰冰的东西，伸手一摸，是一个石凳子，再伸手摸了近旁，又是平平展展的一个冰凉的东西，应该是一张石桌子。宋依云在旁边坐下了。

"这是哪儿？"李昂小声道。他的声音被石壁撞了回来，嗡嗡响。

"有个老头常常在这儿教我画画。"宋依云轻轻笑了两声，低声说，忽然，她大哭起来，哭喊道，"老头！老头！你在哪儿？"

李昂左右看看，黑咕隆咚的，哪里有什么人。

"他们能找到这儿吗？"李昂担心地问道。

"嗯……"宋依云沉吟道，"一时半会应该找不到……"说着，又大声喊道："老头，你怎么不在？你知不知道我爸死了……他死了……"

李昂刚刚看到宋依云似乎并不是多么悲伤，此时，才感到她压抑心中的悲伤已经很久了。她父亲死了。而他父亲，也死了。

两人同病相怜，比之前更加亲近了。

李昂却哭不出来，只是沉默着。父亲，那个父亲太可怕了。

跑了这么久，除了刚才往下跳的时候，宋依云一直拉着李昂的手。李昂默默地任由她拉着，这时候，感觉她的手心沁出了一层温热的汗水。黑暗中，李昂看不见她的脸，就捏了捏她的手。她还在哭，哭得很伤心。

"别难过。"许久，李昂才说了这么一句安慰她的话，又捏了捏她的手。

但宋依云，似乎哭得更伤心了。

一时间，李昂也不说话了，在这小小的洞穴里，悲伤中渐渐生出着一股暖暖的气息。

不多久，听得有人声靠近，李昂想，他们终究还是找来了。虽然早做好了准备，还是觉得来得太快了。不多时，就听得有人围住了洞口，听声音，应该有十多个人。

有一个人问："是这儿吗？"另一个答道："照着头儿的指点，就该是这儿。"李昂又听得一个人说道："老的跑了，这小的可不能再放他走。"李昂心想，难道父亲没死？又听得另一人道："现在怎么处理？""怎么处理？等头儿来了再说，你敢跳下去啊！"李昂放下了半颗心，幸好这些人不敢往下跳。但他刚放下心，就听得袁楚在不远处喊道："抓住了吗？"

李昂暗暗骂袁楚，难道自己是犯人吗？需要你来抓？不觉苦恼万分，心想，今晚是无论如何逃不了了。此时，只觉得万念俱灰，却感到一股暖热从手心传来，是宋依云。宋依云止住了哭声，一声不吭地捏了捏李昂的手。李昂无声地苦笑了一下，低声说："依云，谢谢你。"

"我也谢谢你。"宋依云忽然像个大人那样说。李昂微微一惊，这才反应过来，跳下来之后，依云像变了个人似的。

"出来吧，"袁楚朝着洞口喊道，"还用得着我抬轿子进来请吗，两位？"

李昂不说话，宋依云也不说话，洞里安静得像一个易碎的气泡。

"我知道你们在里面，不出来吗？依云，你再不出来，我可要进来了！我们这儿十多个人，捉奸捉双，不要被我们这么多人看到吧？"袁楚哈哈笑道。旁边几个人也跟着笑。

李昂恨得牙痒痒，心想，再怎么样，宋依云是你妻子，你怎么能说出这种无耻透顶的话来！李昂握了握宋依云的手，对她益发疼惜。不想，宋依云忽然"啊"了一声，喊道："你别进来，我出来就是！"

"哈哈！"袁楚笑道，"那你带着你的小情人快点出来！"

"你帮我把我爸的尸首找回来，我这就跟你出来。"宋依云又说。

"这好说，你等着，今晚我就派人连夜去找。"袁楚吩咐了两个人去找宋云城，又说道，"李昂，你也一起出来吧。"

李昂想，宋依云已经答应了，自己再装哑巴也没什么用，就说道："我爸怎样了？"

"你爸？你爸不见啦，他一定没摔死，走啦。"

李昂心里犯嘀咕，那么高摔下去，怎么会不死？又想，难道自己就那么指望父亲死掉？心中一时很乱。

"你快走！"李昂忽然感觉宋依云朝自己俯过头来，低声说道。

"怎么走？"李昂想着，自己就像进了罐头瓶的老鼠，瓶口给堵住了，哪里还能走得掉！

“你跟我来，我知道暗道。”宋依云拉了李昂的手，往洞里走去。

“有暗道？袁楚知道吗？”李昂惊喜交集，问道。

“不知道，”宋依云迟疑了一下，说道，“这世上本来只有我和老头两个人知道，现在，你是第三个知道的。”

李昂又一次感到，宋依云说话变得像个成年人了，她似乎一点儿也不傻。莫非……他盯着隐身在黑暗中的她，一时无语。

跟着宋依云走了至多两百多米，来到一块大石头旁，宋依云在大石上摸索了一阵，又弯下腰，在地上摸索了一阵，将什么东西打开了，又对李昂说道：“跳下去！”

“又要跳？”李昂下意识地说了一句，又说，“你跟我一起走吧。”

“不……”宋依云伤心地说，“我还要去找我爸和老乔的尸首。我爸……他可能很坏，但我就只有他这么一个爸爸，他也只有我这么一个女儿……还有老乔，他对我一直很好，他还帮我种了很多花。”

李昂想起，自己被幽禁的院子里老乔种的那些花，原来，是宋依云叫老乔种的。

宋依云低声道：“他们说你爸不见了，怕是真的，你别担心，快走吧。你扶着石壁，一直往前走就是，越快越好，大概走三四个小时就能到山脚，然后拦车到市区……你自己小心。”

“我不担心我爸，我担心的是你……”李昂又一次觉得，宋依云并不是个智力停留在七八岁阶段的小女孩儿，而是一个跟自己一样的成年人。

“你快走吧……”宋依云推了李昂一把，“再不走来不及了。走了就再也不要回来。”

“不……我……”李昂还想说什么，却感觉宋依云又推了自己一下，双脚随即腾空，很快落在了又一堆干草上，随即，头顶有东西盖上了。他呆呆地在黑暗中站了一会儿，听到宋依云在自己头顶走远了。他沿着一条窄窄的石阶往下走，一直走，走了大概四五个小时，忽然看到前面有一线光，其实，他已经憋闷得不行了，不由得朝着那曙光飞奔过去，猛然间，一阵风一阵光亮同时袭来，他大大喘了一口气，已经走到了一条公路边了。

他回望葱茏的武当山，只觉得自己做了一个无尽漫长的梦。

宋依云从洞穴里爬出来，站在袁楚面前，袁楚定定地看着她，好一会儿，说了一个字："好！"随即，扇了她一耳光。

宋依云一滴眼泪都没流。

随后的好多天里，袁楚带着手下的一拨人，找遍了武当的大片山区，但始终没有找到李方儒、宋云城和老乔的尸体。这三个人，像夏天里从冰箱拿出的冰块，就此蒸发不见了。

除了找这三个人，袁楚还挖了不少没名没姓的坟，他希望着，碰巧哪一座就是倪先让的，打开棺材来，就能看到那第三幅《韩熙载夜宴图》。

然而，对此他同样失望了。

第十九章

李昂走到自己家门口时已是薄暮时分，还没有走到家门口他便忽然感到了一种略带阴森的寂静。就像是他正向着一所荒凉废弃的房子走去。他有些莫名的害怕和不安。

院门是开着的，甬道上阒寂无人，只有香樟树的影子在斜阳里静静站着。因为光线转暗，他看不清房间里有什么，从窗户看进去，只能看见满屋子黑沉沉的暗影，像很多隐秘的蝙蝠的影子。他在门口站了几秒钟，想捕捉到一点房间里的声音，随便什么声音都可以，但屋里屋外都没有任何一点声音，无比荒凉，像沙漠中废弃的堡垒。

当然不可能有声音。

父亲死了——李昂认定父亲已经死了。这个家，从此就只有他一个人了。

李昂的喉咙和嘴唇都是干的，牙齿粘在了嘴唇上。他都能听见自己的喉咙里发出的咕咚一声很大的回响，像掉进深井里一样。他又犹豫了几分钟，不见任何人从屋子里走出来，他便随手拿起花圃里扔的一把小铁锹，一步一步向屋门口走去。

走上台阶他才发现，屋里的门也是半开的，从外面看去，那半开的门像一个无声喑哑的山洞，里面是黢黑一片，什么都看不清楚。他镇定下来，握着铁锹把那扇门全部推开了，然后走了进去。

满屋子的寂静扑头盖脸地向他压了过来，窗户紧闭，有宿夜的气息微微发酵了。

李昂开了灯，环顾着四周。这一看着实吃惊不小，屋里显然是被人翻过的，狼藉满地，几乎无从立足。

李昂把楼上楼下所有的房间都看了一遍，所有的房间都被翻过了，他家整个被洗劫了一次。看来入室洗劫的人在这房间里滞留了相当长的时间，几乎把所有的角落都翻遍了，连那些最不引人注意的细小角落都不放过。柜子，抽屉的门都是开的，里面的东西翻出来扔了一地。书架上的书全部被扔到地上了，放书画的柜子更是被仔仔细细地搜查了一遍，有些画不见了，剩下的画，每一卷画都是打开的，显然每一幅都被看过了。就连桌上的花瓶他们都没有放过，瓶子已经碎成了一堆瓷片，尸骨未寒的样子。着实凄凉。

李昂踩着这些乱七八糟的东西，明白了入室抢劫的人显然是想在他家里找到什么东西，因为他们这么费劲这么认真地把他家翻了个底朝天，最后却并没有拿走什么东西。这样的话，他就可以断定，他们要找的到一定是那张古画《韩熙载夜宴图》。

应该是袁楚做的。李昂思忖，也就是说，袁楚并不信任当初自己会把真画拿去，自己一走，袁楚就让人搜了自己的家。

那么，自己留在家里也是不安全的，随时有可能被袁楚抓到。不过，袁楚暂时应该不会再来找自己，因为自己给他的画是真的，只是，他不会想到，自己给他的那幅画不是从家里拿的。

现在回来了，袁楚会不会派人在暗中监视自己？一想到这里，李昂心中更是恐惧万分。看着一团糟的家，李昂在恐惧中又生出更多的悲凉。

在废墟般的房间里坐了片刻，没有任何头绪，也无心收拾，李昂决定先去天水街上看看再说，痴黠居不知道怎么样了。他趁着夜色匆忙赶到天水街，刚走到店铺门口就发现，痴黠居的门居然也被撬开了。他慌忙走进去，发现店里和家里一样，也是整个被洗劫过的，几乎体无完肤。所有的书画都被翻过了，胡乱扔在一起，桌上的墙上的都被扔到了地上。看来是同一伙人干的，而且这伙人必定是掌握了他们的行踪的，专等他们去武当之后才到他家中洗劫。洗劫得如此细致，完全是胸有成竹的，根本不担心主人会突然回来。可是，他和父亲虽不在，但找了于静兰看管的啊。

李昂站在店铺中间，心急如焚，不知所措。

李昂忽然想起了于静兰，她的茶庄离他父亲的店很近，她会不会看到了什么，从武当回来后他还没有见到她。于是，李昂忍着焦虑，从店里出来疾步向于静兰的茶坊走去。

茶坊还开着，已经点起了灯。他从玻璃外面看到有个客人，于静兰正在里面给客人泡茶，不知道泡到第几道工序上了。在武当失去了父亲，从武当回来之后突然遭到这样的变故，李昂顿时有一种被世界抛弃的凄凉感，现在忽然见到于静兰，真是有看见亲人的感觉。正所谓患难中才见真情。他现在简直是要迫不及待地和她讲话，也就不顾里面还有客人，推门就进去了。

于静兰忽然听见门响，抬头一看却是李昂。手里的茶壶都没有放下就霍地从竹椅上站了起来，把对面的客人吓了一跳。

两个人四目相对，都有些一日三秋的感觉，似乎是很多年都从他们中间流过去了。李昂看着她却说不出话来，一副欲言又止的样子。于静兰也是欲言又止的样子，两个人就怔怔地站着，互相对视着。于静兰手里的茶也不泡了，茶壶就悬在她手上。那客人有些生气，最后也没说什么，负气走了。于静兰都顾不得道歉，只匆匆把店面关了，这才像苏醒过来一样几步走到李昂跟前，却把脸一捂就哭了起来。李昂一时竟不知道该说什么，也不知道她为什么情绪会这么激动，只是觉得她也是遇到亲人的感觉，迟疑了一下，抱住了她。

最后还是于静兰先开了口。

“你总算回来了，你不知道我这几天真是盼星星盼月亮地盼着你回来，你再不回来我都要崩溃了。你究竟去哪了，怎么这一走就联系不上了，我往死里打你的手机，没有一次能打通的，就像是你这个人忽然从世界上消失了。”于静兰眼中闪动着泪花。

“这个我真的没有办法，我和我父亲去的那个山谷里没有一点手机信号，只要进去就和外界失去联系了，别说和你联系了，在那山谷里我就是和我父亲都联系不上，真是成了个古代人了。手机不能用的感觉倒像是没有了手和脚一样，我也是觉得自己一下就从这个世界上被隔离出来了，那种感觉真是让人害怕。”李昂道。

“你知不知道你们走了之后这里发生了什么？就在两天前，大约是晚上十点的时候，我还没睡下，忽然就听见隔壁传来的一些奇怪动静，像是有人在砸什么东西。我仔细听了一下，感觉好像是从你家店铺里发出来的，我有些害怕，最后还是穿好衣服出了店里，向你家的店铺门口走去。你家店里亮着灯，门是半开的，我以为是你或者你父亲回来了，可是我站在窗前往里一看，快我把吓死了。有四个人，他们一律穿着黑衣，蒙着面，我根本看不清他们长什么样子。他们在你家店里四处乱翻，把所有的书画都打开看一遍，看完却又不拿，看一幅扔一幅，狗熊掰棒子似的。把桌上架子上的都看完了，又开始看墙上的，把墙上的书画都扯了下来，但是最后也都扔到了地上。我看了看四周，店铺都关门了，街上行人稀少，就是真有一两个过路的，也断不敢管这样的事，现在的人都是多一事不如少一事。我一个人站在暗处看着他们却不敢往进走，他们是四个大男人啊。我想了想，就悄悄回到我店里连忙拨电话报警，等我心急如焚地等来警察的时候，那四个劫匪还是走了。也不知道他们拿走了什么东西没，我看他们的样子不是来偷画的，因为他们看了那么多却一幅也不拿，不知道他们找的是什么东西。警察立了案，可是到现在还没有什么回音，估计是找不到什么线索，那四个男人不知道是从哪里冒出来的，神秘地来，又神秘地去。吓也吓死我了，可是我一个女人又实在做不了什么，你说我拦也拦不住他们。就只能盼着你快点回来。这两天里你都不知道我是怎么过的，真是心惊胆战，晚上都在做恶梦。你总算回来了。”于静兰一边说着一边就哭了起来。

李昂听着她一阵紧似一阵的哭声也觉得分外难过。李昂平素拘谨严肃，在儿女情长方面甚是薄弱，难得一回流露感情，今天晚上心中却觉得万千东西在胸中涌动，只是不知道该说什么。对眼前这个女人他也是真心怜惜的，似乎是因为自己家才把这无辜的女人牵连进来一起担惊受怕。虽说以前并没有太近地相处过，一旦遭到变故却觉得两个人突然拉近了。

于静兰哭了一会儿，忽然把脸埋进了李昂的肩膀，像是哭累的样子。这是从他们认识以来第一次靠得这么近，近得让李昂都能感觉到她身上的温度，能闻到她脖颈处散发出的暖香。李昂一动都不敢动，就那个姿势站着由她靠上来。

就在这一刻，李昂忽然想到了宋依云。

于静兰更紧地抱住了李昂。李昂想起这些天让她担惊受怕，心里一阵愧疚，只能更紧地抱着她，想安慰安慰她，却始终说不出一句话来。

可李昂心里，同时生出另一种愧疚，是对宋依云的。

这时候，于静兰忽然抽泣着说了一句：“我每天晚上在店里都害怕地睡不着，今天晚上我是死也不在这住了，今晚你去哪住我就跟你去哪住，只要你能在我身边我就不那么害怕了。”

李昂想，他今晚终究还是要回家睡的，虽说家里一片狼藉，可那终究是他的家。按照李昂素来的性格，若在平时是断不会带女人回家过夜的，男女同处一室他总觉得他不知道该怎么办。可是今晚却是另一番境地，父亲过世了，家中被翻得狼藉满地不堪入目，简直像废墟一样荒凉。自己今晚若是一个人住在这样的家里，那心境是怎么的凄凉和恐惧？那些劫匪既然能来第一次，就能来第二次，他一个人在家中又能守住什么？今晚倒真是应该有一个与他做伴的人才好，起码能把今夜熬过去，不至于那么凄凉。而且眼前这个女人确实让他忽然有了亲人的感觉。

想到这里他也顾不得那么多男女礼节了，便对于静兰说：“我今晚是要回家住的，那你就跟我回家住吧，你住我母亲以前住过的房间。”

“你爸爸没回来吗？”于静兰问道。

“我爸……我爸……”李昂心绪复杂。他一直努力不去想父亲，因为父亲是那样一个人，他该如何面对他？然而，此时在这样孤立无援的情境下，说起父亲，他还是有些难过。不是为父亲难过，更多的是为失去父亲这件事难过。

“我爸死了。”李昂直截了当地说。

“啊……”于静兰瞪着李昂，“怎么……怎么会这样？”

“用那句话说，真叫说来话长了。以后再跟你说吧。”李昂道。

“人死不能复生，你也别太难过了。”于静兰道。

李昂摇了摇头，眼前浮现出父亲狰狞的脸。这些日子，这张脸一次次扑到他眼前，让他猝不及防。他是再也找不到以前的那个父亲了。

“那后事怎么办呢？”于静兰道。

“尸首都没找到，还办什么后事？”李昂凄然道。

“怎么会这样……你别太难过。”于静兰握了握李昂的手。

李昂微微仰着脸。他该如何跟她诉说内心的感受，这不是简单的难过，却也不是不难过。半晌，李昂岔开话题，问道：“走了几日这里怎么就天翻地覆了呢？”

“明天我帮你收拾店里吧，你看看有没有丢什么值钱的东西。”于静兰回到茶坊，边收拾自己的东西边说道。

李昂想，也只能这样了。

于静兰关了茶坊就和李昂一起向他家走去。家里还和李昂黄昏时看到的情景一样，仍然是凌乱不堪，进了屋子人几乎无立锥之地。于静兰一见这番情形也大吃一惊，放下自己的东西就开始收拾屋子。

李昂说：“不用动了，明天让警察过来看看再说，还是要留点线索。”

于静兰就不再动了。两个人草草洗漱了一下，连晚饭都没有心思吃了，只觉得累得出奇。母亲过世前住过的房间在楼上，李昂把于静兰带到楼上，打开房间让她进去睡觉。女子住的房间都有淡淡的幽香，母亲虽然过世多年，一开门，那股熟悉的幽香就扑面而来，就像黑暗中正站着一个人一样。李昂闻着这幽香，想起了早已过世的母亲，同时，再次想起了刚刚过世的父亲。站在门口，李昂心中一阵难过。就对于静兰说：“你早点睡吧，我的房间在楼下，我也去睡了。”

李昂朝楼梯口走去。临下楼梯他又回头看了她一眼，她正呆呆站在那里看着他，眼神凄惶，似有千言万语要说却一个字都没有。她这种眼神让李昂有些疼痛的感觉，他不敢再看她，匆匆下楼去了。

李昂一进了自己的房间就倒在了床上，连灯都没有开。这里也被翻过了，乱七八糟的，他实在不想多看一眼。他躺在那里想，事情怎么就变成这样了？是怎么一步一步走到这种境地的？就为了那幅画，最后他就非得家破人亡不可吗？这个代价是不是有些太大了？

李昂躺在床上辗转反侧，却是怎么都睡不着。夜渐渐深了，万籁俱寂，月亮已经升到当空，如水的月光从窗户里流进了屋子里，他屋子里的家具静静地站着，面目模糊，像暗中站着很多的人，他忍不住有些恐惧。是啊，他就能断定这屋子里现在没有第三个人正看着他吗？他在明处，那人也许在暗处，像一个隐形的鬼。这种想法一旦在脑子里出现了，他便周身感到了一种阴森，像有蛇从他身上爬过去的感觉。他想起了楼上的于静兰，不知她睡着没有，是不是也觉得害怕。今晚幸亏有她来和自己做伴，不然这样的深夜确实是令人害怕的。处处是玄机，处处是谜。

他正在胡思乱想的时候，忽然有人敲他房间的门，很轻的三下。

李昂吓得从床上跳了起来，现在已经是半夜了，谁会敲他的门，难道这屋子里真有第三个人在？他的声音都变了，却还是努力按捺住自己问了一声："谁？"

门外是一个很细很柔软的声音："是我。"

他听出来了，是于静兰。

但他还是有些不放心，就又问："你怎么还没睡着？"

于静兰在门外说："我害怕，睡不着。"

就这句话让李昂放下了戒备，因为他其实也很害怕，更何况她是一个年轻女子。他过去给她开了门，门一开她就扑进了他的怀里。

"我害怕，我真的好害怕，你抱抱我，你抱抱我吧。"于静兰周身瑟瑟地发抖，有些口齿不清地说道。

李昂又是一阵心疼，无声地抱住了她，月光如水银泻地一般将地板映得雪亮，两个人立在一起，久久拥抱着。

仿佛过去了很久，于静兰才在李昂耳边含糊灼热地说了一句："我不上去了好吗？我不敢上去，我觉得那屋子里还有别人，有别人站在我看不见的地方。”

李昂刚才一个人在床上的时候就是这种感觉，觉得暗处有人看着他。所以他对她说的话感同身受，他忽然就觉得他们两个人之间一下又近了，是很近很近。

可是，他今晚真的把她留在自己的床上吗？他有些犹豫。他的犹豫她立刻就感觉到了，

于静兰把脸从他肩膀上抬起来说：“你要是不愿意留我也没关系的，我还是上楼去睡，你也睡吧。”说着她就向门外走去。

于静兰快要出门的时候又回头看了李昂一眼。

月光下，李昂正怔怔地看着她离开，她分明地在他眼中看到了恐惧，对她要离开的恐惧。他也看到了她眼中的恐惧，她又转过身向他走了两步，来到了他面前。

李昂突然伸手把于静兰揽在了怀里。

这个夜晚她就睡在了他的床上，他抱着她。他们在恍惚间觉得这个拥抱是早已发生过了，不像是第一次，真的不像。一个熟悉得不能再熟悉的拥抱。

黑暗中，他们互相注视着对方，这样的拥抱对于他来说，是多少带着些救命稻草的意味。他今晚太需要抓住点什么了，需要有人陪着他度过这个艰难的夜晚，不要把他丢下。她知道他在这个晚上需要她，所以她来找他了。他注视着她，开始小心翼翼地吻她的嘴唇，她不拒绝他，他们便紧紧抱着长长地吻着。两个人各怀心事，却又是真的需要身边这个人。

这个晚上对两个人来说都有些绝境的意味，都想在绝望中抓住点什么。她握住他的一只手，带着些鼓励的暗示。他那只手便颤颤地

在她身体上抚摸着，游走着，最初带着问路般的小心翼翼，后来虽从容了不少，却仍是带着陌生人之间的拘谨和客气。其实李昂只知道自己的绝望，却不知道于静兰此时同样绝望。当然，他们绝望的原因是不同的，她更是凄楚，因为她的绝望是决不能和外人说的，只能深深地往她自己的身体里、心里埋。她就像站在一片废墟之上突然发现自己无处可逃，一种像黑暗般的绝望从她身体深处涌起，她带着溺水一般的恐惧感突然抓住了身边的李昂。一时间她觉得自己其实是比他还支离破碎的，是比他还无助的。“我今晚只想和你在一起。”她对他说，“不要放开我。”带着些声嘶力竭的凄凉。在那一瞬间里，他忽然有了不管不顾的冲动，他借助着那种要把人置于死地的绝望和她交缠在一起，她在月光下看到了他那张因为激动而有些变形的脸，有些怜惜他，便只是把身体向他迎了上去，像是要和他天衣无缝一般。

李昂没有想到他居然在这个晚上和于静兰有了肌肤之亲，在此之前他觉得他对她也是有些喜欢的，但真的从没有想过会这么快就走到了这一步。而且，还是在父亲刚刚过世后，在宋依云冒着天大的风险帮助自己逃跑后。宋依云的脸浮现在他眼前，他抱着于静兰躺在那里只觉得羞愧不已。

可是，李昂也明白，宋依云是袁楚的妻子，始终都是，这让他绝望，绝望转而让他有了一种歇斯底里的欲望。他再次抱住了于静兰，翻身上去压住了她。整个过程，像是两个仇人在彼此报复。

激情退去，李昂汗水涔涔，他心里一片空洞，呆呆地注视着于静兰的脸，心想，不管怎样，她既然和他在一起了，他还是要好好对她才算对得起她。

一夜都睡得支离破碎，只是断断续续地睡了一会儿，噩梦不断，又是梦见父亲回来了却不和他说话，又是梦见宋依云被袁楚折磨。好不容易才熬到清晨。天光大亮的时候，李昂睁开眼睛看着躺在身边的于静兰。于静兰还在睡梦中，她熟睡的样子像个孩子似的。但是他一动她便也醒了，两个人相视一笑。经过这一夜真像是成了亲人了，有了些共患难的意味。

李昂一起来就报警，警察来了之后拍了很多照片，又问了他一些问题，说到要调查清楚有难度，现在还没有什么明晰的线索。警察走后，于静兰茶坊都没去，只顾着收拾满地的东西。到下午的时候满地乱扔的东西基本上归了原位，于静兰又开始擦地板，真有点主妇的味道了。李昂看着很亲切就不再说什么，由着她收拾去。

于静兰一边收拾书架一边问了他一句："你说这些人把你家里翻成这样，却又不拿走什么东西，究竟是想找什么呢？"

李昂正在整理字画，听见她这样问也没多想，加上两个人共寝一夜之后，虽没走什么形式，他从心里已经不把她当外人了，他便随口说："他们要找的可能是一幅叫《韩熙载夜宴图》的古画。"

"那画是价值连城了？"于静兰听了很天真地问。

"肯定是有它的价值了，不然也用不着他们这样费心费力地找。"李昂道。

"那他们把那画找到了没？"于静兰擦着书架又问了一句。

"说实话我也不知道，因为这幅画是我父亲收藏的，我根本不知道这画藏在哪里，也不知道他们到底找到画没有。如果他们没找到的话，只怕还会来的，一次不成就两次三次，只怕以后我们住在这里要不得安宁了。现在迫切的是我必须把这幅画找出来，可是又实在不知道它藏在哪里。我想这幅画应该还在家中，因为我父亲是不会随便把这画藏在什么地方的，一定是个很隐秘的地方，一般人根本找不到。"李昂道。

“那你父亲……”于静兰突然沉默不语。

“是啊，他死了，我现在什么都不知道，怎么就成了这样？”李昂情绪有些激动。

于静兰走过来，把一只手放在他的胸前，“别难过了，事情总会慢慢好起来的。”

李昂闭上眼睛，感觉着那只手里传出来的温度。他想，幸亏有她陪着，不然他这两天真不知道怎么过了。

家里收拾好之后，李昂和于静兰又去了天水街上的痴黠居，于静兰帮着李昂又把店里收拾好了，不至影响店铺的正常开张。

李昂一边守店，一边四处寻找那幅画。

于静兰一边打理茶坊一边帮着李昂照料痴黠居，晚上关闭店铺之后，两个人一起回家，真是有了些小两口的味道。这些天里因为一直找不到画，于静兰让李昂有了些相濡以沫的感觉，所以和她也不再生分了，她要做家务做饭收拾房间，他都由着她去。自己只是终日绞尽脑汁地思考那幅画究竟藏在哪里。他想的倒不是那批宝藏，只是想着，找到画后，可以交给国家，那样，他也就免去了一生的麻烦了。只要画还在这里，袁楚一定不会善罢甘休，他的麻烦将永远不可能终了。

李昂几乎翻遍了家里所有的角落，那幅画却始终没有找到。

于静兰像他的妻子一样几乎包揽了他家里所有的家务，这让他又是感动又是愧疚。另外，她的勤快程度也让他有些吃惊，她近乎有些洁癖，只要没事的时候就在打扫房间。她好像对整理那些书画以及清理家具上的灰尘尤感兴趣。一天要擦好几回，就像是不让一粒灰尘落在家具上一样。

“以前还真不知道你这么爱干净，都快把屋子里消毒了。”李昂道。

于静兰笑着说：“女人就是要比男人爱干净，再说茶坊里事情也不多，四处清理一下倒还算有些事做，天生的劳碌命。”

李昂也就不再说什么。

这天中午，于静兰正在厨房里做饭，厨房的门紧紧关着，怕油烟跑出来。李昂正看着一本书忽然想起于静兰多日操劳，自己只是等吃等喝，真是有些过意不去。他便放下书推开厨房的门，准备给于静兰帮忙。他一进厨房却看到于静兰并不是站在灶边，而是站在窗口。灶上倒是炖着汤，于静兰正站在窗边无声地向窗外比划着什么。

李昂一愣，就站在了那里。

于静兰听见开门声，猛地回过了头。

就在这一瞬间里，李昂忽然在于静兰的眼睛里看到了一丝惊慌，就那么转瞬即逝的一点，倏忽而过却被他看在眼里了。李昂虽不善表达，但心思细腻，内向的人多有着比较敏锐的观察力。于静兰眼睛里这一闪而过的惊慌让李昂觉得有些不对，他不知道是哪里不对，就是觉得有些异样。还有就是，她一个人站在窗口对外面比划什么？就像一个人在照镜子一样，可是，窗外不是镜子，窗外空无一人，只有蔷薇的花影。

于静兰的表情已经恢复正常了，她笑着对他说：“你进来做什么，快出去吧，油烟味大得很。”说着便半开玩笑地把他往外退。

“我是想给你打打下手的。”李昂道。

“就你还能做什么，快出去等着吃吧。”于静兰笑着说。

她把他推出去又关上了厨房的门。他也就没有执意再进去，他反复地想，窗外究竟有什么呢？窗外是一片蔷薇，还能有什么呢？

李昂正琢磨着，于静兰忽然从厨房里出来了，手里拎着一袋垃圾，说道：“锅里煲着鱼汤呢，料酒没了，我现在去门口的便利店买瓶料酒，顺便把垃圾扔下去 ，我刚才还在看收垃圾的工人来了没。”

李昂应了一声，于静兰便出去了。

于静兰刚出去，李昂就进了厨房。他走到窗前，站在她刚才站的位置看着外面，窗外只能看到蔷薇的影子和远处的楼顶，并没有什么异样的东西，也不见什么人影。那她刚才在干什么，难道她真的只是看看收垃圾的工人来了没，是自己过敏了？

正要往出走的时候，他突然看到了钉在墙上的橱柜，他略一停顿便走了过去打开橱柜，里面没有料酒的瓶子了。难道就在这个中午碰巧就不剩一滴料酒了？如果按照常理，只是料酒不多了顺手去买的话，那就不应该这么快地把空瓶子扔掉。她如此迫不及待地要扔掉瓶子，那就说明她怕他看到那只瓶子。这是为什么呢？说明她心里一定有鬼。他站在那里怔怔地看了半天，忽然想到于静兰应该快回来了，便关上柜子走了出去，再关上了厨房的门。

不过十分钟，于静兰便回来了，她手里提着一瓶料酒，向李昂扬了扬。这个动作也是有些不自然的，李昂想。李昂没说话，却是默默地看在眼里。

李昂在家里一直找不到那幅画，就开始在店里找。

他仔仔细细地在店里每一个角落里寻找那幅画的影子，可是还是找不到。过了两天的上午，李昂想去告诉于静兰中午不回去吃饭了，便走到茶坊，店里正有个客人。他径直走了进去。但是他刚进去，里面的两个人却突然不说话了，有一种很生硬的东西突然就横亘在了三个人之间，这种感觉很奇怪，像刀锋从李昂鼻翼上划了过去一样，虽然就是那么一瞬间的事情。他进来的时候是很自然的，并没有做什么，但是这屋子里为什么却有一种奇怪的紧张呢？那只有一个原因，就是其他两个人在紧张。

李昂向于静兰走过去，说了一句："今天中午我有点事就不回去吃饭了，你自己吃点。"

李昂始终没有向那个男人看一眼，但是他能感觉到那人的目光正游丝一样落在他身上。那不是看到的，是感觉到的。他在和于静兰说话的时候，发现于静兰忽然做了一个动作，就是从手边的一包茶叶里捏起了一小撮放到鼻子下闻了闻，像是在辨别这茶的新鲜度，但这个动作一看就是临时加上的。她听到他的话就答应了一声，李昂也就不再说什么，又向门口走去。他都走出好远了，还能感觉到那陌生男人的目光正黏在他身上。

李昂猛一回头，后面却并没有人。

是不是最近家里变故太多以至于自己疑心变重？李昂想。可是无论怎样，可以肯定的一点是，茶坊里的那个男人一定不是去买茶的，他一定是有着别的事。

能是什么事？于静兰并不是上海本地人，在这天水街上开茶坊也不是她自己的生意，无非是替亲戚看着店，她在这个城市里可以说是举目无亲。正因如此，才让李昂老觉得她可怜，愿意和她走近些，两个人关系才那么好。

现在，怎么突然有一个陌生人找她？

李昂又联想到了那个中午，于静兰站在窗前神秘地向窗外比划着什么，像是在打哑语。又想起她那么着急地扔掉那只不知虚实的料酒瓶子无非是急着找一个出去的借口。他一边在路上走，一边把这些天里看到的于静兰的一举一动前前后后都连缀了起来。所有这些细节和片段，像很多张照片一样飞快地从他眼前忽闪而过。这些照片因为被翻得快了些，居然连成了一部电影，里面的主角只有一个，就是于静兰。

于静兰站在那电影里神秘地向他微笑着，她的背后是一片黑暗的背景，像一个巨大的山洞，不知那山洞里究竟藏着什么。他走着想着，忽然就有些不寒而栗的感觉。他忍不住加快了脚步，缩起了肩膀。

又是几天过去了，仍就没什么眉目。

警方那边也没有找到破案的线索，就只好搁着。

李昂这里，任凭他焦头烂额就是找不到那幅《韩熙载夜宴图》。而且这么多天里，家里一直安然无恙，没有人再入室抢劫或对他发出任何警告。他几乎猜测那画已经被袁楚他们拿走了，不然的话他们应该再来找他的麻烦才是。

李昂几乎有些绝望了，却又不肯放弃最后一点侥幸和希望，袁楚也许已经认定自己拿去的那幅画是从家里带去的，而这画一定是被父亲藏在了一个很隐秘的地方，外人是找不到的。可是现在，是连自己都找不到了。他变得焦躁不安，有时候半夜半夜地失眠。就在他焦虑不已的时候，他忽然发现于静兰也在焦虑，只不过，他的焦虑在明处，是挂在脸上的，而她的焦虑在暗处，是不显山不露水的。

这晚到半夜的时候，李昂忽然就醒了，这一醒来就是无边无际的清醒，居然连一丝睡意也找不到了。但他没有动，他怕惊醒了睡在身边的于静兰。

这时候，他忽然听见了于静兰的呼吸声，这一听就让他吃了一惊，因为这呼吸声是不均匀的，是长长短短的，这说明，在这个深夜里，于静兰也是醒着的。他微微睁开了眼睛，悄悄看着于静兰。他是侧着身子睡，于静兰是仰面躺着的。借着窗户缝隙里漏进来的月光，他看到于静兰一动不动地躺着，浑身上下都是安静的，却只有两只眼睛在动。他能看到她的睫毛像两把小扇子一样在黑暗中一开一合，无声却诡异。那就是说，她其实也一直没有睡着？他悄悄地观察了她一会儿，她一直保持着那个姿势不动，只是在不停地眨眼睛。她一定是怕惊醒了他，或者是怕被他发现她还醒着。

她为什么也失眠？无论她和他怎样相互喜欢，出事的终究是他家里，是他的亲人，这种痛无论如何都不可能直直痛到她身上去。她就是再爱他，她和这家的关系终究还是隔了一层的，不可能是直接的。她不可能是为了他的亲人而辗转反侧到失眠的，她一定是有着自己的心事，而且这心事还是很重的，不然也不至于让一个人整宿睡不着觉。她能有什么事？为什么不肯告诉他？

在黑暗中，李昂又想起了于静兰有时候会有一些奇怪的表情和目光。她有时候看着他的时候，目光突然会飘得很远，就像她的魂魄已经不在她身体里了，她的身和心已经分开了。有时候她的目光里会有一种突如其来的巨大的忧伤，那忧伤像洪水一样忽然把她淹没的时候，她自己根本就控制不了，她连刹都刹不住。包括晚上在床上的时候，她时而温柔时而竭斯底里的疯狂，她的目光在那一瞬间里也是狂乱的，是收都收不住的。那个时候她会给他一种奇怪的感觉，就是她好像存心要给另一个人看一样，她会流露出一种报复性的快感和一种很深的绝望。那种绝望感在她眼睛里洋溢开来的时候，就像一潭很深很静的湖水，似乎正在把她彻底淹没。可是房间里只有他们两个人，那就说明在她脑子里正有一个隐形的人看着她，也看着他。

在这个深夜里，两个人都醒着，却都假装睡熟了，唯恐惊动了对方。

李昂把所有的事情前后想了想，开始断定，于静兰一定是有心事，而且还是无法启口的，是不能对他说的。他想，确实，他和于静兰熟起来，多半只是因为他常去喝茶。谁要是问他对这个女人有多少了解，他还真的说不出来。她就是一个在上海打工的外地人，她来上海之前是做什么的，有什么样的家庭背景，有兄妹几个，他居然一点都不知道。想到这里他禁不住出了一身冷汗，这个女人对他来说似乎是只有突然清晰起来的后半截，前半截却是面目模糊的，他是根本看不清楚的。他和这样的半个人却还能这样亲密？他越想越害怕，越发觉得躺在身边的这个人是个陌生人。

第二天，等于静兰去了茶坊之后，李昂留在家里。四下里寂静无声。看着周遭，不免睹物思人，心里又是一阵难过。慢慢地，这难过竟转成了动力，给他新注入了很多力气一样，使他更迫切地想知道真相究竟是什么。

第二十章

凭直觉，李昂知道，他已经快接近真相了。他现在已经站在这真相的边缘上了，虽然还没有明确地看到那个入口，可是他已经嗅到里面的气味了。

李昂感觉到于静兰接近他是有目的的，是刻意的，他现在一想，自己和于静兰能熟起来不也是因为于静兰的主动吗？

这就是说，于静兰当初接近自己是早已经安排好的，她是按照步骤一步一步接近自己的？自己只不过是在不知不觉中一步一步走进了她设好的圈套？

可是，现在，他有了疑问，那就是，他有什么值得于静兰下这么大工夫接近的价值呢？

为钱？他和她接触这么久，这一点是可以排除的，她显然不是为钱来的，况且他也没有多少钱。那她是为了什么？

李昂想起当初刚认识于静兰的时候，只觉得她单纯活泼，为人热情，一派天成的简单，和她说话的时候会让人觉得很放松。李昂并不是市井中人，对女人有无家庭背景有无钱财这些身外的东西看得很淡，只是被于静兰身上的纯真之气吸引，渐渐也对她有了好感。却不料突然觉得，他一直以为单纯简单的女人身上却藏着深不见底的玄机。

李昂又想起了那天晚上于静兰执意要跟他回家，理由是害怕，现在想来却是应该有着更深的理由。包括后半夜她突然来敲他的门，不肯回楼上睡。最终和他在那一晚有了男女之事。当时只觉得是环境所逼，意外的绝境让他没有来得及多想什么，现在再想，却觉得这全部是她安排好的。她利用他那一晚的绝望心境和他有了更深一层的关系。

现在想来，连这上床都是一种阴谋，这让李昂不寒而栗。就像在半路上捡到了一只好看的瓶子，只觉得好看便带回家里摆在桌上，摆了许久了突然有一天不小心打开了瓶塞，竟发现瓶子里一直住着一个魔鬼。现在，是他自己把她放出来了。

就着这一点线索，李昂艰难地往前摸索，如果这点线索也断了，那他就真的是再理不出什么头绪了。

可是，于静兰为什么要和自己有肌肤之亲呢？喜欢只是一种借口，一定有比喜欢更真实的理由。他又想到于静兰这么多天里在他家的表现，忽然想明白了，她急于在她和他之间确定一种关系，一种稍微可靠的稳固的关系。在这么短的时间里，在他家这种凌乱的局面下，不可能有什么更好的方式，结婚那是根本不可能的。彼此间一种暧昧的好感也是太脆弱，根本算不得任何关系。那么，能把一个男人和一个女人之间的关系快速稳定下来的另一种办法就是，发生性的关系。当然这一招并不是在每个男人身上都能奏效，不同男人对待性的态度本身就是不同的。但是她能那样做一定是因为，在先前的接触中，她对李昂是个什么样的人，大致已经了然于胸了，她大致已经捏住了他的七寸所在。最起码她有把握的是，在她和他有了肌肤之亲之后，他会对她怎么样。

果然，正是从那一夜之后，她便名正言顺地住在了他家里，给他做饭做家务，完全是关系确定的女友甚至是未婚妻的姿态。而他呢，从那一夜之后也确实觉得她亲近了很多，她在自己家里住着似乎也是理所应当的，他甚至已经习惯了她住在他家里。

而且，甚至可以说，于静兰真正想接近的并不是人，而是他的家庭或者是他家的这幢房子？可是，他的家庭或者他家这房子里又有什么秘密呢？值得她这样苦心孤诣地从自己身上下手？想到这里，他站起身来走出房间，在空荡荡的房子里四处走动着。他看着房间里的那些家具，想起了于静兰经常擦拭它们，它们才会这样明净，几乎是纤尘不染。看到这些明亮干净的家具他对于静兰有些感激，心头一阵温柔的牵动。但是就在这同一瞬间，他忽然想到，她为什么会那么频繁地擦拭这些家具呢？难道就真的因为她有严重的洁癖？还是，她其实是在这些家具间寻找着什么东西？

难道，也是为了那幅画！李昂感到背心一阵发凉。

李昂再次想到了宋依云。宋依云跟他一样，在这世界上没有任何亲人了。而他呢，竟然跟另一个女子欢声笑语，完全忘记了这个曾经救过他的女人。

李昂心里渐渐开始清晰起来，可是他知道这时候还不能惊动于静兰，更不能质问她什么，那样他只能离真相越来越远。于是，他装作什么都不知道的样子，继续不动声色地观察着她。他要比她更有耐心。

又过了几日，还是照旧，什么都没有发生，案子也破不了。

李昂勉强压抑着心里的焦虑和烦躁，花更多的时间去找那幅画。这天，他忽然想起了店里铺的石砖。除了这地底下，别的能翻到的地方他都翻遍了，却还是找不到那幅画。于是他决定把这砖地全部翻一遍。

这天李昂没有开张，自己躲在店里开始一块一块地撬那些石砖。一天时间里撬开了一半的砖，但砖的下面是石灰地，坚固无比，也没有看到什么洞口。

李昂有些灰心，但决定明天还是要把剩下的一半转撬开。现在，只要有一线希望他都不能放过。他看了看时间，快到吃晚饭的时间了，他早上就告诉于静兰晚上先回去，他有点事要办。现在，如果再晚了的话，只怕于静兰要起疑到店里来找他，那就不好解释了。满地翻开的地砖，好比红口白牙，撒谎都没处撒的。他便洗了洗脸上的灰尘回家去了。

家里，于静兰果然已经做好了晚饭，正等着他回来。两个人坐在桌前。

“怎么领子上有这么多土，你干什么去了？”于静兰忽然伸手在他领子后面掸了一下，关切地说道。

李昂一愣，终究是说不惯谎的人，只胡乱搪塞了一句说：“路上灰大吧。”

两个人都不说话了，默默吃饭，吃了一会儿，于静兰又开口了，她好像很不经意地在没话找话，闲闲地说：“这案子一直也破不了，真是让人着急。你那天和我说的那些人要找的那幅什么画找到了没？这些天我还担惊受怕着那些人要再来找那画呢，结果也一直不见动静，会不会他们是已经把画拿走了？”

李昂默默地吃着饭，听到这句话的时候，他忽然心里一动，把前前后后这些事忽然就在心里彻底连了起来。

人往往都是这样，越是在乎的东西越是装得不经意，因为唯恐失去。于静兰刚才那句话听起来就是句闲话，似乎就像夫妻间随意说起的闲话，可是，李昂是已经提前在自己身体里注过抗体了，他有了免疫力，对真的东西和假的东西便分外敏感。她越是装得闲散淡定若无其事，他越是能一眼看出她的醉翁之意不在酒，看出她闲话背后绷紧的赤裸裸的神经。她也是紧张的，她的紧张不比他少一点点。

他们两个，现在都手握剑柄，是随时都会出鞘的。可是，她先让他感觉到了她的紧张，那说明她本身就已经有漏洞了，她坚持不了太久了。

李昂现在要做的就是顺着她，帮着她往她想去的方向走去。他便用更若无其事的口气说道："这几天我翻来覆去一直在想，今天才想到一个我一直没有想到的地方，我父亲书房里的那只书橱下面不是有三只抽屉吗？那其实是个机关，外面看着是三只，三只也都能打开，但其实里面是四只抽屉，最下面一只是暗抽。是要从书橱后面才能打开的，但一般人从前面找的话一定以为就三只，把三只都看过了也就作罢了。今天太晚了，我明天就去看看。"

于静兰淡淡地哦了一声，没再说什么，好像对这件事情完全是没有兴趣的样子。

吃过饭于静兰便收拾了碗筷到厨房里洗去了，洗完之后又洗漱，两个人像平时一样到时间就睡觉去了。于静兰看起来好像比平时要困一些，她说觉得有些累，先睡了。李昂看了会书，看见于静兰很安静，一动不动，好像是睡着了。他便关了灯，也无声地睡下了。窗外已经是一轮残月，半枚钱币一样贴在夜空中，月明风清，整个世界都睡着了。月光从窗户里泻进来，照在两个人盖的碎花被子上。

两个人一动不动，都像是睡熟了。

越到后半夜月亮就越亮，到了万籁俱寂的时候，简直亮如白昼，一种阴森的清冷的月华像雪一样把一切盖住了。忽然，那碎花的棉被轻轻动了一下，先是很轻很轻的一下，就像湖面上泛过的最轻微的涟漪，几乎是看不见的。到后来，这涟漪在一点点变大，一点点明晰起来了，就像在那水面下已经生出了一个胎儿。这胎儿自己长大了，就要破土而出了。那碎花的棉被上一阵波纹摇曳，却是无声无息，然后从这摇曳的波纹里蜕出一个人来。却不是什么新生的婴儿，而是于静兰。

于静兰无声无息地从那被子里钻了出来，然后从床上下来，赤脚站在了地上。一头长发散开着，四面披下来，她没有去整理那头发。她穿着一条白睡裙，睡裙的裙摆像水一样垂下去，像是要一直流到地上去了。

于静兰静静地站在床边，看着床上的李昂。

李昂周身都埋在那碎花被子里，一动不动，呼吸声很均匀，完全是睡熟的样子。她又静静地看了他一会儿，才无声地迈出了步子。她赤着脚踩在木地板上，每走一步，睡裙的裙摆就像莲花一样摇曳，无声绽开。

于静兰在这午夜的月光下忽然就身轻如燕，好像没有了一点点重量，又像一只诡异的猫正在午夜的时空里穿行，脚步无声无息。她无声地移到了门口，然后极尽小心地开了门，门几乎是无声裂开的，像一道神秘的山洞在咒语中缓缓打开了。她一点一点地推开那扇门，推出一道缝的时候，她把全身缩进了那道缝，然后她就从卧室里消失了。她轻轻掩上卧室的门，就着月光辨别了一下方向，然后她像无声的鬼魅一样向二楼飘去。

白色的睡裙像水一样一级一级地淹没了楼梯，最后，于静兰已经站在了二楼，她略一迟疑，便向着最里面的那个房间飘去。走到那房间门口，她伸出一只雪白的手，握住了门把，轻轻一旋，门就开了。

李昂家的房间都是不上锁的。这一道门也无声地绽开在她面前了，露出了里面黢黑寂静的核，像割开了一枚果实，露出了里面已经腐烂的果肉。

这间屋子因为长年紧闭，加上众多的书籍和书画，油墨味混杂着墨香纸香，在不通风透气的环境里渐渐有些发酵了，猛一闻上去简直像被什么东西重重击在了口鼻间。因为藏书藏画的缘故，屋里常年拉着厚厚的窗帘，就像没有窗户一样。所以她迟疑地站在门口没有往进走。因为屋子里看过去只能看到一簇簇的家具的黑影，具体在哪有些什么却是完全看不清的，简直像掉进了一个密闭的山洞。

于静兰幽幽地静静地站在门口，不动，没有一丝一毫的犹疑和恐惧，她像一尊月白色的石像站在月光里，冰冷，阴凉，身上带着午夜里的魅气。她在等着眼睛完全适应屋子里坚如磐石的黑暗。

她白天身上那些可爱、热情、明朗的东西在这个午夜忽然间就全部消失了。就像突然之间她身体里长出了另一个人，这个人和她本人竟是完完全全陌生的，不相关的。

其实，她身体里本来就住着两个人，只是一个在白天苏醒，一个在晚上复活。白天的那张脸是她的，晚上的这张脸也是她的。没有人能同时看到她的两张脸，没有人知道她本来就是个双面人。

她已经适应了房间里的黑暗了，于是她无声地走了进去，走了两步她停住，像是想了想，然后便向窗户走去。她走到厚厚的窗帘前，轻微的一声哗，她把窗帘拉开了。窗外的月光立刻无孔不入地涌了进来，这幽谷一般的屋子里顿时被镀了一层碎银，这碎银的光泽很稀薄很微弱，但是已经够她看清这屋子里的格局了。

她站在窗前略微打量了一下屋子里的家具，犹豫片刻便准确而凶狠地向着那只高高的书橱走去。暗褐色的书橱在黑暗中肃穆阴森地立着，她毫不畏惧地与它对视着。

这书橱的最下面确实是三只抽屉，她的手从这三只抽屉上柔若无骨地摸过去，却一只都没有开，她在找这些抽屉的机关在哪里。如果开那只暗抽的机关在书橱后面的话，她就必须得把这书橱移开，因为书橱是靠着墙的，她必须挪开它，绕到它的背面才好。可是这么庞大沉重的书橱显然是她一个人挪不动的。她便在那几只抽屉前蹲了下来，她静静地冷冷地看着它们。柚木的清香让这午夜更加凛冽清旷了。

她无声地看了一会然后明白了，她可以把上面的这三只抽屉都拿出来，最后一只也就浮出来了。

她的白色睡裙盛开在了木地板上，像一朵巨大的白莲。她抽出了第一只抽屉，轻轻放下，然后是第二只，再放下，然后是第三只。

果然，最下面还有个抽屉，但是她仍然看不到它的机关。这只抽屉的设计原理利用的是人们的视觉误差，不知内里的人，就算是把三只抽屉全部抽空了，最下面这只因为是凹下去的，让人感觉不到它的厚度，所以一般人是不会觉得这下面还有一层的，只会觉得这就到底了。那上面没有按钮或拉手，平平整整一块木板。

她的手在这木板上轻轻抚摸着。她连每一道缝隙都摸过去，她看不清它，只是完全在用手指上的末梢神经感觉着它。这时候她已经摸到最里面的边缘了。

忽然，她的手停住了，因为她的手指肚感觉到了一道几乎不存在的缝隙。极细极轻的一道缝隙。她把长长的指甲伸进去，只轻轻一抠，整块木板就弹起了一寸高，露出了一道更宽的缝，然后她把四个指头伸进去，只一拉，那整块木板就无声地被拉起来了。露出了藏在最下面的那只暗洞。

她无声无息地把一只手伸进去，准备把里面的那些东西拿出来。就在这个时候，她背后清晰地响起了一个男人的声音，“你在找什么？”

她一下就被冻在了那里，动弹不得。她不动，身后的人也不动。过了几秒钟她才反应过来，站在她身后的是李昂。他没有睡着？

他没有睡着，一直就醒着，她也一直醒着，他们两个在一张床上不动声色地骗着对方。她以为他睡着了，他却知道她一定醒着，所以他耐心地等着。他在这书房里设了一只饵等着她，结果在这个午夜她真的上钩了。

于静兰转过身来看着身后的李昂，他就在她身后两步远的地方。那他一定是悄悄跟着她上来的，从她起床的那一瞬间其实他就在跟踪她了。于静兰那张雪白的脸从纷纷扬扬的黑发间浮了出来，在月光下看起来愈发惨白，像用汉白玉雕刻成的。就在这一瞬间她还是本能地，完全是出于本能地想为自己做点辩护。她脱口而出："我是在帮你找那张画，我看你这么多天都没有找到，人也累坏了，我就想着晚上帮你找找，反正躺着也是睡不着。"

李昂的脸上看不到一点点表情，像一扇关起来的窗户，窗户里是什么完全看不到。只是在月光下能看到他的眼睛异常明亮，亮得让她都害怕了。

"你为什么睡不着呢？"李昂道。

"因为我很担心如果这画再找不到的话，我们都要跟着受牵连，我担心你哪天遭到什么不测，所以我想尽快把这画找出来。"于静兰无力地说。

李昂冷笑："你真的是为我找这幅画吗？还是为你自己找？"

一个到了临界点的人散发出的最可怕的气场其实不是暴风骤雨，而是一种巨大的平静，这种平静像一种利刃，隔了好远就能让人闻到它的冷铁之气。

现在，于静兰在李昂身上感觉到的就是这样一种可怕的平静。

在这种寒光闪闪的气场中，于静兰知道自己做什么都是徒劳了，如果再做解释的话无疑要被他更看不起，更看穿看破。

她想李昂大约是突然发现自己其实一直在被欺骗。那种感觉对一个人来说无疑是一种侮辱，他受不了这种被欺骗的感觉。

两个人像是同时掉进了一口很深的井里，这铜墙铁壁般的井里只有他们两个人四目相对。反正都到底了，所以都有了破釜沉舟的心，就是再往下掉又能掉到哪里呢。

于静兰想，他居然一直怀疑她，跟踪她，可见他对她又有多少真心？可是自己呢，自己又有什么资格要求他对她的真心？就算她对他是有真心的，这真心却终究抵不过她的真实身份。她潜伏在他的家里，她只是一个卧底。

她看着他铁一样的目光，知道今晚就是解决一切纠结的时候了。是时候了，她想。她终于说话了，她的第一句话是："你猜得不错，我来你家里就是为了找到这画。"

李昂不说话，她便接着往下说："你知道的是，这幅画让你和你的家人陷入了一场阴谋；你不知道的是，袁楚是我的情人，我就是被他派来接近你的。你觉得害怕吗？"

李昂还是不说一个字，静静地看着她。

于静兰接着说："我从小就认识袁楚，我们在一条街上长大，他大我十二岁，我一直把他当成我的哥哥。我上高三的时候他让我做他女朋友，我答应了。从那时起我们就每天形影不离。他就是一个街头的混混头目，可他对我很好，常常对我说，等我大学毕业后就娶我，我就死心塌地跟着他。后来我高中毕业没考上大学，也没找到工作，就只能每天和他混在一起。那个时候，他开始到南方去贩茶，我就在家那边开了个茶铺。慢慢地，我也知道了他做的这些生意来路不正，劝了也没有用。我本想着，再过两年就和他结婚的。因为那时候觉得无论这个人再怎么坏，我们毕竟在一起那么多年，这个世界上没有人比我更了解他，也没有人比他更了解我。可是，这些年里他一直在变，一直在朝着更坏的方向走。为了能容易地赚到钱他开始不择手段。当我后来渐渐发现他的种种行径的时候已经晚了，我已经深陷其中成了帮凶。我曾试图要远离他，结束这种让我心惊胆颤的生活，我终究是个女人，是想过安稳踏实的生活的。可是，已经晚了，他说只要我离开他跟别的男人走了，他就追过去把我杀掉，把那男人也杀掉。

“我知道他的这话不是假的，因为在这几年风口浪尖上的生活之后，他的心正变得越来越硬，越来越狠，我知道，他是真的能下得了那个手的。如果我背叛了他，他会觉得这对他来说是一种耻辱，他情愿杀掉我都不会让他自己受辱。这就是男人。而我呢，高中毕业后就一直没有正式的工作，没有稳定的收入，为了生活我不得不依附于一个男人，就这样我对他也有了依赖性，你依赖某个人了，自然就得受他摆布。我就是这样，因为生活上的无法自立，始终和他纠结在一起，越陷越深。后来他认识了一个人，那个人告诉他，有一笔宝藏的秘密藏在一幅画里，他们便合伙开始寻找那宝藏。我也成了寻宝的一员，成了袁楚的傀儡，他让我干什么我就得去干什么。和你说句实话，这种生活我早就厌倦得不能再厌倦了，我一天都不想往下过了，我根本就不相信存在什么宝藏。这么几年里我就像一个鬼一样生活着，跟着他上了他认识的那个人的很多恶当，挖了不少坟墓，什么也没找到，成天跟死人打交道，没有一点人气，我们寻宝的消息不知道怎么透露出去，还不断有人骚扰、威胁我们。你甚至都不知道自己还能不能活到明天，那种生活会让你觉得没有任何希望，随时会成刀下鬼。那种绝望感是能让人崩溃的，抽烟喝酒吸毒都解决不了，什么都遮盖不住。就这样的生活，袁楚居然能一直往下过，他真是强大啊。我曾希望他尽早收手，我们浪迹天涯。可是人的贪欲是无止尽的，只要开了头就收不住了。他就这样一路狂奔着往下走，还拖着我做陪葬。

“如果不是遇到你，我也许还在地下做着不见天日的鬼。是你让我感觉到了真正的生活和人的气息，真的。其实从最早开始，从我在天水街上出现的第一天起，一切就已经是预设好的。这一切都是一个阴谋。袁楚认识的那个人，总算告诉了袁楚实情……哈哈，因为袁楚跟他女儿结婚了。我们找到了你和你父亲。我在天水街上开茶坊就是为了接近你们。而这一切不过就是为了那幅画。我不想找了，我只是奉命而来，我只是被操纵着无法脱身也不能自已。你懂吗？我对袁楚的恨也就是在这个时候越来越浓了，你想，我是他的女人，这么多年我们一直在一起，就像彼此的亲人一样。经历了这么多风险我都没有离开过他，可是他是怎么对我的，无非把我当一只诱饵来钓鱼，来钓到他想要的东西。他根本就不管我的死活，他居然让我去做别的男人的女朋友，接近别的男人，而他，更是堂而皇之地娶了别的女人。就是为了能找到那幅画。如果他对我还有一点爱的话，会这样对我吗？不仅这样，他为了接近你父亲，不惜跑了那么多趟，也就是为了接近你家为了那幅画。你父亲还以为他有多敬重他，却不知道自己不过是他的一粒棋子。

“我也不过是袁楚手中的一粒棋子。他居然还给我讲他和宋云城女儿在一起的情形，他甚至给我讲他们有过怎样的肌肤之情，宋云城女儿怎样温柔体贴。你知道我听的时候是什么感觉吗？那是我的男人啊，我一边微笑着听，一边用牙齿紧紧咬住自己的舌头，不让自己发出声来。那个时候我真的恨宋云城的女儿，我也恨他，是那种恨到了骨头里的恨，这辈子只要有机会我就恨不得杀了他。他对我就这么残酷。他不把我当人，对他来说我根本就是一个工具，随意被他利用而已。

“最早接近你的时候，我确实是带着目的来的，因为我有任务在身。可是，我必须承认，在后来相处的过程中，我真的一点一滴地喜欢上了你，因为我看到了你身上的好，我真的慢慢被你吸引了，到最后我终于告诉我自己，我爱上你了。尤其是这段时间和你住在一起的时候，我深深地觉得和你在一起很幸福，我想要这样的生活，哪怕没有钱我也愿意过这样的生活，我愿意和一个能让我安宁的男人在一起相守也不想再去过那种在刀尖上舔血的生活。这么多年只有和你在一起的这几天里我才觉得我过的是人间的生活，我真的很留恋。可是和你在一起的每一分钟里我内心都是狂乱的，恐惧的，纠结的，因为我知道我和你在一起的每一分钟都是危险的，都可能是最后一分钟。我舍不得离开你，可是如果我一直找不到这幅画，袁楚一定还会想其他办法来对付你，还可能会加害你，他什么事都做得出来的。如果我找到画了我就该离开你了，这一别可能就是永别了，我的任务完成了我就会被袁楚收回去，你就可能发现突然之间我和我那茶坊在一夜之间就都不见了。就像聊斋里的故事一样。如果是那样，那是因为我又回到地下去了，继续做我的鬼。所以你知道我内心里那种巨大的恐惧和绝望吗？你和我在一起的这么多天里就没有发现我有时候根本压抑不住那种巨大的绝望吗？因为我还是个人。

“我之所以要住到你家里来也是为了找到这幅画。就在你和你父亲都去了武当之后，袁楚就派人到你家和店里翻了个遍，但他始终都没有找到那幅画。他才决定继续留下我来试探你，硬的不行就来软的，再接近你好套出这画的下落。不过，后来听说你已经把真画交给袁楚了，他也就不再怀疑你了，也就不再管我了。……他骗了我，他说过，只要我帮他找到你家里的这幅真画，他就离开宋依云，跟我结婚的。

“我没什么地方可去，就继续留下来。你回来后，我才知道你并没有交出家里的那幅画。就在今晚在我来这房间里之前我就想好了，找到这幅画我就把它交给袁楚，这样他就会放过你，你就不会再有危险，只要你愿意，我就和你一起远走高飞，离这些是非远远的，去过一种踏踏实实的人间的日子。我是从风口浪尖上爬出来的人，所以我现在什么都不奢求，什么都可以看透，只想要那种最简单的正常的生活。我不知道这幅画对你究竟有多重要，我只觉得它根本就是不祥的，如果不是那么重要，你真的不要再留它了，无论通过它能不能找到宝藏，它都只会给你带来杀身之祸。人要那么多钱其实是没用的，特别是为了钱而失去其他一切的时候。留它一天你就危险一天，不如把它交给袁楚，你也就没这么多危险了。今天晚上我把一切都告诉你了，我说的每一句话都是实话，利害关系也都告诉你了，我对你的喜欢也是真的，既然画就在这里面，你自己决定怎么处置它吧。”

李昂听她这么说，起初还是愤怒的，越听她说，越是麻木，脑子里乱成了一团浆糊。他定定地看着她，这张脸，这个人，是那么熟悉，又那么陌生。

“你不是说袁楚怎么怎么对不起你么？你现在竟然还想着要找到画给他？”李昂道。

“我……”于静兰支吾道，“是担心你的安全，我们斗不过袁楚的。”

“那真要谢谢你了。”李昂顿了顿才说，“画不在这里，不信你自己看。”

于静兰听了这话走到墙边开了灯，然后再向那只暗抽里看去，果然，里面只有几本线装古书，并没有什么画。她愣在了那里。

李昂冷冷地说：“和你说实话吧，我也不知道这幅画究竟在什么地方，我告诉你它在这里只是为了能让你早点现出原形。”

于静兰吃惊地看着他。

两个人在亮如白昼的灯光下又一次看着彼此，这一看和先前那看却又不一样了。前一次的看毕竟还是雾里看花水中看月的，终究是看不清的；这一次却什么都是透亮透亮的，什么都是一眼到底了，似乎连这个人的五脏六腑都看清楚了。

于静兰的眼泪忽然就下来了，她说得没错，她对这个男人终究是动了心的。一个人只要动了心就一定会痛。其实她早就明白的，一个人只有冰冷如铁才能不受伤，才能强大地活下去，可是她终究是女人，她还是纵容了自己的感情。她不该爱上他的。现在，她的感情就在受着这样的煎熬，可是她已经收不回去了。

而在李昂这里更多的却是气愤。他想起刚认识她的时候，觉得她是怎样的天真可爱，通身带着一种天然的活力，这对于拘谨严肃的李昂来说无疑是一种吸引力，因为他没有，却又是他需要的，所以他才会对她产生好感，才会有了后来的接触。像他这样的人并不滥情，动一次感情就是一次，就是真的当回事了，尤其是和一个女人有了肌肤之亲，他就觉得她离他已经是很近很近的一个人了，就不是外人了。可是这个离自己很近很近的女人却原来是一个潜伏在他身边的卧底，时刻觊觎的不过就是那幅画，却还说对他日久生情？

这是一种强烈的被欺骗的感觉，他对她毕竟也是有过喜欢的，尤其是这些天里她让他有了相濡以沫的感觉。可是现在他感觉就像被什么重创了一下。这么可怕的一个女人居然在自己身边待了这么长时间。他还能说什么？他只想让她快点消失，快点从他眼前消失。他冷冷看着她说：“若不是你们，我爸也不会去武当，更不会死。”

他说的是“你们”，毫不手软地把她推向了袁楚那边。他的意思也是要告诉她，他和她已经没关系了。

于静兰透过泪光看着他，知道他已经在渐渐远去了，任是什么都不能把他叫回来了。她对他这样掏心掏肺地说出了全部的实话，他也不过这样冷酷地对她。似乎就只是她欠了他，那又是谁欠了她？

于静兰的心也冷了几分，话已至此，如果再说下去就是她愚蠢了。她也不想让他再恨她更深，她也不想再把自己和袁楚无限制地牵扯到一起去，她便说：“我只不过是他的一枚棋子，用到的时候用，用不着的时候就扔在一边。”

李昂久久没有再说话，于静兰也没有说话，只是眼泪哗哗地往外涌，却也是无声的。

这时候窗外的天色已经开始泛出青光了，马上就要天亮了。新鲜的晨暮已经落在了他们的身上，像时间的脚，一寸一寸地活过来了。

李昂像是下定决心的样子，不看她却终于说了一句：“你走吧。”

于静兰还是一句话都不说，只是眼泪哗哗地涌出来。

许久许久，于静兰才说了一句：“如果我现在离开你了，你也就危险了，我没有找到画，袁楚是不会善罢甘休的，也不会放过你的。我真的不想让你陷入这样危险的境地中，你不了解你的处境。”

这句话让李昂再次愤怒了，他说：“我危不危险关你什么事，不需劳你费心了。你走吧，我不想再见到你了。”

这句话已经是永别的意思了。

于静兰满脸是泪，却没再说什么。什么都说过了，再说也不过是徒劳。

她从他身边走过去，仍是赤着脚，无声无息的，下楼收拾好了自己的东西，穿好衣服，在一天的太阳刚刚升起来的时候，她推开门离开了李昂家。

李昂在楼上听到了门响，并没有下楼，也没有走到窗前看。

李昂只觉得浑身都没有力气了，他觉得心里很乱，急需安静下来。

第二十一章

于静兰背着包回到了天水街上的茶坊。

今天是早约好的，袁楚会过来找她，她等着他来。上午的时候，一个戴着墨镜的男人进了茶庄。她认出是袁楚。于静兰看见他进来了却坐着没动，袁楚不放心地看了看街上的人，发现没有什么人注意他才坐了下来 。

“那幅画找到了没有？情况怎样了？”袁楚低声问。

“你来这么快干嘛，画不是还没找到吗？”于静兰有些生气地反问道。

“是，但我在想，他家里是不是还有别的什么线索？”袁楚道。

“没有。”于静兰冷冷地说。

“你怎么知道？”袁楚放下茶杯。

于静兰不说话，只是呆呆坐着，不动也不说话，像用木头刻成的。

袁楚又问：“你怎么不说话，快说，你在他家里发现了什么没有。”

于静兰忽然就大哭起来，还是不说话。袁楚站起来看看街上，把门从里面锁上，把于静兰拖到了店铺后面的卧室里。

袁楚把于静兰扔在床上说：“你又发什么神经！”

于静兰还是大哭不止，这么多天里的委屈她一直就憋着压着，快把自己压垮了。从昨晚开始她就拼了命地想哭，也不是具体为什么哭，就是想哭。这是她发泄自己的唯一通道了，她没有真心也就罢了，她有点真心的时候还是要被凌辱。她就坐在那里嚎啕大哭。

哭累了，于静兰才说道："你把我当什么，你还当我是你的女朋友吗，你简直就不是人，你让自己的女朋友去勾引别的男人，我就是和他上床你也不在乎也无所谓，你的眼里除了那幅画还有什么？还有我这个人的死活吗？告诉你画我找不到了，我也不想再去找了，我也再不要回到他家了。你没看见我把东西都拿回来了吗？我再不去了。你爱让谁去就让谁去。"

袁楚气急败坏地冲到她面前说："你说什么！你为什么不回去？"

于静兰也豁出去了，她说："我就不回去，我是他什么人你让我和他睡到一起去，你想过我的感受没有？我受不了，我就是受不了。你当我是什么，当我是婊子啊？"

袁楚伸出手来啪地给了她一个耳光，这一个耳光几乎把她打到了地上。

于静兰捂着脸瑟瑟地趴在那里，只听袁楚说："你想坏了老子的计划，老子饶不了你。告诉你这幅画比你的命值钱，你乖乖听我的话回去继续找画，不然我让你死得很难看。你要是有什么别的心思，我告诉你你就是去了天涯海角我也要把你追回来，到时候我会让你生不如死，你自己看着办吧。不想死就乖乖回去给我找画。你要是敢在李昂那小子身上打什么主意的话，我就让你和他一起死。总之，你不用想着能逃出我手掌心去。我有钱花就有你的，我想让你死你就不用想着能活。"

"我早就不想活了。"于静兰苦笑了一下。

"你以为，李昂会喜欢上你吗？"许久，袁楚忽然说道。

"那又关你什么事？"于静兰冷笑。

"是不关我的事儿。但我知道，李昂真正喜欢的是宋依云。"袁楚笑道，又摇了摇头，“我们啊，都是两个傻瓜。我跟宋依云结了婚，你跟李昂在一起。可他们却彼此惦记。”

于静兰呆呆地坐在床上。

“你想想吧。”袁楚戴好墨镜，四处又看了看，顺手拎了一包茶叶装作买茶的样子就离开了。

静兰一个人在那里哀哀地哭。

她知道自己真是走投无路了，没有一条路能走得通。

那晚李昂发现了于静兰的真正面目之后虽然很愤怒，但是她的一些话他还是听进去了。比如她最后说的那句，如果她离开他了，那袁楚也就该对他下手了。虽然于静兰走了，但这句话却是被她留下来了。

李昂心里还是恐惧了，尤其是于静兰一走，这么大的家里就只剩下他一个人了。走路的时候似乎都能听到回音，让人觉得毛骨悚然。更糟糕的是，他不知道这房子周围或者就在这房子里面究竟藏着多少只监视他的眼睛。

他在明处，他们在暗处，他觉得每走一步路都有人在后面看着，背上一阵发冷。一个女人一走竟把房间里一半的温度都带走了，给他留下了光秃秃的残垣断壁。于静兰走后他开始感觉到她的好了，她对他那种无微不至的关心和照顾现在一下都没有了，他怅然若失，像身体里的一些东西一下被抽空了，只剩下了一具空壳。他又细细回想了一下她那晚说的话，又想起平日里就看到的她一些焦虑狂乱的表情和目光，现在总算有了个解释了。看来她说的也都是真的，人在那种情境下还有多少心思说谎？大约说的也是真心话。

袁楚把她当工具用，而她在与他的接触中可能也确实有感情了，如果没有感情的话，她也许不能那么入戏，演得好像真是他女朋友似的。她必定还是动感情了。可是就算她说的都是真的，她确确实实对他动了心，他也对她动了心，事情到了这种地步他们又怎么可能再在一起？他们根本就不是一个世界里的人，也不可能走到一起。所以于静兰走后，李昂凄凉归凄凉，却是知道他们是回不去了。

于静兰走了，袁楚应该很快就会来找他了。他越发害怕，想着赶快离开，可又想到袁楚他们还没找到那幅画，他逃到什么地方都是没用的。他只能把画找到了，赶紧交给公安机关，这是他唯一的出路。

李昂几乎一个白天都吃不下饭。

于静兰走之前的那天他已经把店里的地面上的砖撬了一半，现在他得接着把剩下的砖撬起来。他把剩下的所有的砖都撬开后也没有发现地砖的下面有什么秘密的机关。他把这地面拿锤子整个敲了一遍，听着下面发出的回声哪里是不一样的。如果下面是空的话，发出的声音就是梆梆的。他伏在地上一寸一寸地敲打着地面，但是声音很均匀，没有听出哪里的声音是异样的。这是不是说明地下并没有什么洞可以藏东西呢？他一筹莫展地坐在那里，然后只得把地砖一块一块地再盖上去，然后拿石灰浆勾了缝，恢复成原来的样子。

李昂想，家里所有能翻过的地方他已经全部翻过了，那更大的可能就是在这店里了。他仔细地研究着店里的每一件家具，想发现它们会不会有什么暗门。这样一天下来他什么都没有发现，只好疲惫地一个人往家里的方向走。从店里出来时他刻意从于静兰的茶坊经过了一下。

李昂想看看于静兰还在不在茶坊里，如果她的茶坊已经关门了，那就说明她真的像她自己所说的那样忽然之间就神秘地失踪了，从此以后他再也见不到这个人了。可是茶坊居然还开着，里面亮着灯。他看到于静兰一个人坐在那里捡茶叶。她不知道在想什么，木木地坐着，手机械地动着。虽然不过早晨才分开，可是他这样隔着一扇玻璃门看她的时候还是有了千山万水的感觉，心中又是难过，又是厌恶，他看了她片刻便悄悄离开了，向家里走去。

这个晚上李昂分外恐惧。因为今天晚上就他一个人了，他想起了于静兰的话，他们一旦分开，就不知道袁楚会怎么对付他了。这个晚上他一进家门就把门从里面栓死了，把所有的窗户都关严了，再垂下窗帘，他就像把自己包在了一只匣子里一样。走到厨房的时候他忽然想起了那天于静兰站在窗口向外面打手势的事情，突然心里就一阵紧张。

他像被什么牵引着走到了窗前，就像有无形的人在那里拽着他一定要去看一看。他走到窗前推开那扇窗户，看到窗外就是一丛蔷薇，蔷薇的影子在黑暗中静静站着。他也站在那里，却就是觉得哪里不对，说不出是什么地方不对，就是一种直觉。

他想了想，拿来了手电，心里狂跳着却还是向那丛蔷薇照过去。他仔细地看着那丛蔷薇，突然发现其中有一朵蔷薇比别的花要大些，花蕊很饱满，他有些奇怪的感觉，伸出一只手去刚好够到了那朵花。他一使劲就把花折了下来。

他把那花拿在手里反反复复地看着，因为他总觉得这花里有些不对劲的地方。他把那花瓣一瓣一瓣地拆了，现在只剩下花蕊了，他伸手一摸，这花蕊竟是硬的，凉的。他把花蕊外面的那些东西都搓掉了，发现剩在最里面的是一只黄色的像硬币一样的东西。

花里怎么能长出这样的东西？

他捏着它再一看，忽然明白了，这是一只微型摄像机。日日夜夜在他的窗前拍摄着房间里的一举一动，于静兰也就是通过这个摄像机向外不断发出情报的吧。

这个发现让李昂更加惊恐了，现在他知道，即使他把所有的门和窗全部关上都不管用了，盯着他看的眼睛根本就不在外面，而是就在这房子里面。既然他能发现一只微型摄像机，就一定能发现第二只，第三只。

他被这种想法搅得几乎要发疯了。他上上下下地打量着这突然陌生起来的房子了，不知道哪里还有这样的眼睛在看着他。他在客厅里看着周围，然后他发疯一般开始检查所有的桌椅和家具，他把桌椅的下面和背面全部翻过来看了一遍，找那只微型的扣子。

没有，桌子椅子下面都没有。

他把电话下面瓷器下面都检查了一遍，没有，什么都没有。

客厅里摆着一盆巨大的绿色藤萝，他又把藤萝的每一片叶子都找了一遍，把泥土也翻了翻，没有，什么都没有。

他疲惫地坐在椅子上，忽然一抬头看到了墙上的那幅画，画里是一个可爱的天使，两只蓝色的眼睛正看着他。

他默默地与他对视了几秒钟，忽然发现不对，这眼睛怎么能这么蓝，他几步就冲了过去，盯着那两只蓝眼睛看着。忽然之间他发现那两只蓝眼睛不是画上的，而是贴上去的。

他一伸手就摘下了一只眼睛，天使原来淡蓝色的眼睛露出来了。他仔细看着那只摘下来的眼睛，又是一只蓝色的微型摄像机，他又摘下了另一只眼睛，也是一只摄像机。

这两只蓝色的微型摄像机在客厅里监视着他的一举一动。

他简直是毛骨悚然了。

但他知道这还没有完，既然客厅里有，那他的卧室里就一定有。

他又冲进了自己的卧室。

他想象着自己现在这样气急败坏却又惊恐不已的表情可能已经被摄下来了，甚至有可能已经被袁楚看到了，他会不会觉得很好玩？像是关着门打猎物一样。他看着自己的房间，想那只摄像机可能会在哪里。他坐在床上打量着熟悉的房间，他把桌子椅子床下都翻了一遍，什么都没有。折腾了半天实在是心力交瘁，他便倒在了床上，躺在那里看着天花板。忽然想到他们在一起的时候，于静兰经常这样仰面躺着，眼睛看着天花板，每到这个时候她眼睛里的神情就会很奇怪。

他怔怔地看着天花板，天花板上除了一盏吊灯什么都没有，吊灯也是很简单的羊皮灯，吸在天花板上。

难道是这灯有问题？

他想着想着便从床上爬起来，站在床上差不多能够到天花板，他踮着脚把脸凑过去看着那盏灯。灯与天花板交接的地方果然有一只白色的纽扣，从下面看上去根本看不出来。他这才明白了于静兰为什么总是要向这个方向看。

原来，她是早知道的。

他摘下了白色的摄像机，扔在地上踩碎了。这房间里应该暂时安全了吧？

这些东西到底是什么时候装上去的？是他们洗劫他家里的时候就顺便装上了，还是后来于静兰在帮他收拾家里的时候装上去的？反正他们都是一伙的。想想真是后怕，在这么多眼睛里，他居然过了这么多天。

像是很晚了，他迷迷糊糊地躺在床上忽然听到似乎有人在敲门。再一听，真是有人敲门。他吓得一下就从床上跳了起来。敲门声很轻，但是一直在响。最后他只好站到门口战战兢兢地问了一句：“谁？”

门外是个女人的声音：“是我。”

是于静兰。

李昂一阵愤怒，说道：“你又来干什么，我和你已经没有什么关系了，你走吧，你还想把我害到什么地步去？”

于静兰在门外说："你听我说，只要你不和我在一起了，你就会很危险的。我和你在一起起码还可以做个掩护，拖延几天，真的，你要相信我说的话，我现在没必要骗你的。"

李昂不肯开门，说："你走吧，我真的不想再见到你。"于静兰还在门外说着什么，他已经不想再听了，就返回自己屋子里，用被子蒙了头，装作听不见她敲门的声音。后来他就真的睡着了，后半夜的时候似乎还听见了下雨的声音。

李昂一晚上噩梦不断，终于熬到了天亮便赶紧起床，一推窗户才发现昨晚真的是下过雨了，地上还是湿漉漉一片。他心里惦记着赶紧去店里找画，匆匆开了门，却发现门口蜷缩着一个人，是于静兰。

她缩成一团，全身上下都是湿的，显然是昨晚淋过雨了。

他看着她，终究还是不忍，便走过去叫她，她迷迷糊糊地睡着，并不答应。他上去拉她，一碰她的手却吓了一跳。好烫，她发烧了。一定是昨晚淋雨才会这样。

他犹豫了一会还是把她抱到了自己的房间里，放在床上，然后找出了一些退烧药给她吃下了，给她盖上被子，说："你睡一觉就好了。"然后他又向店里走去，他必须得尽快找到那幅画。走在路上他想，她为什么又回来找他？居然还让自己故意淋了一夜雨以至于发起了烧，真是苦肉计。为的也不过是能再次留在他房间里找画吧，那就让她找好了，反正画也不可能在家里。她要是不来找说不定又想出什么背地里的招数，那不是更难防备？刚下过雨的天气这么潮湿，去了店里会不会发现什么线索，还有就是店铺会不会也是被监视的对象。

去了店里，李昂又从里面关上，然后就开始从每一个角落里寻找摄像机的影子。一直找到中午的时候，他果然在一幅画的最上面找到了隐藏的一只摄像机，像一枚普通图钉一样钉在一幅画的最上面。找到这只摄像机之后他像扫除了一颗地雷一样开始放心找画。

李昂在路上的时候忽然想到，天气变潮了，那些书画会不会起什么变化呢？比如说，可能不可能那幅画是藏在其他画的下面呢？就是说那幅画被裱在了其他画的夹层里，所以看起来就是别的画，而那幅画因为藏在别的画里面是根本不可能被找到的。

趁着这个潮湿的天气，李昂把所有的画拿出来一幅一幅地仔细辨认着，看受潮的宣纸下面会不会有别的可疑的影子。但是他把所有的画都看了一遍也没有看到任何可疑的迹象，他想，这样藏画确实风险太大，不小心就把画毁了，可能性是不大。那画究竟去哪了？就这么一间店面，就这么多东西，它能藏到哪呢？

一直到天黑下来的时候，还是没有什么结果。李昂现在有些害怕天黑，又有些担心着生病的于静兰，虽然她把他家里害成这样，但是他还是有些牵挂她，便向家里走去。他看到屋里暗着，像是没有人的影子，一进门就开了灯，这一看却又是一惊。屋子里再次被翻得狼藉满地，东西扔得乱七八糟。难道袁楚他们又来洗劫了一次？

这时候他突然看到了埋在沙发里的于静兰。她坐在那里从没有过的瘦小和虚弱，几乎要把自己彻底埋进那沙发里去了。

“你不是发烧着吗？怎么就起来了，这屋里是怎么回事，是不是袁楚又来过了。”李昂冷冷地说。

于静兰把一张脸从凌乱的头发里清理出来，脸色惨白地对他说：“我的烧已经退下去了。这屋里是我翻的，因为如果我不翻就该是袁楚来翻了，我已经感觉到了，再过两天，他一定会来。”

李昂冷笑道：“你发烧不会也是故意的吧，是不是就为了能再潜伏在我家中乱翻东西？”

“你要相信我，我必须和你在一起，我只要不和你在一起了袁楚就会对你动手。”于静兰道。

“这么说你是来救我的了，那我是不是还得感谢你？”李昂道。

于静兰忽然从沙发上跳起来冲着他大喊：“你不要以为我就愿意这样，我不把画找出来我们两个都不用想活。你把画给我好吗？我实在找不到它，你把它交给我好吗？只要把这不祥的东西交出去了，我们就是平安的，我们一起离开这里好吗？我已经要崩溃了，我真的受不了了。我是真心喜欢你的，你信我一次好吗？”

李昂瞥她一眼，说：“你最爱的人只是你自己吧。”顿了顿，又说：“既然你已经退烧了，就从这里离开吧。我的死活和你没关系，我也绝不会把画交到你手里。”

于静兰目若枯石地看着他，一句话都不说却也不动。

“既然你不走，那就我走。”李昂道。

李昂就转身出去了，于静兰也没有跟出来。

李昂在街上默默地走了一会，心想事情怎么会变成这样，他居然认识了这样一个女人。最后他发现实在没有地方可去，最后还是到了天水街上，街上没有一个人，所有的店铺也都是关着的。他看了看周围有没有人跟踪他，确定没有，他便开了店门，进了店里。他在店里勉强睡了一觉，到第二天醒来的时候接着找画，他能感觉到时间不多了。他简直有些狂躁不安了。

到下午的时候仍然一无所获，店里一直关着门窗，空气很闷，他觉得自己真是透不过气来了，索性就把所有的窗户都打开了。

这时候已经是夕阳西斜，金黄色的阳光从西边的窗户里穿透进来，薄薄地落了一屋子，因为刚下过雨的缘故，阳光很透明。

李昂坐在了父亲经常坐的那把椅子上，盯着桌上的那些笔墨纸砚发呆。他忍不住想起父亲经常在黄昏的时候坐在这把椅子上盯着桌子上的一排印章发呆。自己现在就和他一样了，莫非也是老了？

夕阳的光在无声地移动着，好像一只看不见的脚在赶路。这只脚踩着毛笔踩着那些印章，又踩到了宣纸上。

就在这个时候，李昂忽然想，父亲每次坐在这里的时候一坐就是那么长时间，他在看什么呢？难道也是像他这样百无聊赖地盯着笔墨发呆？这不像是父亲的性格。

他好奇地拿起那些毛笔那些印章，还有砚台以及宣纸都看了一遍，都是很正常的东西，没有什么不对劲的。他有些奇怪。当他随手放下那些印章时，忽然发现，先前那些刻章并不是随便乱放的，它们好像有一个隐隐的方阵。因为他随意放下它们的时候立刻就感觉到和原先的感觉是不一样的。他有些紧张，就努力按照回忆把那些印章又按原来的秩序放好。但放是放好了，却不见有任何动静。它们只是静静地站在那里。

李昂坐在椅子上，目不斜视地盯着那几枚印章。

他总觉得它们什么地方不对，是一种直觉。

这时候，夕阳更斜了点，斜斜地落在桌子上，然后又越过桌子投在了雪白的墙上。

这个时候，李昂忽然发现，桌上的那些印章确实没动，可是有东西在动，那就是阳光的脚步。

夕阳每落下去一点，这光的脚步就挪动一点，阳光照着那些印章，墙上便留下了印章的影子。

这本身没什么好奇怪的，可是就在他盯着墙上的影子一眨不眨地看着的时候，他突然发现了一个问题。落在墙上的印章的影子并不是杂乱无章的，它们好像是有着某种奇怪的规律在里面的。

他大气都不敢出了，眼睛死死跟着那影子走。

斜阳还在进一步斜下去，一点一点的，一点一点地在动，就在斜阳完全落下去的一瞬间，最后一缕夕阳光透过那些印章落在墙上的影子忽然成了一个不太规则的菱形。

再到下一秒钟的时候，夕阳落下去了，阳光倏忽消失了，投在墙上的影子也消失了。

那些玉石印章还是静静地站在那里。

李昂明白了，就是这个出现菱形的地方。

他拿出铅笔按照记忆在墙上画出了那个菱形的大致方位。

墙是雪白干净的，看不出有任何缝隙和破绽，看起来就是一堵正常的墙，所以他一直没有怀疑这堵墙有什么问题。

现在他知道了，就在这堵墙里面。

他等到天色完全黑下来了，关上了门窗，从里面栓死。然后就开始撬那堵墙。他拿着锤子砸了几下，墙上面的白灰就纷纷掉下去了，他把周围的白灰剥掉了一大片。灰掉光之后，露出了里面的青砖，并没有什么洞。

他仔细看着这面青砖，发现其中的几块青砖是半砖，不是参差着插进去的，因为用了半砖，使它们看上去非常整齐，但也没有什么破绽。李昂绕到侧面看这几块青砖的时候，忽然看到了那几块半砖其实是砌成了一道很整齐的墙线，只是不容易看出来，只有逆着光才能隐约看到。他的手顺着那道隐约的墙线摸过去，忽然就感觉其中的一块砖稍微有些松。

他看了看那块砖，然后一用力，那砖就被他抠出来了。

抠出砖的地方露出了一个黑洞。

他把一只手伸进去，里面是空的，后面确实有一个洞。

这时候他伸进去的手触到了里面的什么开关，那扇嵌在砖头里的门便无声地弹开了。

门缝正是他刚在看到的那道隐约的墙线！

因为门也是用砖头做成的，所以完全看不出来这里还有扇门。

砖门无声地打开之后，李昂一眼就看到了里面有一卷画。他的心都快跳出来了，他抓起画轴，手不禁有些发抖，他小心翼翼地打开画轴，只看了一眼就知道，他终于找到它了。这是一张他从未见到过的《韩熙载夜宴图》。

原来父亲在黄昏的时候一直看那些印章的影子就是为了找到这扇门。靠着每天斜阳固定的角度，反反复复地注视着，也守护着他这只秘柜的位置。

画轴旁边，还有一本厚厚的词典，已经非常旧了，是一本1970年11月由香港汇通书店再版发行的《王云五大辞典》。李昂知道，《王云五大辞典》相当于现在的《四角号码词典》，四角号码检字法是王云五先生于1925年发明的。自从识字，李昂用的就是《四角号码词典》，对王云五先生发明的四角号码检字法极为熟悉。

李昂拿过辞典，摩挲了一下封面，打开来，扉页上盖着印章，印泥有些糊了，但还辨得出是“圣手道人印”五个字。这莫非是倪先生的词典？李昂想。

那怎么会到了父亲手里？李昂转而又想，这不是很简单吗？不过是倪先生将自己用的一本辞典给了父亲。再翻动书页，就感觉到书页快要碎了。不知道这本书被父亲翻过了多少次。李昂下意识地哗哗翻动词典，忽然，发现辞典中夹着一张信笺，信笺上画着淡淡的红色的条纹，是旧时用的，纸上密密麻麻写了一些画的名字，之后，在信笺的最末端，写了一个大字：“和”。

“和”？这是什么意思？李昂皱着眉头，百思不得其解，另外那些画的名字，又是什么意思？李昂捻了纸片，翻过来一看，发现背面还画着东西，是一个太阳和一个月亮，被一个正方形框子框在了一起。这又是什么意思？

李昂看看手中的《韩熙载夜宴图》，又看看手中的纸片，心中除了困惑，还是困惑。他只是模模糊糊地意识到，和，难道就指的是要将三张画合在一起？这一点，现在大家都知道了，就没有别的深意了吗？

但不管怎么说，李昂总归是高兴的，总算找到了最后一张《韩熙载夜宴图》，还有这本《王云五大辞典》，以及辞典中夹着的这张怪怪的纸片，应该正是寻找到宝藏的关键。虽然他一时想不出个究竟，但不管怎么说，现在，画和其他的东西，都在他手里了。他紧张地看了看周围，他知道，现在，他已经十分危险了。袁楚如果知道画已经在他手里了，那就是杀了他也要把画弄到手的。而且他现在根本不知道哪里还有眼睛正监视着他。

他现在唯一能做的就是，连夜把这幅画交给公安机关，然后，把袁楚的行动都告诉他们。然后，让他们去救出宋依云。

他快速收拾了一些东西，塞到一只不起眼的旅行包里，把画放在最底下，上面放上了其他东西，然后趁着夜色悄悄从店里出来了。他看看周围没有人，就把店从外面锁上，然后向着街上走去。走了几步，他忽然想起了于静兰，不知道她现在还在不在他家里。他多少有些不忍，便向自己家的方向走去。远远的，他就看到了家里亮着灯，这就说明于静兰还在他家里。他走到窗户跟前往里看了一眼，窗帘没拉住，于静兰果然在家里，地上乱七八糟的东西她也没有收拾，她正一个人埋在沙发里，样子就像昨天他离开时一样，好像这一天一夜她就一直坐在那里似的。他有些难过，想要不要进去和她道个别，他正犹豫着，忽然想起现在画就在他身上带着，如果被她知道了那一定又有麻烦，而且他一旦进去的话她又会怎样对他呢？这附近会不会有袁楚的人正监视着她呢？

想到这里，他就站在那里没有动。他默默地看了于静兰一会，然后便紧紧背着那只包，在夜色的掩护下从自己家门口离开了。他快步向前走去，一刻都不敢停留。

然而，就在街口，有两个人拦住了他。

“你要去哪儿？”那两人很不客气地问道。

“我去哪儿，你们管得着吗？”李昂也很不客气地回答道。

“你包里装的是什么？”那两人继续问道，其中一个伸手就要来拿他背着的包。

“你们想干什么？”李昂大声喊起来。

“你们别这样……”这时，旁边走出一个人来。

李昂一看，竟是于静兰。

“你！”李昂惊得呆住了。

“我知道你找到了最后一张《韩熙载夜宴图》，不然你不会想着回家，也不会用那样的眼神看我。我都看到了。”于静兰头扭向一边，不看李昂。

“就算你猜对了，那你想怎样？”李昂道。

“我想通了，我还是回去找袁楚。对你来说，我不过是个邪恶的女人。”于静兰道。

“那关我什么事？”李昂道。

“袁楚以前就对我说过，只要我把你家里的这张画交到他手中，他就跟我结婚。”于静兰冷冷地道。

“哈哈……哈哈……”李昂笑了起来，“你还是对他不死心。”

“你呢，你对宋依云又死心了吗？”于静兰道。

“你怎么知道？”李昂很惊讶地看着于静兰，“袁楚告诉你的？”

“我需要告诉你吗？”于静兰冷笑道，“你们男人，没有一个真心，却总责备女人不真心。我现在算是明白了，只有实实在在的东西，才是有用的。”

“是么？”李昂也冷笑道，“什么是实在在的东西？”

“比如，你现在找到的那幅画。”于静兰道。

火车开出上海不久，天已经黑下来了。李昂不禁想起上次坐火车去十堰的情形，才这么几天，竟然发生了这么多事，回想起来，那天的情形已是恍若隔世。

月亮亮晃晃地挂在远方。

这幅画还有那本辞典，还有画的名字，到底还隐藏着什么秘密呢？还有，跟那个“和”字又有什么关系？

不去想了，不去想了！李昂烦恼地摇了摇头。现在想这些有什么用？

没想到，跑了一圈，还是要回到武当去。李昂有些自嘲地想，不过，回去就能见到宋依云了吧？不管怎样，他都要想办法让她脱离袁楚的控制。

宋依云的存在，是唯一能够让他感到稍稍安慰的事情了。他想到她，嘴角微微露出了一丝笑意。

第二十二章

车到十堰。

李昂只觉恍若隔世。上次来，是为了父亲不得不来。这次来，身边多了于静兰，他曾经喜欢过的女子，然而，却是被她胁迫了来。旅途中，两人很少说话，甚至，目光都很少交流。偶尔看她一眼，他感到的只是害怕，还有恶心，说不出的恶心。他现在只想着，要靠这幅画救出宋依云。对他来说，宋依云比什么宝藏都要重要得多。

两人默默地一前一后走出了火车站。很巧，在广场边，李昂又碰到了上次那个年轻的司机。李昂说去紫霄宫，就坐进了副驾驶座。于静兰也跟着坐了进来。那小司机看了一眼后座上的一句话不说的于静兰，诡秘地一笑，看了一眼李昂。李昂知道他的意思，竟微微红了脸。那小司机并未认出李昂，仍旧一口一句“操他大爷的”，仍旧不停地给李昂介绍武当山，仍旧对李昂说，碰上他是他的福气，不然没人愿意开车到武当山那么偏僻的地方。

车在大山间飞驰。下了车，李昂心神恍惚地站立着。有风吹过。偌大一座山谷，阒寂得没有一丝声息，人声不闻，鸟鸣亦无。

“走吧。”于静兰低声说道。

“走吧……去哪？”李昂似乎有些不明白。

“袁楚在等着了。”于静兰拧了眉头，瞥他一眼，有些幽怨，“既然你不愿意跟我在一起，我又何必强求？我还是回到袁楚身边吧。只有你将这幅画带去，他才会跟我在一起。”

“他会跟你在一起……”李昂喃喃重复道，有些呆傻。

于静兰默默不语，看了李昂两眼，转身朝前走去。

李昂恍恍惚惚地跟着，不觉走到了一处山坳，只见有一个井口，井口青苔丛生，围在一起的石块已然颓圮，看来是口废置已久的古井，他忽然想起，这难道就是那天晚上宋依云带着他跳下去的那个地方？他凑到井口往下看，黑黢黢的，看不出有水。他捡了一颗小石头扔进去，很快，听到软软的一声响，应该是石头落在了干草上，他兴奋不已，但又不敢声张，生怕让于静兰察觉。他终究只能跟上于静兰。心头涌起的兴奋，转而变成了忧伤。

不远处的一个路口，两个穿西装的三十来岁的男人一坐一站。

于静兰停下脚步，看了看，才继续朝他们走去。

“大小姐。”坐着的男人也站了起来，两人一起毕恭毕敬地朝于静兰喊道，自是那秃顶和娃娃脸。

“嗯……”于静兰应道。

“大小姐？”李昂怀疑地问了一句，旋即明白了，笑着轻声重复了一遍，“大小姐！”

于静兰脸上一红，瞪了李昂一眼。

“袁哥让我们来等你。”秃顶说道。

“好。”于静兰咬了咬嘴唇，回头瞥了李昂一眼，说道，“你们看紧他。”

两人立即转到李昂身后，各自伸出一只手搭在李昂肩膀上，问道：“袁哥说的发财路子，就在这小子身上？”

“干什么？放开手！”李昂怒斥道，“别他妈的……”他忽然迸出一句脏话。他从来不说脏话。这句脏话让他忽然感到了无尽的愤怒，两眼通红，嗓音发抖。

两只手攥得他的肩膀愈加紧了，像两只钳子，牢牢扣在了他的身上。李昂感到了疼，不单是肉体的，还有心上的。

“走吧，别在这儿浪费时间了。”于静兰淡淡说道，自始至终没回头看他一眼。

走了一段路，两个男人总算松开了他的肩膀，但只要他眼睛往别处一看，两人立即扣住他，这让他觉得有些好笑。好笑归好笑，然而，该怎么脱身呢？他想到那天晚上，宋依云拼了命似的带着他在山间狂奔，最后却没能跟他一起逃走，并一再告诫他，能走多远就走多远，不要再回来。然而，他又能走到哪儿去呢？他原以为告别依云回到上海后重获自由，不料身边竟一直有于静兰这样一双眼睛盯着自己。他恨恨地瞅着于静兰的背影，越发觉得她的阴险，也越发感到宋依云的纯良。

该如何救宋依云？李昂忽然感到自己是那么无力和渺小。

走了约莫半个小时，他们来到一座院子边，李昂记得这座院子，正是上次袁楚喊了他和父亲来裱画的地方。父亲真的死了么？李昂忽然想起了李方儒，关于父亲的千般思绪一起涌上心头。他以为自己完完全全地恨了他，不想，这时候还是感到了悲伤。

“袁哥就在屋里。”李昂身后的秃头说道。

“那女人呢？”丁静兰忽然回头问道。

“她不在……”秃头稍微愣了一下，说道。

于静兰微微点了点头，又瞥了李昂一眼，伸手推开门。

李昂明白，于静兰说的女人应该就是宋依云。这么说，宋依云不在院子里。

“袁哥。”于静兰低声喊道，言语中有一种压抑的激情，三两步朝袁楚走去，两只手有些张开，似乎要跟袁楚来个拥抱。

袁楚坐在躺椅中，老太爷般向后靠着，看到于静兰和李昂进门，并不起身，只淡淡地说了一句：“来了。”

于静兰停在袁楚边上，一时有些尴尬。

袁楚转了转头，扭了扭脖子，脖子的关节发出一阵阵声响，又旁若无人龇牙咧嘴地放松了一阵脸上的肌肉，这才缓缓站起来，伸出一只手轻轻拍了拍于静兰的肩膀，毫无感情地说道：“你辛苦了。”

“袁哥！”于静兰又喊了一声，言语中似乎蕴含着无尽的委屈，“你说拿到宝藏，就跟我一起……”

“说什么？”袁楚扭头瞥她一眼，“这是什么时候！先处理眼前的大事要紧。女人，就是不分轻重……”

于静兰被一番抢白，脸上又是白又是红，但终究不敢发作，说道：“是……是……他就在这儿，东西就在他身上。”

李昂朝于静兰怒目而视，心想，你不是说袁楚对你很好吗？就是这样好？不由将她看得更加轻贱，又听她毫不掩饰地将自己供出去，便又增了一层愤恨。

“拿出来吧。”袁楚慢慢走下石阶，朝李昂伸出手，没有任何客气的意思。

“依云呢？”李昂道。

“你给了我要的东西，她自然是你的。”袁楚呵呵笑道。

李昂脸上烧热。

于静兰看了一眼李昂，有些难受的样子。

“我知道她不在这院子里，我要看到她才能交出东西。”李昂一字一句地说道。

“你倒是鬼精，跟你父亲一副德行……可你人就在这儿，我不会下手抢么？”袁楚又扭了一下脖子，关节卡卡作响。

“当然……”李昂红着脸，大声道，“那我也会拼了命把画毁了，你什么也别想得到！”

袁楚看到李昂已恼怒至极，说不定脑袋一热，真会把画给毁了，忙陪笑道：“好……好……我让你看到宋依云，你就把画给我，我鉴定了，若是真的，你就带宋依云走，好不好？”

李昂不再说话，扭了头不看他。

“带她来。”袁楚朝李昂身后的秃顶吩咐道。

那人匆匆走了。剩下的人待在院子里，一时无话可说。

“袁哥，你说过要跟我一起……”于静兰显然不放心，又问了一遍。

“这是什么时候！”袁楚突然大声斥道，“你怎么就不能分一下轻重缓急！”

于静兰吓得噤了声，眼中滚动着泪水。

“这么多年，你一直说不是时候……不是时候……”于静兰哀怨地说道。

“那你说现在是时候吗？我们现在要做什么！你这么哭哭啼啼地想做什么？要挟我，还是要我可怜你？”袁楚嘲讽道。

“我什么都不要，只要你说话算话……”于静兰收了泪水，轻声说。

“好……好……”袁楚的情绪似乎平复了许多，柔声安慰于静兰，“刚才是我不好，不该对你那么大声吼……等拿到了宝藏，什么事情不好说？”

袁楚的态度忽然来了个一百八十度的大转弯，让李昂非常吃惊，然而于静兰似乎早就习以为常，脸上立即放出光彩，问道：“真的吗？你说的是真的？”

“当然，到时候，我还有什么好顾虑的呢？只要拿到了那批宝藏……”袁楚微笑着说。

“袁哥……我……袁哥……”于静兰竟然高兴得有些语无伦次。

李昂不愿看到他们这么卿卿我我的样子，问道：“袁楚，我爸呢？”

“你爸？”袁楚将脸转向他，“你还知道问他？我还以为你一个人逃了，早忘了你爸的事了。他啊，早喂了山里的野兽了，老子找了三天，什么也没找到。”

李昂黯然不语，心想，父亲是真死了。他这样一个人，有这样的下场，也算是报应。但他毕竟是自己的父亲。这许多日子，他并不怎么想起父亲，或者说，是不愿意想起一个心机如此深的恶毒父亲。此次回到武当山，父亲的形象却一再浮现在他眼前，想起小时候父亲教他作画的种种情形，李昂感伤不已。正是这批所谓的宝藏，让父亲变成了这么一个人；也正是这批宝藏，让袁楚变成这样一个人。李昂心想，这批宝藏，实在不是什么福分。

门被推开了，两个人走进来。

“袁哥，人带来了。”秃顶说道。

“你怎么回来了？”宋依云大惊，声音中带了哭腔，“我不是让你别回来吗？你……”宋依云急得直跺脚，泪水如断了线的珠子滚落脸庞。

“我……”李昂看着宋依云，发觉她比前阵子消瘦多了，心中荡漾着万般柔情和无尽疼惜，“我跟你说过的，我要回来救你……”

“你啊……真笨啊！”宋依云朝袁楚看了一眼，哽咽道，“你怎么能相信这种人的话？你就不该回来！”

“我放心不下你，他有没有对你……”李昂低声道。

宋依云只是摇头，梨花带雨，若风中飘絮。

“好了，你们就别在我眼前缠绵了，她是我老婆，你是谁？”袁楚大声喊道，指了指宋依云，“怎么，这会子不装傻了？继续装啊。”

李昂扭头看着宋依云，犹疑地问道：“依云……你难道不是……”又猛然收住话头，觉得这么直白太鲁莽了。

“小子，你真以为她是傻子？原来，你知道她是傻子都会喜欢上。”袁楚忽然哈哈大笑，“看来，你才是真傻子，你老子可要被你气死了。”

“你真不是……”李昂不去管袁楚的嘲笑，仍旧盯着宋依云。

“不……”宋依云摇了摇头，脸上仍旧泪水不断。

李昂想起刚才和宋依云的对话，她确实没有显露出一丝一毫傻子的样子，看来，她真的不是，自己是被她骗了，但心中丝毫不以为忤，反倒高兴，说道：“你不是……啊……你不是……你真好！”

“我……对不起……我骗了你。”宋依云红了脸，低着头道。

“不……没关系……你不是……真好。”李昂激动地说，转而想起自己觉得宋依云是个傻子，对她说的那些话，不由得不好意思起来，又说道，“是我不好……我以为你……”

“好了，好了！……”袁楚不耐烦地喊道，“宋依云，你在老子面前一直装疯卖傻，怎么见了个小白脸就原形毕露了？女人啊，真是够贱的。”

“他跟你不一样！”宋依云怒斥道。

“好，好，跟我不一样。”袁楚点了点头，脸上尽显嘲讽，“闲话不说了，先干正事吧，李昂，这会儿还不把画给我吗？我可是履行了我的诺言了。”

“你真找到第三幅画了？”宋依云看着李昂，问道，“你……别给他。”

“臭婆娘！”袁楚一把抓住了宋依云的头发，拽到自己身边，往下一压，宋依云不得不弯下了腰，“你背着我勾引小白脸，当着我的面跟他调情，还在我跟前装了那么久的傻瓜，我没说你什么，你倒好，还要坏老子的大事！”

宋依云痛得呲着嘴巴，猛然仰起脸，呸了一声。

李昂想要上前救宋依云，两个肩膀立即被身后的男人抓住了，丝毫动弹不得。

“放开她！”李昂大声喊道，“袁楚，你放开他，你要画，我给你。”

“别给他，别给他！”宋依云喊道。

“臭婆娘！”袁楚拽住宋依云的头发，将她推到地上。

“你先放开依云！你放开她！”李昂大喊道，“你要什么我都给你，你不放开她，我就把画撕了，谁也别想要。”李昂从怀中贴身处掏出画来，稍微展开了一个角。做出要撕画的样子。

“好……好……算你狠……”袁楚一看到画，便两眼放光，竟有些神不守舍，不由自主地放开了宋依云，下意识地朝李昂走去，嘴里喃喃说道，“给我吧，把画给我……别弄坏了。”活像被勾了魂魄。

李昂忽然见到袁楚这副贪婪的样子，厌恶、鄙夷，还有一丝恐惧，一起占据了内心，同时，也让他对手中的画厌恶至极，竟是毫不犹豫地将画往袁楚怀中一杵，说道：“拿去！”

“别给他呀！你这个笨蛋！……”宋依云头发凌乱，声嘶力竭地喊道，隐藏着难以言喻的绝望。

“哈哈……哈哈……”袁楚两手捧着画，缓缓打开来，一边展开，一边发出笑声，“哈哈……哈哈……这是真的，这是真的……这是真的……”他两眼一瞬不瞬地盯着画，仿佛不能确信一般，不断对自已强调着“这是真的！”，反反复复，再无别话。

“哈哈……哈哈……”待画完全展开，袁楚的笑声再次肆无忌惮地响起，在幽静的山间，一圈一圈荡漾开。然而，听不到丝毫欢愉之情，只令听者感到恐惧。

李昂蹲在宋依云身边，安慰她道：“你别难过，他想要画，就给他吧。为了这几幅画，你我二人的父亲，成了那么可怕的人，也都落得个不得好死的下场，我们又何必再走他们的老路，去贪图这几张画和那虚无缥缈的宝藏？”

“你真是糊涂啊……你真糊涂……”宋依云一再摇着头说，眼睛瞅着李昂，泪水不断涌下，一张脸湿漉漉的，微微闪动着午后太阳的光芒。

“李昂，这是真的吗？”袁楚转过头来，满脸欣喜地看着李昂，仿佛李昂跟他并不是对头，而是多年的老朋友，“你告诉我，是不是真的？”

“是。真得不能再真了。”李昂抬起头，鄙夷地说道。

袁楚又将视线转到画上，脸上难以自已地露出笑来，露出被烟熏黄了的一口牙齿。“哈哈……哈哈……这是真的。”袁楚又笑出了声，却不像刚才那样，听来竟有几分凄凉。

“袁哥，你总算得偿所愿了，这么多年了……”于静兰站在袁楚身边，有些疼惜地看着他，对他轻声说道。

“你要干什么？”袁楚猛然发现于静兰站在身边，怒斥道。袁楚慌忙卷了手中的画，塞进了怀里，仿佛怕于静兰给抢了去。

李昂看到这情形，摇了摇头，为袁楚，也为于静兰。

“我们走吧。”李昂扶起宋依云。

“哪里去？”袁楚惊醒过来一般，朝李昂喊道。那两个一直守在一边的男人立即按住了李昂。

“你不是说，拿到了画，就要放了依云吗？你怎么说话不算话。”李昂道。

“我说你小子真够昏头的，”袁楚摇头道，“我跟你说过吗？我们刚才说的是，你给我画，我就让你见到她，可没说过放了她。她是我的老婆，有什么放不放的？我不说你勾引我老婆，你倒让我放了自己的老婆跟你跑？”

李昂满脸赤红，暗想，自己刚才确实答应袁楚让自己见到依云，就把画给袁楚。现在，反悔也来不及了。

“怎么样？想起来了吧？”袁楚道，“这可不能说我说话不算话。我什么时候说话不算话了？”袁楚说着，目光在众人脸上掠过，一副志得意满的样子。

“那你要怎么才肯放依云离开？”李昂问道。

“你要离开我吗，依云？”袁楚脸上露出一个笑来，柔声对宋依云说。

宋依云浑身一颤，起了一层鸡皮疙瘩，她从未听袁楚这么喊过自己。

“要能离开，我早就离开了……想起你，我就想吐！”宋依云冷冷地说。

“好……”袁楚有些尴尬地笑笑，转向李昂，说道，“依云离开，也不是不可以，你只需帮我做一件事，我就答应你。”

“那要是找到了地方，发现还像上次那样什么也没有，怎么办？”李昂想起上次在金殿地下密室的情形，故而有此一问。

“真要那样，是老天不让我得到宝藏，怪不得你……”袁楚叹了一口气说。

“好……我帮你……不过你要立下字据，声明跟依云解除婚姻关系，让她自由离开。”李昂想了想，郑重地说道。

“你真笨啊，你怎么能帮他……”宋依云绝望地低低说道。

“依云，你同意吗？你要跟我离婚？”袁楚笑容可掬。

“你怎么能帮他啊……你真笨哪！”宋依云仍旧呆呆地看着李昂。

“依云，你答应了吧……我……”李昂说着朝依云眨了眨眼，稍微有些诡秘地一笑。

宋依云抓住了李昂这一瞬间的表情，心想，莫非他有什么别的打算，并非真要帮袁楚？心里恍若有了一丝亮光，眼神中不由得露出了一缕笑意，转过脸看着袁楚，说道：“答应。”

袁楚大喜过望，连连说道：“好……好……我这就写个字据。”

“袁哥……”这时候，许久没说话的于静兰喊了袁楚一声，“谢谢你。”

“怎么样，我说过，我说话算话。”袁楚得意地说。

“我……”于静兰忽然有些羞涩，仿佛小女孩儿一般。又转头看看李昂，发现李昂只顾盯着宋依云，根本不看自己一眼，对他已是意冷心灰，转而握住袁楚的手。袁楚捏了捏她的手，说道：“你放心。”于静兰点了点头，眼里竟有一道泪光。

手下的人找来纸笔，又搬来一张小桌子摆在院子里。袁楚就那么站着，用毛笔写了字据，声明只要李昂将三画合一，帮助自己找到宝藏，就和宋依云解除婚姻关系，让宋依云自由离开，不会加以阻挡。然后，在字据的结尾，签上了自己的名字，又按了个手印。

“你也来签上自己的名字吧，”袁楚对宋依云说。

李昂推了推宋依云，宋依云这才依样作为。

“你也来签上名字。”袁楚对李昂说，“免得你担心我赖账。”

李昂想了想，紧挨着宋依云，签了自己名字，同时按了手印。

如此一式做了三份，三人分别保管。

李昂拿到了字据，已放心了大半。宋依云却有些担心，她是知道袁楚的为人的，袁楚不可能这么容易说话……但她想着，李昂总会有办法的，这样一想，也安下心来。

“好了，这就开始吧。”袁楚说道。袁楚回屋，好一会儿，拿了前次合二为一的《韩熙载夜宴图》出来。

“这时候没风，就在院子里做吧。”袁楚看了看天，对李昂说道。

“好吧。”李昂看了看宋依云，答应道。

两张画被一起铺到了桌上。

众人一起围上来，再次看到了李昂将画揭开来，并丝毫不错地重新将它们合在了一起。完成后，在长卷的第四部分，众人目光凝视的屏风上的山岳间，几行字终于显露出来：“曲径可通幽，柳暗见花明；金殿下不存，紫霄宫常在。”

原来，将两张画合在一起，看到的“曲径可”和“金殿下”六个字，是被故意误导了，宝藏已经由金殿搬迁到紫霄宫了。

袁楚看到这四句话，心中大喜，然后，也极其迷惑。心想，自己是去过紫霄宫的，而且，不知道去过了多少次。也曾将紫霄宫仔细检查过，从来没有发现过什么密道啊机关啊，更加没见到过什么宝藏。眼光落在前面两句话上，暗暗琢磨，这“曲径可通幽，柳暗见花明”是什么意思。

李昂等人也在琢磨着同样的问题。此时，李昂被好奇心驱使，早忘了身处险境，喃喃道：“曲径可通幽，这曲径肯定不是上次想的那个曲径。那会是哪儿？”

“啊……”宋依云低低喊了一声。

李昂看向她，从她的眼中，看到了明白了什么的神情。李昂何等聪明，立即想到了，这曲径，并非砖头上的“曲径”，而是宋依云那天带着自己逃跑的那个“曲径”。

袁楚一看他们这神情，也明白了过来。这曲径，就是宋依云常去的那段排水沟。然而，是那儿吗？过去发现宋依云常去那儿，他也偷偷去过一次，什么也没有。他想，或许宋依云只是小孩子心性，这才老往那儿跑吧，自此也就不管她了。后来，宋依云利用那个通道让李昂逃脱，他再次跟几个人下去过，发现那段排水沟，除了石桌石椅，还有一个密道可以通到山下，并无别的异常。他命手下人将石桌子石椅子砸了，塞住了那通往山下的口子。现在看来，那儿确实有些古怪。然而，看宋依云的神情，似乎她也没发现那儿有什么宝藏。

“走吧。”袁楚淡淡地说。

“去哪儿？”李昂道。

“曲径啊，”袁楚道，“你以为我傻么，你们在我跟前一唱一和，我难道是瞎子聋子？这次，你别想再从那儿溜走。”

不多时，到了上次宋依云带着李昂钻进去的洞口，袁楚先下，让两个手下人殿后，余下众人居中鱼贯而入。洞中幽暗漆黑，袁楚等人拧亮了事先准备的手电，虽然手电的电力足够强大，然而，在幽暗的地下通道中，却如萤火一般，飘忽且晦暗不明。

袁楚进来过几次，也算熟悉了，晃着手电筒朝前走去。众人一路随行无语，只听得脚步噼噼啪啪的响声，撞击着两侧湿漉漉的石壁，微微激起了一些回声，冗长而狭窄的地道里一时嗡嗡作响。

这儿原本是武当上古时候修建的地下排水通道，规模极其宏大复杂，相互勾连。一行人越走越深，光线也越发昏暗，一会儿的工夫，脚下有了积水，脚步回响变成了趟水的声音。

走不多时，便到了原先摆放石桌子石椅子的地方，如今，石桌石椅已经被袁楚手下砸烂塞密道去了，这儿空空荡荡的。往旁边看看，还有三个洞口。袁楚上次来时，都曾经钻进去过，不过是循环往复，彼此交通罢了。袁楚站在空地上，想了想，就认定了一个洞口，带着众人进去，转了约莫一刻钟，却又转回到了空地。看来，这儿是整个地下排水工程的中心。袁楚又带着众人依次走了另两个洞口，然而，七拐八拐，还是回到了空地这儿。

“你说，该怎么走！”袁楚气呼呼地冲宋依云发火。

“我哪里知道怎么走？我又不稀罕什么宝藏。”宋依云顶了回去。

“快说！怎么走！”袁楚怒道。

“袁楚，你最好客气一点。你们人多，但我和依云不怕，把我们惹急了，大不了一死。”李昂挡在宋依云前面。

袁楚本来一脸怒容，想到眼下还没找到宝藏，李昂又身怀绝技，没准儿还能用上他，一瞬间就收起了怒容，赔了笑脸，说道：“好，好，李昂，只要你帮我找到宝藏，你和依云想怎样都行，哪怕今天晚上就让我在武当给你们办喜事都行。”

“无耻！”宋依云满脸羞红地骂道。

“我不是那个意思……我是说……我想说的是，你们怎么都行……我不是……”袁楚知道自己为了巴结讨好李昂，把话说过了，努力找补道。

“好……我帮你，不过你说话要算话。”李昂看了一眼宋依云，虽说袁楚说的话很难听，但经历了这么多事以后，他确实希望能跟宋依云在一起。

“好……好……老弟啊，你说什么都好。”袁楚竟然喊起了李昂“老弟”。

李昂感觉身上鸡皮疙瘩暴起，忍住了恶心，说道："你再让我看看那幅画上的文字。"

此时，袁楚早已是李昂说什么就是什么，他掏出那幅画，将最后一部分展开来，在手电的光照下露出了屏风上的四句话。但袁楚终究不失戒心，两只手紧紧抓住了画轴，只让李昂看，却不让李昂碰。李昂微微一笑，专心看画上的文字。很明显，后面两句指的是宝藏的位置，前面两句指的则是通往那个位置的办法。李昂咂摸着"曲径可通幽，柳暗见花明"，总觉得是两句习见的套话。曲径指的是眼下的地下排水通道，那么，柳暗花明指的是什么？李昂苦苦思索着，扬起了脸，盯着一个入口处看，呆呆地看。袁楚随着他的视线，将电筒光照到那儿，然而，那儿除了一片滑腻腻的青苔，什么也没有。忽然，李昂发现一片片青苔间似乎有什么东西闪现了一下，他忙攥住袁楚的手电筒，死死照住了那个地方，他走近了，将青苔抹掉，惊喜地喊道："有了！"

此时，鼓动着李昂的，完全是青年人的好奇心，他想的只是破解这四句话，并没有想到什么宝藏；也没有想到袁楚是个恶人，不该把秘密告诉他。事实上，就算他想到了，也会把秘密告诉袁楚的。他只想早一点结束这件事，早一点跟宋依云远走高飞。

"什么？"袁楚困惑道。其他几个人也围了上来，但谁也没看到有什么。

"你们看，这是不是一枝柳枝？"李昂指点着石壁上若隐若现的刻痕。众人细细辨认，果然有些像是柳枝。"再看看其他洞口，应该还会有图案。"李昂说道。众人看了其他洞口，果然在同样的位置，找到了图案。其中，两个洞口旁边刻的都是柳枝，只有一个洞口，刻的是一朵莲花。这些刻痕都稍高于头顶，在视线之上，加之洞中光线幽暗，又都被青苔不同程度地覆盖了，是以很难被人发觉。

“柳暗见花明，应该就指的这个，只有跟着有花的洞口走，最终才能到达宝藏的所在。”李昂说道。众人都觉得有理，除了宋依云，纷纷露出欣喜的表情。宋依云心里仍旧有些纳闷，李昂干嘛要帮他们找到宝藏呢？转而又想，既然李昂这么去做，必然有他的道理，那就由着他去做吧。只要能和他在一起就好。

袁楚收好了画，就要重新钻进刻有莲花的那个石洞。众人也跟着进去，却听袁楚手下的娃娃脸嚷道：“还要钻进去吗？我不去了……”

“你再废话，一枪毙了你！”袁楚转过身，猛然掏出一把手枪，满脸怒容，朝着娃娃脸男人脚边开了一枪，子弹射入了地面，然而，巨大的枪声却在窄小的空间里久久回荡，浓烈的硝烟味久久不散。众人都是一惊，娃娃脸更是吓得呆住了，两只脚微微颤抖着，低了头，乖乖地跟了上去。

自此，走了不多远，又碰到了岔路口，照着同样的方法，众人选择洞边刻有莲花的进入。越走越窄，越走脚下的水越深，有的地方，侧过身子了也很难通过。袁楚身材壮硕，只得使劲儿缩起鼓出的肚皮，涨红了脸拼命挤过去，丝毫不曾犹豫。李昂看到这情形，暗暗捏了捏宋依云的手。宋依云不明所以，只是觉得满脸烧热。

又拐过一个岔路后，水已经深可及颈。此时的袁楚，早已大汗淋漓，他深吸一口气，回头看了一眼后面的人，对两个手下说道：“跟上。”殿后的秃顶，早已气喘吁吁，朝袁楚喊道：“袁哥放心。”袁楚点了点头，一只手握着手枪，一只手攥着《韩熙载夜宴图》，带头走进了水里。到得最后，大家连他的头顶都看不到了，只看到一把手枪和一个画轴在动，那情形，在幽暗的手电照射下，无比诡异，形若鬼魅。

等了好一会儿，听到“啊”地一声，众人都是一惊，心想，莫非袁楚碰到了什么古怪？心尖儿都有些发颤。不多时，却听袁楚朗声喊道：“过来吧。”众人才想，原来刚才那一声是在水下憋久了发出来的。

众人依次渡过了深水。在水底下，李昂一直拉着宋依云的手，就像那晚上一起奔逃一样。于静兰走在宋依云身后，神情难免有些黯然。在于静兰之后，娃娃脸一路大呼小叫，不停地踩着水浮出水面大口呼吸。总算都走上了岸，却发现这儿别有洞天，像是一个很开阔的大院，有光隐隐透进来，比之先前，已亮堂许多，但还是没看到什么宝藏。

“我就说，这样的地方哪里有什么宝藏？”娃娃脸一屁股坐在地上，埋怨道。

袁楚虽然恼怒，却也没说什么，他也有些丧气，难不成这么折腾，结果又扑了空？

“袁哥，”于静兰低声对袁楚说道：“找不到就算了，你别丧气……”

“找不到？……找不到……找不到看我怎么收拾你！”袁楚两眼圆睁着，直欲喷出火来，一股浊臭的气息喷到于静兰脸上。于静兰浑身一凛。

李昂心里有些不忍，又想，这虚情假意的女人，是她自作自受，须怪不得别人！

李昂没有手电，只能借助着侧壁上射进来的几缕光线，小心翼翼地沿着空地边缘走了一遍。这片空地，单面临水，与水相对的，都是石壁，这些石壁都是大理石的，似乎是人工制作，又似乎是天然的，触手冰凉，挂着大颗大颗的水珠，倒是没有结着青苔。李昂敲了敲石壁，声音很厚实，并不像有什么空洞。他又将手贴在石壁上，慢慢地走了一圈，忽然感觉到了一点儿什么，他又摸了一遍石壁。心中已经了然了。

“袁楚，你答应过的，我帮你找到宝藏，你就跟依云离婚，不再限制她的自由，对不对？”李昂背靠石壁立着，缓缓说道。

“是，我答应过。难道这儿真是藏宝的地方？”袁楚如同溺水的人看见了一根稻草。

“对，这儿就是。”李昂沉着应道。

“这儿什么都没有，怎么说就是？你怎么证明？”袁楚道。

“证明？”李昂说道，“好，你退后两步，站到水边，用手电照着对面的石壁，仔细看看有什么东西。”

袁楚心中狐疑，但还是照着做了。他一只手握着枪，一只手握着手电，往后退了几步，将手电光照在石壁上。石壁冷冷地反射着手电的光。

“什么都没有！”袁楚喊道。

“你将手电往左照一下，再往右，再往下，好，就是这样……慢一点，好……好……”李昂指挥着袁楚，袁楚两只眼睛圆睁着，很听话，李昂怎么说他就怎么做。

渐渐的，一些刻痕在微弱的光下呈现出来。更加奇异的是，那些被光照到的刻痕，立即莹莹地散发出淡绿色的光芒。应该是刻痕里放置了荧光粉之类的东西，李昂暗想。余人不明就里，频频发出惊讶赞叹的声音。随着光亮移动，一幅奇妙而美丽的图画浮现在众人眼前：最底下，是一朵巨大的莲花，莲花的中心，生出一大株枝叶扶疏的柳树来。

“我明白了！我明白了！”袁楚兴奋之极，大声喊着，朝石壁扑去，发疯一般抚摸着石壁，手指在那些刻痕上划过，“这就是大门，这就是藏着宝藏的大门！”袁楚使劲儿去撞大门，大门纹丝不动，他直如发了疯一般，整个身子撞了上去，然而，只发出沉沉的几声响。袁楚的两个手下，也一起上阵，手指在刻痕里抠索，趴了身子往石壁和地面连接处看，不过是徒劳无益。忽然，娃娃脸蹲在地上，被蛇咬了似的惊叫道："袁哥，有了，有了！"

"什么有了？"袁楚喊道。

"钥匙孔！"娃娃脸男人说道，"在这儿！"他的手指抠着莲花和柳树连接处的正中心。

袁楚蹲了下去，一把拍掉了娃娃脸的手，光下果见一个手指粗细的小洞。袁楚将手指伸了进去，只感觉滑溜溜的，分明是打磨过的，感觉很深，触不到底。他意识到，这就是钥匙孔。可是，钥匙在哪儿？

当袁楚一伙人疯狂地围着石壁转时，李昂和宋依云正站在水边。李昂看到了他们的丑态，心中分外厌恶，握了宋依云低手，轻声说道："依云吗，我们走吧。"

"走？"宋依云愣了一下，忽然明白过来，"对，我们走，让他们留在这儿找宝藏吧。"

除那二人外，只有于静兰没有完全沉浸到发现宝藏欣喜中去。自从见到袁楚后，她其实心里一直在摇摆。她分明感觉得到袁楚对她的冷淡，到这时候了，袁楚念念不忘的，仍然是宝藏。而李昂对她呢，根本就是厌恶。于静兰看到李昂对宋依云那么温柔，心痛如绞。对李昂，她仍旧是有感情的，哪怕自己不愿承认。

"你们要去哪儿？"于静兰喊道。

"管得着吗？"李昂回头冷冷地看她一眼。

这时袁楚正对那个洞孔束手无策，耳边掠过两人的对话，猛然转过头来，恶狠狠地对李昂喊道："小子，想走？没那么容易！钥匙呢，你把钥匙藏哪儿了？"听他这么说，倒像是李昂藏起了钥匙。

“我哪里知道？怎么，你想反悔吗？字据可还在我手上，你说过，我帮你找到宝藏，你就让依云离开的。”李昂道。

“这算是帮我找到了？”袁楚道。

“哈哈，我说的可只是帮你找到，并没有说帮你拿到。不是吗？”李昂笑道。

袁楚一愣，随即也笑道：“好，不愧是李方儒的儿子，有一套。可你看看字据上写的，我只是同意让宋依云离开，可没说让你离开。不是我不守信义啊。依云，你可以离开了。”袁楚用枪指着李昂，朝宋依云抬了抬下巴。

李昂一时间也呆住了，没想到会这样。

“你给我想想办法，找到那把钥匙，打开了门，我就放了你，让你跟依云走。”袁楚忽然又变了一副脸孔，谄媚地对李昂说道。

“你别信他……”宋依云对李昂说道，“你已经被他骗过了……”

就在这一瞬间，袁楚突然朝宋依云跨了两步，一把将她拉过来，用手枪顶住了她的头，嬉笑着说道：“依云，你现在可还是我的老婆，怎么就吃里扒外了？”

宋依云又惊又怒，想扭头朝袁楚脸上吐一口唾沫，却被袁楚用电筒梗住了脖子，动弹不得。

李昂想不到袁楚会来这一套，心中懊恼万分，真是低估了袁楚，太幼稚了，竟然跟这样的人讲什么信义。

一时间，僵持不下。

李昂对怎么找到钥匙，一点儿头绪没有，见宋依云受到如此威胁，脑袋里更是一团糟，什么也想不明白了。况且，他之前之所以答应帮助袁楚找宝藏，其实对宝藏藏在什么样的位置，已经有了一个大致的判断，那地方应该很险峻，这样的话，袁楚一看到宝藏，就顾不得他和宋依云了，他们就能走脱。一旦走脱了，他就可以报警，袁楚肯定逃不掉，宝藏也不会有什么损失。然而，他还是把事情想得太简单了。

“我给你十分钟，十分钟到了，我就开枪！”袁楚恶狠狠地说道。

李昂焦急万分，在石壁上摸索起来，希冀找到一点儿什么线索。然而，什么也头绪也没有。这时候，袁楚还在提示着时间：“还有四分钟……三分钟，你别以为我不敢，我现在什么都敢……还有两分钟……”

李昂真的是精疲力竭了，什么也没有发现。他站起身子，朝宋依云看去，宋依云也正望向他。两人目光交接，有着无限柔情，却没有什么遗憾。两人都觉得，就要命丧于此了。心念至此，反倒不怎么紧张了，只觉得，剩下的一分钟里，每一秒钟都是快乐的，每一秒钟都可以开出花来。

“好吧，就这样吧。”袁楚说着，手指放在了扳机上。

第二十三章

“住手！我知道钥匙在哪儿。”一个声音冷冷地飘来。

众人又是一惊，袁楚的手指在扣动扳机的一霎那，停住了。

一个穿一身藏青色道袍的老道人缓缓从暗处走来，李昂看不清老人的模样，只约略看到，老人留着一把悠然长须，隐隐有风从洞口进来，吹起了老人的一缕长须。

“老头？你怎么在这儿？”宋依云喊道。

“道长？”李昂大吃一惊，同时，惊讶于宋依云竟然不大尊重地喊他“老头”。

“你是谁？”袁楚道。

“倪先让。”老道缓缓应道。

“您是……您是倪先让……倪先生？”李昂诧异无比。

老人直直盯着李昂，微微点了点头，缓缓道：“你很好。”

“老头，你怎么是倪先让?”宋依云也很吃惊。原来，老道正是常常在排水沟中央石桌那儿教她画画的老头。她常去那儿，正是跟他学画。是他让宋依云喊他老头的。

“怎么，丫头觉得我不像吗？”老道微笑道。

“我爸经常说起你，他说你……说你死了。”宋依云迟疑道。

“哼……老头可没那么容易死。”老道微微笑道。

“你真是倪先让？”袁楚狐疑地问道，见到人微笑不语，又说，“那你把钥匙给我。”

“钥匙可不在我身上。”倪先让说道。

“那你带我去取。”袁楚道，“别要什么花招，我这手枪里，可不止一颗子弹。”

倪先让微微一笑，说道：“你放心，枪在你手里，你怎么比我还紧张？”

袁楚有些尴尬，斥道：“少废话，前面带路。”

袁楚本想自己带着宋依云跟老头去找钥匙就行，但又不放心两个手下，怕他离开期间，两个手下用什么别的办法弄开了宝库的大门。只好一并带上他们，这样一来，就得带上所有人。一行人又随着倪先让走了回去，个个心里都叫苦不迭，唯独老人，轻车熟路，丝毫不觉吃力。

跟着老人走出洞穴，却并不是原先进入的地方。倪先让面向群山，左手负在身后，右手轻轻捋着胡须，等待众人走出。

“这是哪儿？”李昂看到四周都是修筑在悬崖峭壁间的宫观。

“南岩。”倪先让头也不回地答道。

“这儿……是南岩？”李昂难以置信地左右看看，确实是南岩，他往旁边走了走，就看到了题在山壁巨石的“福”、“寿”、“康”、“宁”以及“南岩”几个端方稳健的大字。“南岩”的“岩”字右侧，还题着一行小字——“驸马都尉沐昕书”。还没来武当时，他就知道南岩，就听说过这几个字，也听说过沐昕这个人。他们竟然通过排水通道走到了半山腰。

“你看，那儿就是金殿。”倪先让缓缓说道，“南岩这儿，有一个龙头，旧时候，人们在这儿烧龙头香，因为这龙头正对着金殿。”

李昂四下里找了找，果然在窗外看到了伸向空谷的龙头，龙头上有一个香炉，香炉上插着已经燃尽的几根香余。

“少罗嗦，钥匙在哪儿？”袁楚大口喘息着问道。

“就在金殿里。”倪先让道，“你不是去过金殿下面的暗室吗？你要的宝藏正是从那儿搬过来的。钥匙却没一起搬过来，仍旧留在金殿里。”

倪先让这么一说，袁楚又相信了几分。

众人跟着倪先让开始往金殿走。一路上，云越聚越多，远近的群山都被黑云笼罩了。四下里异常安静，人人心头有一种黑云压城城欲摧的感觉。约略三个多小时，总算爬到了金顶。远远地，就看到金殿正在做维护施工，工人们大概怕下雨，都走开了。整个山顶空荡荡的。

“钥匙在哪儿？”袁楚再次问道。

“你进过金殿，看到过金殿里那盏长明灯吗？钥匙就在那盏灯里。”倪先让平静地说。

“没骗我？”袁楚瞅着倪先让。

“我为什么要骗你？”倪先让微笑着。

“好，我暂且信你。”袁楚皱了皱眉头，把宋依云往两个手下面前一推，说道，“你们看着她，我一个人进去。你们谁都别跟进来。”他看看倪先让，又看看李昂和宋依云，说道：“你们乖乖待着，可别想溜，我手里有枪！”

“对，你手里有枪，我们不逃。”倪先让始终微笑着。

袁楚握着枪，朝金殿走去。李昂朝倪先让使了个颜色，示意倪先让一起逃，倪先让摇了摇头。李昂不知倪先让为什么要告诉袁楚钥匙藏在什么地方。如果是骗袁楚，后果定不堪设想，但又不明白倪先让为什么不趁机离开，心中已是万分焦灼。眼看袁楚就要进入金殿了，袁楚的两个手下待不住了，也跟着袁楚走去。袁楚似乎并未察觉，似乎一门心思只想着那钥匙。没了那两人的控制，宋依云像个孩子似的，依偎到倪先让身上，倪先让微笑着，拍了拍她的脑袋。于静兰看看袁楚，又看看李昂，深觉尴尬，不知道该往哪儿走。

这会儿，乌云密布，隐隐有雷声在远方响起。

袁楚的两个手下，秃顶趴在门边，娃娃脸站在门口。袁楚没往后看，只顾着在灯里寻找钥匙。好一阵，没听见他发出一丝声音。

“没有啊，老道，你可别骗我！”袁楚仍旧没有回头，狠狠地喊道。

“就在灯柱里，你把灯拿起来，往里掏一下就能拿到了。”老人的声音很轻，却传得很远，丝毫没有被雷声遮掩。

雷声滚滚，李昂感觉置身敲响的大钟里一般。有闪电嘁里喀嚓劈向远方的山顶，隐隐感觉到地动山摇。宋依云有些害怕，更是紧紧偎依在倪先让身上。

“灯拿不起来啊……”袁楚喊了一声，转过来来，狐疑地望向倪先让。

刹那间，一条闪电劈向金殿，恰如一条金龙探身饮水。

一声巨响，如大厦倾覆，如山河巨变，人人下意识地呼喊，下意识地闭了眼，再睁开眼来，只见金殿光耀万丈，十来团火球围着金殿旋转。光太强，便仿佛没了光。声太响，便仿佛没了声。人人只如草芥一般，呆立着，木愣着。

不过一两分钟，却简直长如百年，光散了，声散了，人人才如大梦初醒。天色晦暗，四下里静寂无声。陡然，听得一个男人的哭号，是娃娃脸发出的，但已经不像人声了。他只是重复着一个简单的声音，“妈……妈……妈……”跌跌撞撞地退出金殿，从李昂他们身边跑过，看也不看他们一眼，一径跑下山去了。

殿外，秃顶不省人事。

殿里，袁楚已烧焦如炭。

于静兰站在金殿门口，一棵树一样栽在那儿。

袁楚也像树，一截烧焦了的树，静静地躺在大殿正中。在真武大帝威严的注目下，袁楚一动也不动，只是冒着烟。那轻烟雾袅袅飘出，缠绕住了于静兰。

“啊……啊……”她呕吐似的喊了几声。嗓子似乎被什么卡住了，她正努力想把那东西呕出来。

忽然，于静兰又没了声音，只不停地干呕。两行泪顺着她的脸颊滑落，大滴大滴的泪水落在土上，噗噗地砸出一个个小坑。

“坚强者，死之徒；柔弱者，生之徒。”倪先让喃喃道。虽然说得很轻，声音中自含着一股雄浑的力量，传得很远。老子《道德经》中这四句人人熟知的话，此时听来，莫名地让人觉得温暖和感动。

“坚强者，死之徒；柔弱者，生之徒。”李昂不由自主地跟着念道。反反复复，漫山遍野都在回响着这四句真言。

不知何时，宋依云靠在了李昂身上。

乌云迅速地散去，远远近近、层层叠叠的大山转瞬间廓清了轮廓，恰如一个眉目清秀的女孩儿从黑暗的闺阁中走到太阳底下来了。太阳仍旧低低地悬在天边，金顶经历了雷火煅烧之后，发出耀眼的光芒。

“道长，我……”于静兰低声道，转过身来，一张憔悴、悲伤的脸，同时却微微散发着光彩，河水洗过的鹅卵石一般。

倪先让微笑着，柔和地望着她。

“我……道长……我……”于静兰重复着，终于说道：“我走了……”

“好。”倪先让仍旧微笑着，微微点了点头。

于静兰转过身，没有回头看袁楚一眼，只稍微瞥了李昂一眼，便扭过头去，悄无声息地下山去了。李昂和宋依云仍旧依偎着，默默地望着她走远，直至她淡绿色的衣裙混杂在葱绿的群山间，李昂才暗自叹息了一声。

“老头……”宋依云离开李昂，拉住了倪先让的袖子，忽然觉得不妥，改口道，“倪……先生，您真的是倪先生？”

“丫头还是叫我老头吧。”倪先让微笑着，鹤发童颜，飘飘如仙。

“老头……你知道这儿要打雷是不是？”宋依云问道。

“此乃天意，谁又能预知天意呢？”倪先让讳莫如深地微笑着说道。

“倪先生……您好。”李昂这时惊魂甫定。

“你很好。”倪先让盯着李昂，“不像你父亲，第一次见到你，我就知道。”

“第一次见到我？你是说在紫霄宫？”李昂道。

倪先让呵呵一笑：“你忘了，我第一次见你，是在刚刚离开那女子的茶坊。”

“噢……怪不得，怪不得上次在紫霄宫见到你，我总觉得面熟，却又想不起来。”李昂惊讶不已，“您竟然去了上海……”

“那次，我在茶坊里看到你临摹的几幅画，功力老到纯熟，倒还次要，重要的，是你在每一张画的画名的第一个字，都暗暗做了记号，点明了‘李仿’，这大合老道的脾胃。你父亲大概跟你讲过，我临摹古画，也会留下‘倪仿’的暗记。不过你留的记号可比我留的隐秘多了，长江后浪推前浪啊。”倪先让捋着胡子，微笑着说道。

李昂心生惭愧，自己的那点巧思，竟然被师祖看破了，越发觉得惭愧，只好呵呵陪笑了两声。

“你心里怕是还有个疑问吧，就是我怎么还活着？”倪先让看着李昂道。

“是……”李昂点了点头。

“为了宝藏，你父亲和依云的父亲合谋，让我误食河豚，他们以为我死了，却不想我被一位武当道人用武当灵药‘八宝紫金锭’救活了。起初，我很是不忿，后来，在道人的点拨下，花了许久才将这事放下了。现在，诸事已了，多余的话也就不必去说了。”

李昂暗想，竟然是他们一起要谋害倪先生。

“依云，李昂，我们这就下山，你们稍等。”说着进入金殿，从长明灯里取出一件东西塞进袖中，转回身来，又看了看趴在门口的秃头，摇了摇头，说道：“我们走吧。”

“他怎么办？”李昂指了指秃头。

“他没事，过不多久，就该醒转了。从此，该改邪归正了吧。”倪先让又摇了摇头。

一路下山，风和日丽。

“这批宝藏，就和明朝的驸马都尉沐昕有关。”倪先让边走边说道，“明成祖朱棣在南京称帝后，闻听沐英——你该知道沐英是谁，也该知道云南沐王府吧——沐英有四个儿子，沐昕是其中之一。朱棣将沐昕招为驸马，将自己的女儿长宁公主嫁给了他，封他为驸马都尉。沐昕离开云南，到了京城，年纪轻轻，风光无限。哪里想到，这样的日子并不长久。不久长宁公主便一病归西，沐昕成了一个没有公主的驸马，在尔虞我诈的朝廷，一时间竟难以立足了。好在朱棣没有怪罪沐昕，派给了他一项非常重要的任务，就是到武当山修建宫观。

“武当山是明朝的皇家道场，武当山主神玄武大帝被明朝历代皇帝视为保护神，对明成祖朱棣也不例外。”李昂接道。

“现在说来，1416年早春，沐昕已经在武当山待了整整一年，他接到来自京城的消息，一艘担负着特殊使命的官船从北京出发，沿运河南下。永乐特意为这艘船颁了一道圣旨，船只沿途务必小心谨慎，遇天道晴明，风水顺利即行，船上要十分整齐清洁，并特别告诫，此船不能生火做饭。”

倪先让停了下来，回头看了一眼金顶。

李昂也随他一起遥望着金顶，云雾缭绕，并不能看清金殿。他在想，永乐不让船上生火是何缘由，难不成船上还装了易燃之物？

“或许你想到了，确实如此，那是一大批古画和其他珍宝，单是古画，就有数百件之多。”

“啊？有这样的事儿……”李昂惊讶道。

“我到武当，遇到了一位道人，道号‘无根’，这些事是他告诉我的，也是他让我领悟到了绘画的更高境界。无根道人告诉我，永乐之所以将这些古画赐给沐昕，一来是因为沐昕功劳卓著，深得永乐喜欢；二是因为永乐当时初登大宝，建文帝下落不明，一直让永乐寝食难安。永乐总是处处提防，在赐给沐昕古画的同时，将一大批珍宝交给沐昕保存，是为了给自己的以后留条后路。”倪先让道。

“那……无根道人又怎么知道这些？”李昂道。

“因为他见过。”倪先让看了一眼李昂，又道，“他姓沐。”

“您是说……他是沐昕的后人？”李昂越发吃惊了。

“确实。”倪先让沉思道，“他也是沐家的最后一位后人，沐家到他这儿，是一脉单传，他出家做了道士后，就再没后人了。”

“那些画呢？”李昂问道。

“那些画，还有珍宝，都放在了某个地方。无根道人跟我说，几百年来，他的家族一直守护着这个秘密，不单要对家族外的人保密，就是对家族里的人，也仅限长子，其余儿女一概无从确知。如果这一代没有儿子，那就一直生下去，直到生下儿子为止。无根道人跟我说，他是他母亲的第九个孩子，长大后，他意识到母亲为了生养自己，落下了一身的病，想到这都是那个秘密害的，就此决心出家，不想再将这个秘密传下去了。他这一代，竟就他一个男丁，他出家之后，他的父亲没办法，但不能将秘密告诉其他人。可这么多年月下来，沐家家族里的一些人，总会捕风捉影，将一些不尽不实的消息传出去，以致有不少人猜到了有这么一笔宝藏。不过，他们并不知道这笔宝藏的来历，也猜不出这笔宝藏在什么地方。后来，无根道人过世前两个月，想到这个秘密将要随着自己的过世彻底不为人知，也有些自责，就将秘密告诉了我，带我去看了那些古画珍宝。我刚看到它们时，非常震惊，几百年来，沐家几代人竟然保存下了这么一大笔财富。他们遇到了那么多苦难，竟然从未打过这笔财富的主意。”倪先让微微摇了摇头，叹息了一声。

此时，日薄西山，他们已经走到了南岩。往下看，可以看到天一湖云雾缭绕；往上看，金顶已笼罩在朦胧的光晕里了。

尾声

倪先让一行三人，从南岩进入地下，在黑暗中行了不知有多久，总算又涉过了那大片水，回到了石壁前。已经过去这么久，石壁上的图画竟然还闪着淡绿的光。那一朵硕大的莲花，还有那一株枝叶葳蕤的柳树，皆栩栩如生。

倪先让弯下腰，从袖口中掏出一根长长的形似笔管的东西，塞入了莲花和柳树连接处的空洞里，扭过来扭过去，扭了二十来次，再将那东西抽出来，很快，便听到嘎吱嘎吱的声响。石壁上的光更加耀眼了，那一朵莲花，那一株柳树，益发生动了。

从柳树的树干中间，石壁缓缓朝后退去，那朵莲花，也轰然分开。

“李昂，记住了，这钥匙开启的密码，便是你从辞典上悟到的那组密码。”

李昂呆呆的，似乎什么也没听见。

一瞬间，李昂和宋依云呆住了。

圆形人厅直径约三十米米，由一块块的金砖砌壁而成，金壁上挂着几十幅古画，都是历朝历代的名作。这些画在当今世上，早被认定已是散轶不存，谁料竟会在这儿。金壁脚下，一溜摆开了二十来个高约一米的大缸，通体碧绿，竟是玉石雕琢而成。玉缸里，有的堆满了珍珠、猫眼、祖母绿等宝石，有的则插着画轴，想来也该是各种古画。就是地板，也是一块块碧玉铺成，整片地板，显露出一个八卦的图案。

李昂和宋依云，怯生生地不敢发出一丝声音，怯生生地不敢朝前迈出一步，

“随我进来吧。”倪先让道。

李昂和宋依云，仍旧不敢动一动。

倪先让走到了大厅中央，立于八卦中心，又扭过头来，朝李昂和宋依云看了一眼，两人这才小心翼翼地抬脚走进大厅。

“过后清扫就是，万物如此，人生亦如此。什么是脏，又什么是干净呢？倪先让道，“几百年来，它们一直就静静地在这儿。沐家也一直在这儿待了几百年。”

“您不是说，之前它们在金殿下，后来才被搬迁过来么？”李昂问道。

“金殿下面那个大殿，是沐家历代的守护者羽化登仙的地方，哪里是什么藏宝处？”倪先让叹息道，“有一天，我也会去那儿。”

李昂默然不语，想到在石壁上看到的那些字是历代沐家守宝人生前最后时刻留下的绝笔，心中有些感伤，又生出一种崇敬。李昂抬起头来，忽然看到就在正前的金壁上，悬着一幅《韩熙载夜宴图》。

“这是倪先生临摹的？”李昂朝图走去。

“和袁楚一起毁掉的那个，才是我临摹的……”倪先让微笑道。

“啊……”李昂惊叹一声。那几幅图他经手多次，竟然没有发觉。

“这张画，永乐很珍惜，当年，韩熙载为避免南唐后主李煜的猜疑，以声色为韬晦之略，每每夜宴宏开，与宾客纵情嬉游。这或许让永乐联想到了他在建文帝手下做臣子时的处境吧。时间易逝，当年猜疑的人、怕被猜疑的人都归了尘土，只有这东西还在。这才是刚强的

东西，得传下去，怎能经我的手有所毁坏？今后，这座宝库，就交给你们了。李昂，依云，你们不像你们的父亲，你们很好。我放心了。”

这时，李昂和宋依云都在注视着墙上的《韩熙载夜宴图》，听得声音渐渐远了，李昂猛然醒觉，转过身来，倪先让已然不见了。依云也转过身来，喊道：“老头？你去哪儿了？”

“你们很好……”倪先让的声音枯叶似的，远远地飘来，“李昂，以后不可轻易揭裱古画。”

李昂的脸刷地红了，喊道：“我记住了。”

陡然间，整座大殿静悄悄的，似乎听得见无数珍宝发出的绵延千古的微弱喘息。

“你说，我们要把这些宝藏捐献给国家吗？”李昂打破了寂静。

“你……愿意跟我在这深山里守一辈子吗？”依云低了头，轻声道。

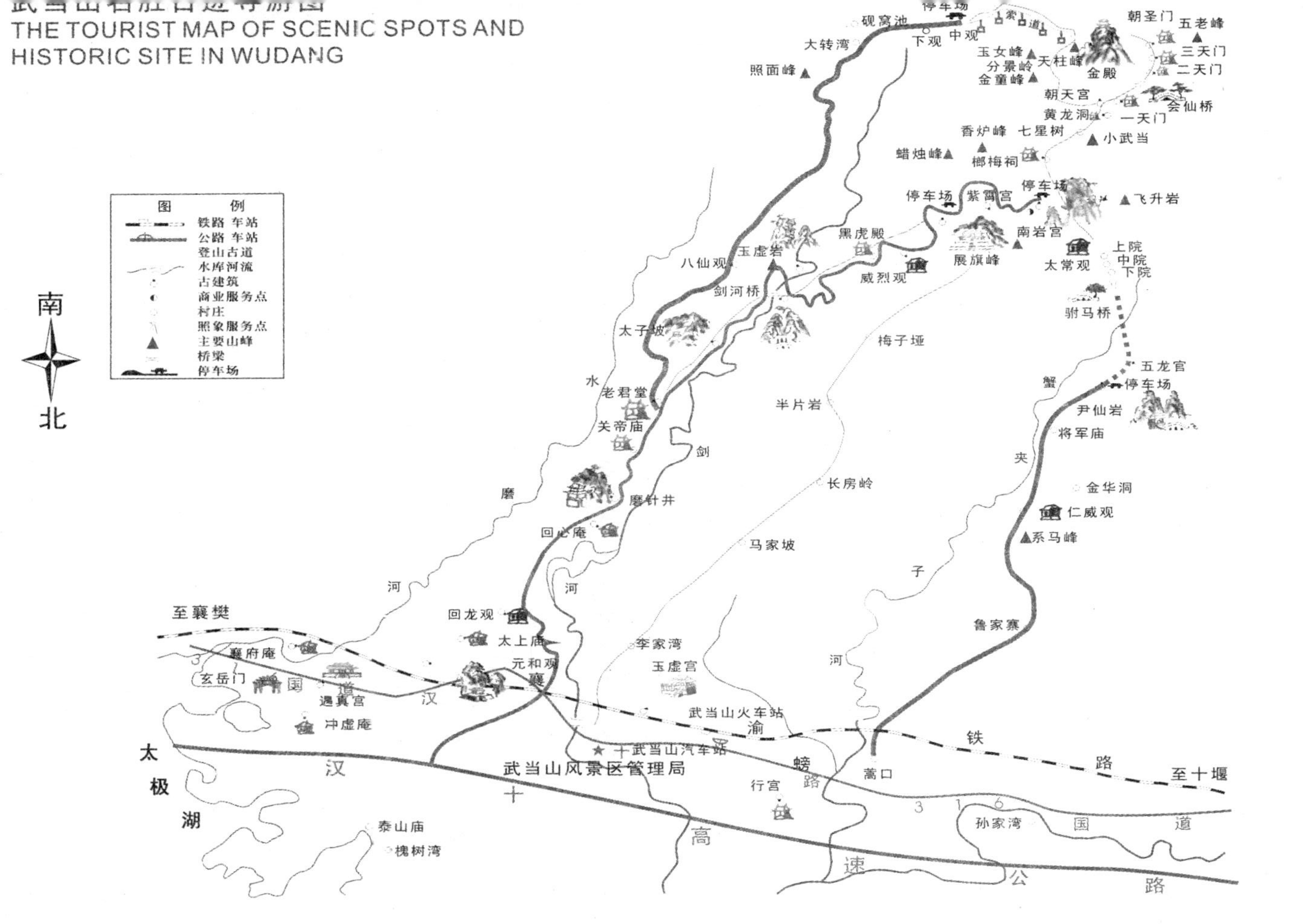
THE TOURIST MAP OF SCENIC SPOTS AND
HISTORIC SITE IN WUDANG
图例
铁路 车站
公路 车站
登山古道
水库河流
古建筑
商业服务点
村庄
照象服务点
主要山峰
桥梁
停车场
南
北
砚窝池
下观
中观
大转湾
照面峰
玉女峰
分景岭
金童峰
天柱峰
金殿
朝圣门
五老峰
三天门
二天门
朝天宫
会仙桥
黄龙洞
一天门
香炉峰
七星树
小武当
蜡烛峰
榔梅祠
停车场
紫霄宫
飞升岩
南岩宫
黑虎殿
展旗峰
太常观
上院
中院
下院
八仙观
玉虚岩
剑河桥
威烈观
驸马桥
太子坡
梅子垭
五龙宫
水
老君堂
半片岩
尹仙岩
将军庙
关帝庙
剑
夹
长房岭
金华洞
磨
磨针井
仁威观
系马峰
回心庵
马家坡
子
河
河
回龙观
至襄樊
太上庙
李家湾
鲁家寨
襄府庵
元和观
玉虚宫
河
玄岳门
遇真宫
冲虚庵
武当山火车站
铁路
至十堰
太极湖
汉
十武当山汽车站
武当山风景区管理局
蒿口
行宫
316国道
孙家湾
泰山庙
槐树湾
十堰高速公路

解密夺金大奖

奖金：人民币100万元；（奖金提供：武当山特区旅游局）

解密夺金入围读者奖

1.奖品：①非上海地区获奖读者：A.提供参加现场解密夺金活动往返路费补贴（实报实销，最高限额1500元），B.上海一日游；

②上海地区获奖读者：价值1500元的奖品；

2.奖品：价值1000元的礼品1份；

3.奖品：价值500元的礼品1份；

4.奖品：价值200元的电子购物现金礼券1张；（奖品提供：上海森涵企业发展有限公司　www.shanghaish.com）

5.奖品：价值50元的文汇天下包月听书卡1张；

幸福密码平方奖

奖品：价值30000元的绿地集团购房现金抵用券；（奖品提供：上海绿地集团房地产事业一部）

附录

“《天道密码》百万寻宝”
活动规则

活动时间：

2011年8月21日至2012年2月17日。

活动简介：

《天道密码》是国内首部设置高额解密奖金的互动阅读寻宝小说，《天道密码》百万寻宝活动（以下称“寻宝活动”）是在小说作品的基础上，配套举办的有奖寻宝活动。寻宝活动设立解密的奖金为：人民币100万元。

参与方式：

寻宝活动的线索来源于实体图书《天道密码》，以及两部在寻宝活动官方网站上以在线电子阅读方式提供的寻宝活动辅助资料：《天道手札》和《天道密本》。

每一本正版《天道密码》图书都有一个寻宝活动唯一注册序列号。读者购买正版图书后，即可访问寻宝活动官方网站（http：//www.whread.com.cn），根据注册操作提示，在线注册并激活寻宝活动账号，读者注册成功后，即可获得在线资料的阅读权限，及寻宝活动参与资格。

奖金设置说明：

1. 寻宝活动，特别设置“解密夺金大奖”，奖金为：人民币100万元；

2. 寻宝活动“解密夺金大奖”奖金由武当山特区旅游局赞助；

3. 为了使本次活动公平、公正、诚信、透明，活动主办方和武当山特区旅游局将共同委托上海市宝山公证处为寻宝活动“解密夺金大奖”的奖金管理、颁发进行全程监督公证；

4．寻宝活动“解密夺金大奖”奖金在活动开始前将存入由公证处开设的指定奖金公证账户，由公证处监督、管理，以及进行最终奖金的发放公证；

5．如果寻宝活动“解密夺金大奖”最终未能被读者成功赢取，奖金将在公证方监督下捐赠给预先指定的慈善或非盈利性社会组织机构。

活动进程：

第一阶段：探密寻宝

1．活动时间：2011年8月21日至2012年2月5日24:00；

2．参与方式：读者购买正版图书，在寻宝活动官方网站注册并激活寻宝活动账号，即可获得寻宝活动资料（包括但不限于以下资料：《天道手札》和《天道密本》），在阅读过程中寻找线索，破解、搜集20位密码的数字；

3．辅助寻宝资料在线发布说明：

1）《天道手札》共有5篇，将于2011年9月20日起，至10月18日，分五周在寻宝活动官方网站在线发布。发布时间为：每周星期二的上午10:30；

2）《天道密本》于2011年9月1日上午10:30于寻宝活动官方网站在线发布；

4．活动注册提示：

1）寻宝活动采用实名制注册登记，请读者在注册寻宝活动账号时务必填写真实身份证明资料，以及真实有效的通讯联系方式；

2）每本图书的注册序列号对应唯一的寻宝活动用户身份信息，一经注册将不得修改；若读者注册寻宝活动账号时填写的资料为虚假信息或无效信息，则视作读者自动放弃参与资格，同时注册时使用的注册序列号自动失效；

3）读者参加寻宝活动次数不限，每个读者身份信息可以对应多个寻宝活动注册序列号。解密夺金入围赛和现场解密夺金活动，以寻宝活动注册序列号为参与资格唯一凭证。（例如：读者注册激活了三个寻宝活动注册序列号，并且三个注册序列号都正确破解20位密码的数字，入围现场解密夺金阶段，即可以有三次机会于现场解密）

第二阶段：解密夺金入围赛

1．活动时间：2011年12月15日10:00至2012年2月5日24:00；

2．参与方式：

1）在本阶段活动时间内，寻宝活动官方网站向所有注册成功、参与寻宝活动的读者开放密码数字在线验证；

2）读者可以将自己寻找并破解的20位密码的数字，在线提交验证。每个寻宝活动账号，有三次提交校验机会；

3）密码数字在线验证系统，仅验证读者提交的20个密码数字是否与“解密夺金大奖”的奖金密码箱设定的20位密码的数字全部相符，而不验证密码数字排序；

4）若读者提交的20位密码的数字验证成功，即可晋级第三阶段活动——现场解密夺金。若读者使用完三次密码数字验证提交机会，都未能成功通过数字验证，则宣告寻宝活动失败；

5）所有获得晋级第三阶段活动的读者都将获得有关密码排序的提示线索。

第三阶段：现场解密夺金

1．活动时间：2012年2月17日下午2:00起；

2．参与方式.

1）2012年月2日7日，公布入围名单。主办方将在寻宝活动官方网站上公布所有入围现场解密夺金活动的读者名单；

2）2012年2月7日至2月15日，开放入围读者出席活动官网在线登记；

3）2012年2月17日，现场解密夺金活动正式开始。所有到场的入围读者，根据密码数字在线验证成功时间排序，依次登台尝试打开密码锁；现场首位成功打开密码锁的读者，成为“解密夺金大奖”获得者。现场解密夺金活动结束；

3. 现场解密夺金活动具体活动规则，详见寻宝活动官方网站。

奖项设置：

寻宝活动奖项设置分为三级，具体如下：

解密夺金大奖

1. 奖金：人民币100万元；

2. 获奖资格：入围现场解密夺金阶段，并在现场第一个成功打开20位密码锁、领取奖金证书的读者。

解密夺金入围读者奖

（根据读者密码数字在线验证成功的先后时间排序）：

1. 第1至50名读者

1) 奖品：

①非上海地区获奖读者：A.提供参加现场解密夺金活动往返路费补贴（实报实销，最高限额1500元），B.上海一日游；

②上海地区获奖读者：价值1500元的奖品；

2) 获奖名额：50名；

2. 第51至100名读者

1) 奖品：价值1000元的礼品1份；

2) 获奖名额：50名；

3. 第101至150名读者

1) 奖品：价值500元的礼品1份；

2) 获奖名额：50名；

4. 第151至2150名读者

1) 奖品：价值200元的电子购物现金礼券1张；

2) 获奖名额：2000名；

5. 第2151至7150名读者

1) 奖品：价值50元的文汇天下包月听书卡1张；

2) 获奖名额：2000名。

幸福密码平方奖

1) 奖品：价值30000元的绿地集团购房现金抵用券；

2) 获奖资格：所有密码数字在线验证成功的读者。

领奖说明

1. 解密夺金大奖，在活动方代为交纳个人所得税后，奖金余款汇入领奖人指定的、归属领奖人本人的银行账号；

2. 解密夺金入围读者奖的前150名读者，于解密夺金活动现场颁奖；若读者因私人原因主动放弃参加现场解密夺金活动，则可以申请邮寄方式领取奖品；

3. 解密夺金入围读者奖的第151－7150名读者，以及幸福密码平方奖的获奖者，具体领奖办法详见寻宝活动官方网站。

活动公证说明：

寻宝活动主办方委托上海市宝山公证处对本次寻宝活动进行全程监督公证。

活动声明：

1. 寻宝活动活动细则，以寻宝活动官方网站公布的规则为准；

2. 在法律规定的范围内，活动主办方保留对本次活动的最终解释权；

3. 本次活动主办方相关工作人员及其直系亲属，不得参加本次寻宝活动。

文汇出版社

上海洛神文化传播有限公司

图书在版编目（CIP）数据

天道密码／ 司马长啸著. - 上海：文汇出版社，2011.8

ISBN 978-7-5496-0264-3

Ⅰ.①天… Ⅱ.①司… Ⅲ.①长篇小说 - 中国 - 当代 Ⅳ.①I247.5

中国版本图书馆CIP数据核字(2011)第142104号

百万寻宝系列

天道密码

作　　者／司马长啸
责任编辑／刘　刚
装帧设计／张　晋 刘颖彬

出 品 人／桂国强

出版发行／文匯出版社
上海市威海路755号
（邮政编码200041）
经　　销／全国新华书店
印刷装订／
版　　次／2011年8月第1版
印　　次／2011年8月第1次印刷
开　　本／890×1240　1／32
字　　数／160千
印　　张／9

书　　号／ISBN 978-7-5496-0264-3
定　　价／28.00元